作为知识创新组织的当代中国广告企业生产力研究

Research on the Productivity of
Contemporary Chinese Advertising Enterprises as
Knowledge Innovation Organizations

万木春　著

WUHAN UNIVERSITY PRESS
武汉大学出版社

图书在版编目(CIP)数据

作为知识创新组织的当代中国广告企业生产力研究/万木春著.
—武汉：武汉大学出版社,2021.4
ISBN 978-7-307-21438-5

Ⅰ.作… Ⅱ.万… Ⅲ.广告业—产业发展—研究—中国
Ⅳ.F713.82

中国版本图书馆 CIP 数据核字(2020)第 024299 号

责任编辑:胡国民　　责任校对:李孟潇　　版式设计:马　佳

出版发行：**武汉大学出版社**　(430072　武昌　珞珈山)
(电子邮箱：cbs22@ whu.edu.cn　网址：www.wdp. com.cn)
印刷:武汉中远印务有限公司
开本:720×1000　1/16　印张:21.5　字数:299 千字　插页:1
版次:2021 年 4 月第 1 版　2021 年 4 月第 1 次印刷
ISBN 978-7-307-21438-5　定价:58.00 元

前　言

假如以生产力的进步和变革为切入点，我们可以将人类社会的经济历程链接描述为农业社会—工业社会—信息社会，与之相对应的三种主流经济形态则是体能经济(劳力经济)—资源经济(资本经济)—知识经济(智力经济)。在任何一种经济形态中，生产力都是在劳动者、劳动资料和劳动对象三者交互作用下形成的。但在信息时代，知识的地位空前提高，成为处于支配地位的核心生产要素，这是所有行业的生产力与生产关系发生较大变化的根本性原因。

20多年来，我们一直将广告行业定义为人才密集、知识密集、资本密集的“三密集”行业，但尚未有人完整地从知识生产力、知识经济、知识管理、知识创新的角度剖析广告行业的生产力本质。进入21世纪后，广告行业的存在根基——消费品市场和消费品企业，其生产力与生产关系已经在信息革命和以智能制造为主导的第四次工业革命中发生了较大变化。笔者认为，当代广告业具有以下一些重要特征：第一，以支出脑力劳动为主要方式，劳动资料主要是知识、思维方法、认知能力和智能化设备，劳动对象主要是虚物形态的人文信息资源。第二，以知识生产力为代表的当代广告业比传统更强调探索性、独创性和知识的专属性。第三，在当代广告业中，知识生产力的增长速度逐步加快。与之相比，其他生产要素则呈逐步弱化和增速降低的趋势。生产知识、加工知识和应用知识等能力的高下程度，不但会决定整个广告行业在经济体系当中所扮演的角色，也将决定广告单体企业在行业生态链当中所处的位置。第四，当代广告业的发展虽然也要考量经济效益，并受到价值规律的影响，但它必须将社会效益提升到前所未有的高度。

本书将围绕以上判断，对中国广告产业中的知识生产力进行系统研究，期望通过阐明知识创新在前所未见的、新的社会经济时期对广告行业发展的影响，尝试开发某种针对广告产业的知识管理工具，并建立基于中国广告产业综合特征的“知识生产力—软实力”评测指标模型，更加客观、量化地分析知识生产力在其产业变革当中的作用机理。从知识生产力的角度开展广告产业研究，是建设创新型国家及提升产业“软实力”的必然需要，这可以为中国广告产业实现平稳、高效运行，以及在国民经济中发挥更大的正向带动作用提供一定的实践参考。从知识生产力的角度开展广告企业研究，也对业界人士明确发展方向、制定企业发展战略、采取具体经营措施具有重大现实价值。

本书的研究范围主要横跨广告学、产业经济学和管理学三个学科领域，但主要理论意义来源于广告学。产业经济学中的生产力研究与管理学中的知识管理研究既是理论导入来源，亦会成为落脚点，输出次要的理论意义。在研究方法上，本书兼顾了理论与实证分析，以知识经济学、知识管理学为研究主逻辑，定性与定量研究并重。具体而言，主要包括系统论视角下的深度访谈法、案例研究法、层次分析法。

本书的基本思路是：立足于我国经济的转型升级和经济结构变化，体现知识创新在广告产业发展中对其他各种创新的带动作用，分析其在广告企业组织运行中可能产生的影响。笔者同时考虑了自然因素和社会因素，包括外部的宏观政策、中观的产业结构、微观的组织运营等在内的可量化及不可量化要素，在文献综述和理论研究的基础上，结合在北京、上海、天津、广州、深圳、杭州等地的现场调研，运用多案例比较分析和数理统计方法，从广告产业组织的新兴代表——数字营销传播公司的实证角度，来考察信息经济、知识经济的大时代背景下中国广告产业的运行模式、动力机制和产业升级的迁移机理，初步建立了以数字营销传播企业为新生产力代表的、可以扩展至整个文创产业的“软实力”

测评体系，以便于在横向和纵向上对企业的竞争力进行比较。在此基础上，再结合我国的经济特色、政策及法律环境、产业规模、技术水平等条件，研究广告组织、广告产业(或文创产业)如何经由知识生产力的提升来实现企业的持续繁荣和整个产业的有序跃迁、动态升级，并证明知识生产力在广告产业(及/或文创产业)当中的关键作用，证明中国广告产业(及/或文创产业)急需知识创新方面的正规化、常规化、突破式发展，急需在更广阔的范围、更深入的领域进行跨产业、跨区域、跨学科的协同创新。

本书的主体部分包括绪论、国内外研究现状与进展、广告行业的生产力变革、广告行业的知识体系、当代中国广告行业在中微观层面的知识生产、广告组织“软实力”测评体系、当代中国广告企业的知识管理与创新案例、结语8个部分的内容。第一章是绪论，提出了知识经济时代背景下中国广告产业知识创新这一选题的背景、研究目的，同时说明了本书所具有的重要理论意义和实践价值，介绍了本书的研究方法、研究思路、技术路线、研究框架、数据来源、可能的创新等。第二章是国内外研究现状与进展，主要是基于国内外已有资料，对知识生产力、知识管理、知识创新及广告学科、广告行业的相关文献进行回顾和评述，并尽可能清晰地对文中涉及的重要术语、概念进行内涵和外延界定。第三章是对当代广告行业的生产力已发生重大变革的分析，主要是以理论思辨的方式，探讨当代广告行业生产力的基本要素、广告行业生产力的历史演化、当代广告业生产力体系的形成、知识生产力在当代广告业中的实现途径。第四章是对广告行业知识体系的分析，从哲学与历史的角度阐述了中国广告行业的“知识”特定性与特殊性，提出了一种新的广告学科的知识分类方法。第五章论述了当代中国广告行业在中微观层面的知识生产，主要以知识管理理论为框架，论述了在多种因素的相互作用下，广告行业的个人及组织的知识搜索、获取、利用，以及整个行业当中知识网络的形成过程，并对作者提出的当代中国广告产业的生产力体系进行了理论上的再次检验。第六章从企业“软实力”和知识创新之间的关系出发，以数理统计方法，展示了笔者尝试建构的广告组织“软实力”测评体系。第七章是当前中国广告企业的知识生产、知识传播和知识创新案例。第八章是结语，在总结全书的基础上，对本书的主要观点和局限性做了归纳。

目　　录

第1章　绪　论

进入21世纪以来，我国的经济发展形势总体向好，自2010年开始，中国国内生产总值(GDP)正式超过日本，成为全球第二大经济体。从2010年到2014年的五年间，第三产业生产值增加迅速，在三次产业贡献率当中的比重不断提高并有持续上升趋势。根据国家统计局2012年制定的《三次产业划分规定》，第一产业是指农、林、牧、渔业(不含农、林、牧、渔服务业)；第二产业是指采矿业(不含开采辅助活动)，制造业(不含金属制品、机械和设备修理业)，电力、热力、燃气及水生产的供应业，建筑业；第三产业即服务业，是指除第一产业、第二产业以外的其他行业。至2014年，我国第三产业增加值为308058.6亿元，对GDP的贡献率已经达到45.5%(见图1-1、图1-2)。

作为第三产业当中现代服务业和文化产业的重要组成部分，广告行业几乎与所有行业有着千丝万缕的关系，它在我国经济转型升级、引导扩大消费、促进经济增长、繁荣社会文化中发挥了很大的推动作用。2014年，我国广告经营额为5605亿元，占当年第三产业增加值的1.8%；在2010年到2014年的“十二五”期间，全国广告经营额从2300多亿元猛增至5600多亿元，年平均增幅接近25%，远高于同期GDP增幅；2016年7月8日，国家工商总局发布了《广告产业“十三五”规划》。规划中公布的数据指出，截至2015年年底，全国广告经营额5973亿元，比2010年增长了1.5倍，自2013年便已跃升为世界第二大广告市场。① “十二

① 广告产业发展“十三五”规划[EB/OL]. 中华人民共和国国家工商行政管理总局，[2016-07-15]. http：//www.saic.gov.cn/zwgk/zyfb/zjwj/xxzx/201607/t20160708_169639.html.

五”期间的数据表明，全国广告经营额每增长1个百分点，就能够带动第二产业增加值增长1.6个百分点、第三产业增加值增长1.9个百分点、社会消费品零售总额增长1.6个百分点。①

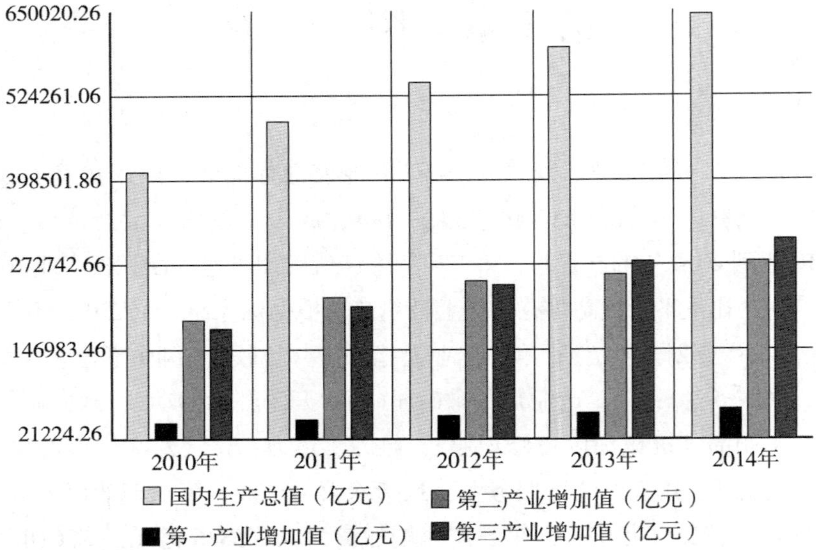

图1-1　2010—2014年中国国内生产总值及第一、第二、第三产业增加值②

“十二五”期间，我国广告业实现了全面、较快发展，产业地位得到夯实，产业规模快速扩大，产业结构不断优化，服务社会经济发展的能力显著提升。但我们仍然要清醒地看到，在“十三五”时期，“我国广告业发展在外部、内部环境的新形势下，面临压力和挑战。与发达国家相比，广告业规模在国内生产总值中的比重较低，发展质量和效益还处于较低的水平。市场主体小、散、弱导致行业低效服务过剩，发展方式

① 张晓松．中国广告年经营额超5000亿元居世界第二位[EB/OL]．[2016-08-20]．新华网，http：//news.xinhuanet.com/fortune/2014-05/09/c_1110623394.htm.

② 中华人民共和国国家统计局，http：//data.stats.gov.cn/easyquery.htm?cn=C01，访问日期：2016-08-20。

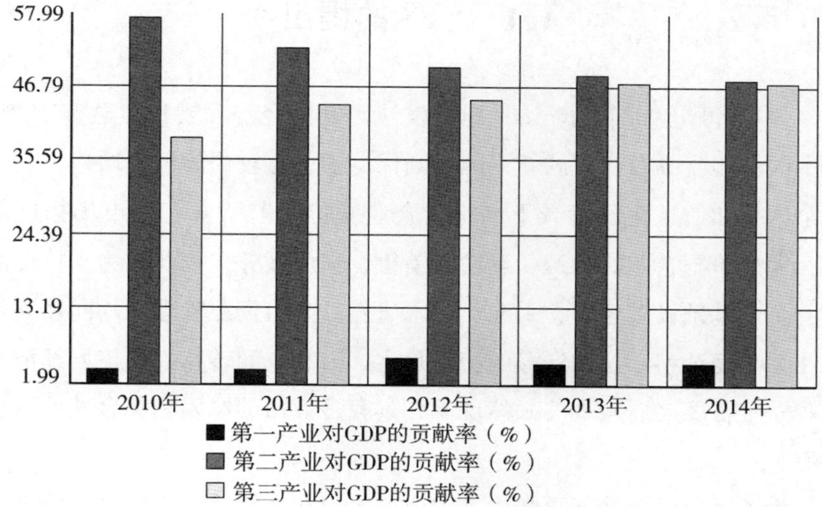

图 1-2　2010—2014 年中国三次产业贡献率①

粗放，结构性矛盾突出。传统和新型产业形态缺乏标准引领，产业融合乏力。创新能力不强，拥有自主知识产权少，理论研究和成果应用滞后。从业人员专业服务技能有待提高，专业人才没有形成规模梯次，尤其是高端人才匮乏。公益广告发展长效机制需要进一步建立完善，行业组织作用需要进一步发挥，广告市场秩序需要进一步规范，广告诚信度需要进一步提升。国家和地方支持政策还没有完全落实到位，广告业发展环境还有待继续改善。总之，我国广告业的发展现状与当前我国经济、社会和文化发展的要求还有一定差距，广告业创新发展任重道远”。②

①　中华人民共和国国家统计局，http：//data. stats. gov. cn/easyquery. htm? cn=C01，访问日期：2016-08-20。

②　广告产业发展“十三五”规划[EB/OL]．[2016-07-15]．中华人民共和国国家工商行政管理总局，http：//www. saic. gov. cn/zwgk/zyfb/zjwj/xxzx/201607/t20160708_169639. html.

1.1　问题的提出

自 20 世纪 90 年代开始，西方发达国家的经济发展速度逐步放缓，以中国、印度等为代表的新兴国家则保持了相对较快的经济增速。在经济全球化和信息化的背景下，跨国企业获得了前所未有的市场拓展契机，大型跨国企业的生产、运输、销售、售后服务，以及作为支持性活动的企业基础设施建设、采购、技术研发、人力资源管理，均向新兴经济体大幅度迁移。这种迁移的实质是生产力的空间转移，是市场经济发展到一定程度之后出现的必然现象，具有多方面的原因和综合性的后续影响。

为了因应以全球五百强为主的企业客户在世界范围内的全价值链延伸，跨国 4A 广告集团也加快了方法、资金、技术、经验、流程的输出步伐。2005 年，我国遵守世贸组织协定，完全开放了国内广告市场，允许境外广告企业在境内独资开办广告公司。在此前和此后一段时间，不少业界和学界人士对国内广告市场保护期太短而感到忧心忡忡，但从目前来看，其负面影响并没有当初预计的那样巨大：一些本土广告集团成长迅速，经营实力显著增强；技术型广告企业纷纷涌现；广告公司从单一使用广告工具快速演进至多工具整合应用；数字营销传播业态在世界范围内领先发展；服务项目超越广告范畴；广告业与其他行业开始深度融合，复杂的多元化产业结构不断拓展；各种新平台、新盈利模式纷纷出现；高素质人才归国踊跃；部分跨国 4A 公司的分公司或地区性办公室反而时常传来关闭的消息。那么，在原本预计和现实走向之间，为何出现了较大差距？我们以往对广告行业本体发展的判断框架是否存在着一定的缺陷？这种差距是否与这些缺陷相关联？

进入 21 世纪后，广告行业的存在根基——消费品市场和消费品企业，其生产力与生产关系已经在信息革命和以智能制造为主导的第四次工业革命中发生了较大变化。目前以及不久的将来，利用信息物理系统

(Cyber-Physical System, CPS)，第一和第二产业都能够把生产中的购、制、销、服务等环节的信息数据化、智慧化，最后达到快速、有效、个人化的产品供给。这是一种高度灵活的个性化和数字化的生产模式，它将改变创造新价值的过程，重组产业链分工，以各种新的活动领域和合作形式打破传统的行业区隔。除德国提出并实施“工业 4.0”之外，美国的“先进制造伙伴计划”、日本的“科技工业联盟”、英国的“工业 2050 战略”等，均着力于生产力的跨越式升级。2015 年 5 月，中国也正式发布了“中国制造 2025”计划。李克强总理在各种场合反复强调：企业是市场主体，也是创新主体，要继续实施创新驱动战略，抓住国家推出“中国制造 2025”等机遇，面向市场，贴近需求，着力提升核心竞争力和品牌塑造能力。①

从一般意义上讲，广告业将作为伴生性行业，广告也将作为塑造企业、产品、服务的信息传播方式和手段，在三次产业的价值形成中体现它们的作用。但在新的工业革命时期，广告和广告业势必会展现出焕然一新的面貌。其一，“智能生产”主要涉及整个企业的生产物流管理、人机互动以及 3D 技术在工业生产过程中的应用等。大批中小企业成为新一代智能化生产技术的使用者和受益者，同时也成为先进工业生产技术的创造者和供应者。这将使广告行业不得不面对更深层次的对话要求，面对更为庞大的客户群体和更为复杂的定制化传播需求。其二，“智能物流”将通过互联网、物联网、物流网整合物流资源，这是“营销即传播”在新媒介环境下的进一步发展，也将更加凸显出广告行业的整合营销角色。其三，随着工业互联网的形成，也必然会出现工业大数据。工业大数据的采集、传输、交互和共享，以及企业利用大数据进行的研发、设计、制造、验证，将为广告行业发展提供更为充足的信息资源和合作契机。其四，随着“工业 4.0”时代的到来，人力、物力、生产

① 张向东．李克强点题“浴火重生”，“中国制造 2025”引领起航[EB/OL]．[2016-08-23]．中国政府网，http://www.gov.cn/xinwen/2016-01/17/content_5033527.htm.

设备、各种生产管理系统以及价值链上的众多协同企业都将互联，个人和各种组织之间的信息数据也将互联，随之而来的便是网络安全问题隐患。在个人信息资料丰富的广告端口，这就迫切需要建立一套完善的互联网广告信息安全认证体系。那么，在这个关键的转折期，广告及广告行业应该发展出怎样的生产力以应对这些需求和挑战？在形成某种生产力的过程中，哪些是内生性因素，哪些是外生性因素？这些因素之间存在着怎样的关系？各因素的重要性程度如何？

假如以生产力的进步和变革为切入点，我们可以将人类社会的经济历程链接描述为农业社会——工业社会——信息社会，与之相对应的三种主流经济形态则是体能经济(劳力经济)——资源经济(资本经济)——知识经济(智力经济)。在任何一种经济形态中，生产力都是在劳动者、劳动资料和劳动对象三者交互作用下形成的。但在信息时代，知识的地位空前提高，成为处于支配地位的核心生产要素，这是所有行业的生产力与生产关系发生较大变化的根本性原因。“如今，正式的知识被视为最关键的个人资源及经济资源。传统的生产要素如土地(自然资源)、劳动力与资本，虽然现在还没有消失，但已经不那么重要了。”①“知识已成为最关键的资源……它从根本上改变了社会的结构，创造出新的社会动力、经济动力，以及新的政体。”②作为商业活动的重要参与者，劳动力、土地、资本当然也起到一定的生产力作用，但广告行业从一开始便是知识型企业的集合，它明显地突破了单纯的物质生产力，集中主要力量生产智能和精神产品，为人们提供丰富的信息消费资料。如果把广告企业经营行为的溢出效应也加入考虑，我们将看到，它们的发展目标不仅是实现知识的经济价值，而且要实现知识的社会价值，满足人们多方面的精神需求，促进经济社会和人的全

① [美]彼得·德鲁克．后资本主义社会[M]．傅振焜，译．北京：东方出版社，2009：24.

② [美]彼得·德鲁克．后资本主义社会[M]．傅振焜，译．北京：东方出版社，2009：26.

面发展。

20多年来，我们一直将广告行业定义为人才密集、知识密集、资本密集的“三密集”行业，但尚未有人完整地从知识生产力、知识经济、知识管理、知识创新的角度剖析广告行业的生产力本质。笔者认为，当代广告业具有以下一些重要特征：第一，以支出脑力劳动为主要方式，劳动资料主要是知识、思维方法、认知能力和智能化设备，劳动对象主要是虚物形态的信息资源。第二，以知识生产力为代表的当代广告业比传统广告业更强调探索性、独创性和知识的垄断性。第三，当代广告业的发展虽然也要考量经济效益，并受到价值规律的影响，但它必须将社会效益提升到前所未有的高度。第四，在当代广告业中，知识生产力的增长速度逐步加快。与之相比，其他生产要素则呈逐步弱化和增速降低的趋势。生产知识、加工知识和应用知识等能力的高低程度，不但会决定整个广告行业在经济体系当中所扮演的角色，也将决定广告单体企业在行业中的生态位。

以上判断成立吗？假如它们是成立的，那么，知识作为一种生产力，它在现阶段的中国广告行业中应该怎样去辨别、定义，又是如何具体体现的？它是怎样生成的，又是怎样传递的？在何种情况下，它会产生经济价值；在何种情况下，它不增加甚至损伤社会财富？在未来，拥有哪些知识力量的广告企业会获得持续的竞争力？能否找到一种方法，对知识生产力与竞争力之间的因果关系进行评判？对这些知识力量的使用，是否会存在负面作用？

广告行业的形成与动态演化有其内在的规律，近年来对于这种规律的探索显得尤为迫切。本书将围绕以上问题，对中国广告产业中的知识生产力进行系统研究。这些问题部分属于思辨问题，部分属于实证问题，部分属于政策问题。而无论是何种广告学科的理论研究，都必须突出应用学科的特点，扎根于现实环境，从实践带出、又归于实践，最终的目的是解决实际问题。

1.2　研究的目的及意义

本书期望通过阐明知识创新在前所未见的、新的社会经济时期对广告行业发展的影响，建立基于中国广告产业综合特征的知识生产力评测指标模型，并尝试开发某种针对广告产业的知识管理工具，更加客观量化地分析知识生产力—软实力—核心竞争能力在广告产业变革当中的作用机理，为中国广告产业实现平稳、高效运行，以及在国民经济中发挥更大的正向带动作用提供一定的政策及实践参考。

1.2.1　理论意义

本书的研究范围主要横跨广告学、产业经济学和管理学三个学科领域，但主要理论意义将出现于广告学。产业经济学中的生产力研究与管理学中的知识管理研究既是理论导入来源，亦会成为落脚点，出现次要的理论意义。例如，文化产业与广告业在生产力形成与使用上有多处共通性，而其他强调无形资产管理的服务业也可在知识创新层面加以借鉴。

1. 从知识生产力的角度开展广告产业研究，可以拓宽广告学的研究视野，丰富广告学的研究内容

就目前掌握的资料来看，国内外的广告学研究主要可分为三大范畴，即广告管理研究、广告科学研究和广告文化研究，三大范畴中均包含着理论、实务和历史内容。广告管理研究，主要总结广告运营、宏观和微观管理经验，属于管理科学范畴；广告科学研究，主要总结人在广告活动中的认知和行为规律，属于认知和行为科学范畴；广告文化研究，主要总结广告的社会文化、意识形态、语言及艺术创造特点，属于社会和文化科学的范畴。① 笔者曾对近年来国内的广告学研究进行过梳

① 吴予敏．广告学研究专题导引[M]．北京：高等教育出版社，2015：V.

理，发现目前国内大多数关于广告的高质量研究成果主要出现在广告符号、广告批评、广告美学、广告与消费文化、广告产业、广告与新媒体等研究领域，而涉及生产力研究和知识管理研究的极其稀缺。当然，那些高质量研究从哲学、伦理学、美学和社会人类学等角度反映了广告的社会文化属性，揭示了广告和消费意识、消费行为的隐喻机制，表现了中国文化背景下或是中外文化碰撞中的权利话语冲突，质疑了广告行业的道德根基，为社会提供了形而上的学术反思。不过，广告归根结底仍然是功利性的，它的商业属性使其从未摆脱自然科学和经济管理的特征。从生产力的角度，尤其是从知识管理的角度研究个人、组织、行业的能力构成，可以为我们提供一种新的基础性的思路。这种思路对于重新认识行业本质，判断其未来的主流发展方向，提升行业整体的专业化水平，具有一定的引导性理论意义。它既可以体现广告研究的交叉特征，打通文、理、工之间的隔阂，也可以在纵向上串接产业的宏观和微观层面。

2. 从知识生产力的角度进行广告产业研究，有助于发展出新时期广告产业及类似产业的研究方法论和研究理论

每一学科的研究内容与研究方法论之间存在着合乎逻辑的对应关系，因而也在内部产生了不同的学术流派和学术观点，这些内容、方法论、观点随着外部环境的变化而不断更新。以国内大多数广告学学科的归属学科传播学为参照，进入21世纪后，国内一些学者摈弃了传统的经验与批判二分法。例如，陈卫星将传播学划分为经验—功能、控制论、结构主义方法论三个学派；胡翼青将传播学划分为经验主义、技术主义、批判主义三种范式；陈力丹将传播学划分为经验—功能、技术控制论、结构主义符号—权力三个学派。① 与这些学派相对应的，或者说

① 陈力丹．试论传播学方法论的三个学派[J]．新闻与传播研究，2005，12(2)：40-47.

标示其主要分歧的方法论，则是依托于实证主义、技术主义、批判哲学的经验主义、文献与思辨、哲学思辨。

与之相比较，国内的广告学或是关注“符号—认识—权力”之间的相互影响以及广告对人的异化和控制，或是关注能够切实解决具体实践问题的方法，或是寻求对广告本身所存在规律的科学解释，或是着眼于新技术、新媒介环境下广告的主体流变与衍生形态。从总体来看，这些研究及研究方法与传播学相去不远，其研究的重点在于帮助企业如何提高营销传播效果，这样，作为个体的广告就得到了诠释。但实际情况是，广告个体无法脱离广告产业主体（群体）存在，而要对主体（群体）进行研究，则需更多地使用经济、管理、营销等学科的研究方法。

现阶段对广告产业主体的研究主要集中在产业经济学领域，运用产业组织理论，从宏观层面对产业政策、发展战略进行顶层设计。但是，宏观的设计与微观的操作之间有着大量的企业机构实体，其生存状态、竞争能力等不仅被浓缩为寥若晨星的几个笼统数字，而且由于研究难度较大，这些承上启下的中观研究出现了明显断层，既缺乏研究内容，也缺乏研究方法。这就如同用逆向工程分析一部汽车——我们对整体外观评头论足，对零部件明察秋毫，却对发动机视而不见。

在市场经济的运行环境中，广告产业里的企业实体有着比个人与国家力量更为重要的作用。对其进行生产力和生产关系研究，尤其是从知识生产力的角度对信息经济大环境下的企业实体进行研究，既是对其本质属性的回归，也是对各种创新不断融汇的时代背景的因应。关于这些研究方法与理论的研讨，可以将研究触角向前延伸，向更具经济价值的领域拓展，也可为其他文创产业提供必要的理论支持与探索经验。

3. 从知识生产力的角度开展广告产业研究，是建设创新型国家及提升产业“软实力”的必然需要

党的十八大、十九大报告明确指出，要坚持走中国特色自主创新道路，以全球视野谋划和推动创新，提高原始创新、集成创新和引进消化

吸收再创新能力，更加注重协同创新。加快建设国家创新体系，着力构建以企业为主体、市场为导向、产学研相结合的技术创新体系。完善知识创新体系，强化基础研究、前沿技术研究、社会公益技术研究，提高科学研究水平和成果转化能力，抢占科技发展战略制高点。加强技术集成和商业模式创新，要完善科技创新评价标准、激励机制、转化机制，激发和保护企业家精神，鼓励更多社会主体投身于创新创业，建设知识型、技能型、创新型劳动者大军。建立以企业为主体、市场为导向、产学研深度融合的技术创新体系，加强对中小企业创新的支持，促进科技成果转化。倡导创新文化，强化知识产权的创造、保护、运用。要瞄准世界科技前沿，强化基础研究，实现前瞻性基础研究、引领性原创成果的重大突破。加强应用基础研究，拓展实施国家重大科技项目，突出关键共性技术、前沿引领技术、现代工程技术、颠覆性技术创新，为建设科技强国、质量强国、航天强国、网络强国、交通强国、数字中国、智慧社会提供有力支撑。加快传统产业转型升级，推动服务业特别是现代服务业发展，合理布局建设基础设施和基础产业。建设下一代信息基础设施，发展现代信息技术产业体系，健全信息安全保障体系，推进信息网络技术广泛运用。文化软实力和竞争力是国家富强、民族振兴的重要标志。要坚持把社会效益放在首位、社会效益和经济效益相统一，推动文化事业全面繁荣、文化产业快速发展。发展哲学社会科学、新闻出版、广播影视、文学艺术事业。加强重大公共文化工程和文化项目建设，完善公共文化服务体系，提高服务效能。促进文化和科技融合，发展新型文化业态，提高文化产业规模化、集约化、专业化水平。构建和发展现代传播体系，提高传播能力。

广告产业也是文创产业、信息产业的重要组成部分，一向具有高渗透性和强辐射力的特点，发展广告产业对推动经济结构转型升级、激发创新行为、提升国家传播功能有着重大意义。国家提出的自主型经济发展战略和以文化自信支撑道路自信、理论自信和制度自信，如果将其落足于文创产业，就是要在文创产业中形成具有中国文化特色的知识体系，以符合中国国情、民情的生产方式，提供高质量的精神产品，形成中国自己的具有国际、国内竞争力的自主品牌、自主产业、自主经济。而这一目标的实现，既需要资本、场地等“硬资源”，更需要强大的人力、智力、技术等“软实力”来进行统筹调动。

1.2.2 实践意义

本书的实践意义主要落实在行业内部各经济体、非经济体的具体运营，如基础设施建设、人力资源管理、研发、采购、生产、流通、营销及后续服务，其微观和中观层面的分析结果也会涉及国家宏观产业政策的制定和调整。

1. 从知识生产力的角度开展广告企业研究，对业界人士明确发展方向、制定企业发展战略、采取具体经营措施具有重大价值

21世纪全球广告行业发生了巨大变化。从业务量数据结构来看，网络广告(包括移动互联广告)业已超过电视广告并占据半壁江山。从组织结构来看，大型及超大型传播集团加快了数字营销传播领域的兼并、新设步伐，不少传统咨询公司甚至“四大”会计师公司(普华永道、毕马威、安永、德勤)也牵涉其中。从行业划分看，一些其他传统行业的企业利用资本杠杆和数字营销爆发的契机，实现了“借船出海”。从业务流程看，由于成本节约和操作方式更新的原因，一些广告主压缩了代理服务空间，发起“去中介化”运动，而代理公司则回应以“再中介化”。从人力资源管理来看，文、理、工科在广告行业出现了前所未有的汇聚。从技术手段看，以往简单的旗帜广告和EDM(Email Direct Marketing，电子邮件营销)已通过寻址技术和实时竞价方式转往DMP(Data-Management Platform，数据管理平台)、DSP(Demand-Side Platform，需求方平台)、RTB(Real Time Bidding，实时竞价)、程序化购买；SEO(Search Engine Optimization，搜索引擎优化)、SEM(Search Engine Marketing，搜索引擎营销)结合LBS(Location Based Service，地

理定位服务），实现了 O2O（Online To Offline，线上到线下）的价值转化；智能手机和其他智能设备被广泛使用，富媒体技术与 AR（Augmented Reality，增强现实）、VR（Augmented Reality，增强现实）、MR（Mixed Reality，增强现实）相结合，实现了跨屏传播，丰富了体验营销；区块链技术的应用，使广告投放数据、用户点击行为等得以多节点记录，具备了可追溯、可查询、无法篡改等特征，成为效果监测的新利器。

在此转变过程中，新的知识产生了新的技术，新的技术产生了新的应用，新的应用又对知识提出了新的需求。任何企业都是包含于大的产业生态系统之中的，必须遵循"适者生存"原则。从知识生产力、知识创新的角度对广告行业进行研究，有助于认识目前中国广告产业乃至文创产业的现状，判断行业发展趋势以明确企业的未来行进方向，解决本企业的实际存在问题。

2. 从知识生产力的角度开展广告产业研究，是政府在新时期制定广告产业政策、规范引导产业发展的必然需要

中国广告产业的发展与其他所有产业一样，一方面需要产业组织和个人自身的努力，另一方面也离不开政府、行业组织、社会舆论监督的规范与引导。在当前阶段，政府各主管部门对广告业的法律法规管理开始逐渐完善，广告产业政策陆续出台并依次落地，中国广告协会的角色也发生了根本性的转换。

但正如前面所指出的，由于缺乏中观层面的有效考察，部分产业政策在制定时即已出现偏差，执行效果不甚明朗。从知识生产力的角度开展广告产业研究，不仅可以在理论的宏观层面解释广告行业的生产力形成问题、产业集群形成问题，在理论的中观层面解释广告组织的竞争能力构建问题，也能够为国家从全局出发制定产业政策提供依据和更多的思路选择。例如，在广告产业园的建设上，更多地从知识扩散和无形资产增加值的角度来评价其综合价值。又例如，在新的时代背景下，有选

择地对某些行业细分领域以知识创新能力和无形资本运作能力为依据进行优先扶持。

1.3　研究方法、研究思路、技术路线

1.3.1　研究方法

研究方法是分析解决问题的工具和手段。采用哪种研究方法、研究方法是否熟练，会影响人的思维方式，进而在发现问题时即已产生差别。要辨别当前广告行业现象的本质，分析其成因和后果，必须坚持以正确的方法深入实际运行，避免纸上谈兵、隔靴搔痒、东搬西套、大而无当、研而无用。为此，本书将兼顾理论与实证分析，以知识经济学、知识管理学为研究主逻辑，定性与定量研究并重。具体而言，主要包括以下研究方法：

1. 系统论视角下的深度访谈法

所谓系统，是指相互关联的元素的集，是一个“整体”或“统一体”。在与外界环境进行物质、能量、信息交换的开放系统中，存在着负熵向系统的流入，系统向有序化发展。① 每个系统都具有结构和功能。结构是系统内部各个组成要素之间的相对稳定的联系方式、组织秩序及其时空关系的内在表现形式；功能是指系统与外部环境相互联系和相互作用中表现出来的性质、能力和功效，是系统内部相对稳定的联系方式、组织秩序及其时空关系的外在表现形式。②

广告产业是一个由产品、企业、市场、技术、制度等子要素构成的大型经济生态系统，所有子要素的功能无法割裂，组织角色无法被替

① ［美］路德维希·冯·贝塔兰菲．一般系统论［M］．秋同，等译．北京：社会科学出版社，1987：18-50.

② 魏宏森，曾国屏．系统论［M］．北京：清华大学出版社，1995：289-292.

代。因此，笔者在本书中分宏观、中观、微观三个层面，从产业、企业、个人入手，通过对国内数十家典型营销传播企业领导者的半结构化深度访谈，佐以当场的结构化问卷调查（不刻意设置限制行为的假设条件），对当代中国广告业中的知识生产和知识创新状况进行了定性研究，力图从系统论的视角全面研究产业中存在的现象，这可以在整体性上更好地界定问题，对其内涵、外延、边界进行深入的研究。

2. 案例研究法

现场案例研究的方法属于"定性的实地研究"，主要目的在于获取定性资料。① 由于在以往关于广告行业的知识管理资料稀缺零散，而且根本不存在系统性、周期性的样本统计数据，所以采用此种研究方法十分必要。本书在第七章结合二手资料进行多案例内容分析和多案例比较分析，能够较为直观地反映出目前中国营销传播行业、广告产业在知识创新视域下的知识生产现状、动态特性及演化机理。

3. 层次分析法

在将营销传播企业作为中观层面的重要分析对象、并从知识创新能力的角度测评营销传播企业"软实力"时，需要考虑到组织中各要素的本质、影响因素及内在关系，按照目标、准则、方案等层次，在此基础之上进行定性和定量分析。这个决策系统当中很多因素之间的比较，实际上是无法完全用定量方式描述的，这就需要将半定性、半定量的问题转化为定量计算问题。层次分析法能将复杂的决策系统层次化，通过逐层比较各种关联因素的重要性来为最终的决策提供定量依据。

1.3.2 研究思路

要讨论中国广告（营销传播）行业/企业的生产力变革及其影响与规

---

① ［美］艾尔·巴比．社会研究方法［M］．邱泽奇，译．北京：华夏出版社，2005：276.

律，需要按照视角、范式、路径、方法、技术工具自上而下依次开展，关键是找到能够分析生产力变革和产业整体性升级的理论框架。从根本上说，生产力变革是由以生产工具为主的劳动资料、引入生产过程的劳动对象、具有一定生产经验与劳动技能的劳动者以及应用于生产过程的科学技术四者的合力决定的。当生产力发生变化时，生产关系①也将相应发生变化。

因此，本书的基本思路是：立足于我国经济转型升级和经济结构变化，体现知识创新在狭义的广告产业(或广义的营销传播行业)发展中对其他各种创新的带动作用，分析其在广告企业组织运行中可能产生的影响。笔者同时考虑了自然和社会因素，也包括外部的宏观政策、中观的产业结构、微观的组织运营等在内的可量化及不可量化要素，初步建立了以数字营销传播企业为新生产力代表的、可以扩展至整个文创产业的"软实力"测评体系，以便于在横向和纵向上对企业的竞争力进行比较。在此基础上，再结合我国的经济特征、政策及法律、产业规模、技术水平等条件，研究广告组织、广告产业(或营销传播行业)如何经由知识生产力提升，实现企业的持续繁荣和整个产业的有序跃迁、动态升级。

1.3.3 技术路线

本书在文献综述和理论研究的基础上，并基于在北京、上海、天津、广州、深圳、杭州等地的现场调研，运用多案例比较分析和运筹学方法，从广告产业组织的新兴代表——数字营销传播公司的知识管理实证角度，来考察信息经济、数字经济、知识经济的大时代背景下中国广告产业的运行模式、动力机制和产业升级的迁移机理，证明中国广告产业(或营销传播行业)急需知识创新方面的正规化、常规化、突破式发展，急需在更广阔的范围、更深入的领域进行跨产业、跨区域、跨学科

① 在本书中主要是指生产资料的所有制形式和支配、分配方式。

的协同创新(具体技术路线如图 1-3)。

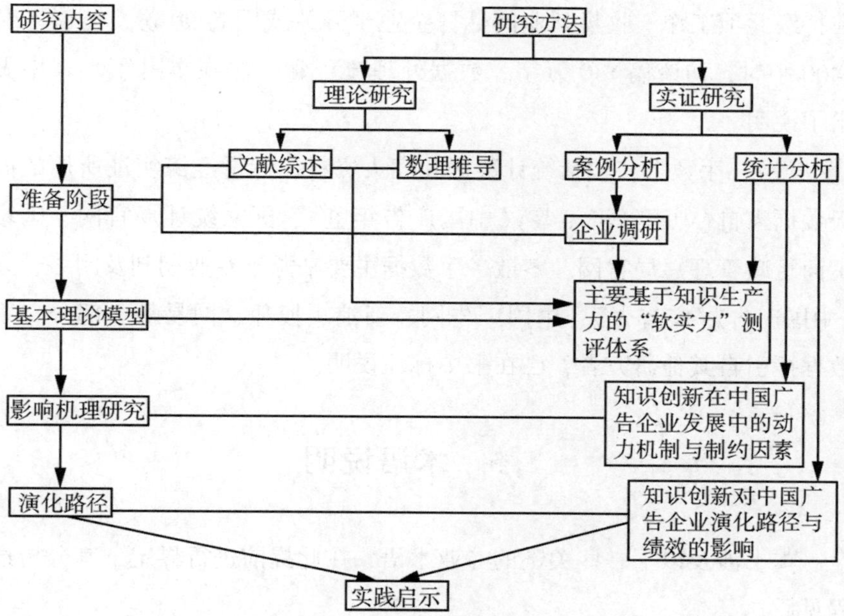

图 1-3　研究的技术路线图

1.4　数据来源

数据的可靠性是实证研究首先要解决的问题。如果数据来源、统计口径、数据处理方法无法满足权威、合理、公开、准确等要求，对同样的一个研究可能会得出截然不同的结论。因此，本书通过以下途径收集数据，作为量化分析的基础。

(1)一手调研数据。从 2016 年开始，笔者和其他研究的合作者在国家财政经费支持下，不接受营利性组织的主动邀约，不受任何官方和非官方组织的影响，通过对以往各个国际、国内赛事获奖情况及新闻媒体公开报道、公司官网介绍等资料查询方式，列出受访对象名录，以独立性质在北京、上海、天津、广州、深圳、杭州等地多次开展实地调研和访谈。2016 年完成 30 余家，2017 年完成 10 余家，至本书写就时仍在持续此项工作。收集到业内标杆企业半开放式问卷 90 份，访谈录音 1400 小时，访谈稿 130 万字。数据处理流程和方法在本书第六章中做出了说明。

(2)二手数据，包括统计数据和案头资料。计量经济实证所用的面板数据来自《中国经济年鉴》《中国广告年鉴》、国家统计局官网、国家工商行政管理总局官网。零散二手数据主要来源于专业期刊及网络，如《中国广告》《广告人》、中国广告网、新浪、搜狐、网易等。部分二手数据援引自其他研究者，已在书中标注说明。

1.5 术语说明

本书涉及以下一些关键的专业术语，在此提前进行界定，其分析过程见后。

(1)现代广告行业生产力。笔者对现代广告行业的生产力从经济学的角度给出如下定义：人们在广告生产过程中形成并显示出来用于认识和改造社会的、直接和间接的有价值劳动能力。这种生产力与同时代不同产业的生产力并没有什么本质上的区别，其发展同时具有历史继承性和当前局限性，都是在先前生产力的基础上发展，也都受到社会现有生产力平均水平的限制。它既包含物质与精神，也必须能够使用货币价值来进行衡量。

(2)知识生产力。知识生产力是指将人类的知识运用于生产过程而产生的生产力，即通过劳动者的知识素质、知识产品、智能化生产设备等表现出来的生产力。它具有与其他生产力不同的如下特征：①建立在知识的生产、传播和使用基础之上；②以信息化为前提；③在全球范围运行，脱离地域界限且容易流动；④建立在发达的市场经济基础之上；⑤以人为本，更加突出了人的主体性地位；⑥是一种可持续发展的生产力。在中国当代广告产业中，知识生产力的高低、生产关系的变化以及知识生产力体系中生产力与生产关系的内在矛盾，决定了广告企业在何种水平和方式上形成企业的软实力，并且选择以何种知识创新手段发展何种核心竞争能力。

(3)知识创新。知识创新一般情况下指向企业的组织行为。企业的知识创新是在企业知识共享的环境下，在实现个人和企业利益的动机下，以市场为导向，知识主体在现有知识资本的基础上，整合内外部知识、挖掘知识，并结合反馈信息不断学习和创造新知识，实现创新成果市场化和提高企业竞争优势的过程。它包含于企业知识生产、传播和使用的过程中，通过企业内部的显性/隐性知识与外部获取的显性/隐性知识的整合来提高企业核心竞争能力。

(4)软实力。与传统生产力重视“硬实力”相比，知识生产力更为重视“软实力”。企业软实力是企业主体通过对企业特定资源的占有、转化和传播，以吸引企业利益相关者等客体，获取他们的价值认同，使他们产生企业所预期的行为，最终达到企业目的的一种能力。企业软实力是企业具有核心竞争力的技术创新能力、资本沉淀和环境整合能力等各因素的集成。在信息时代，企业的软实力主要依靠知识创新的途径进行构建。在某种具体情况下，企业的软实力可能比硬实力更为重要。

(5)核心竞争能力。企业核心能力是指企业在专门技术和生产方面的专长，应具有三个特征：①它是一种具有竞争优势且能显著地创造消费者认知利益的资源；②市场应用上具有一定的宽广度；③竞争者要模仿的难度很高。在第三次工业革命之后，广告企业的核心竞争能力仍然会来源于企业规模、资产规模、人员数量等方面，但那些能够利用创新——主要是知识创新、技术创新、管理创新而开发出新产品、新服务、新盈利流程的企业无疑会更占据优势。

(6)广告知识体系。广告的知识既包含与“广告”相关的各学科知识，也包含理论与实务知识，但归根到底是为了商品经济社会中企业的营销传播实践目的而服务的复合型知识。笔者认为，当代广告行业的知识体系主要包括两大类：其一是直接提升广告业生产力及生产效率的知识大类。其中既包括“广告自系统理论”“广告活动本体研究”等，也包括“广告运作实务”“广告传播研究”等。如果要再进一步指出分属的话，这个知识大类当中主要是广告技术、广告心理学、广告设计、广告受众研究、广告本体研究、广告媒介研究、广告效果研究、广告策略、广告经营、广告主的广告管理、营销整合等，其共同特点是这些知识绝大多数在广告主体内(广告主、广告公司、媒体)和广告主体之间流转，可以被直接利用进行广告生产和广告主体的管理工作，能够直接产生经济收益或避免经济损失。其二是间接提升广告业生产力及生产效率的知识大类。此类知识绝大多数是外部环境/社会与广告主体之间的交流，往往显示出外部的强制性、规范性和条件制约，不一定能直接利用进行广告生产和广告主体的管理工作，不能够直接产生经济收益，但可避免经济损失。其中大致包括广告法律法规、政府的广告管理、广告哲学、广告经济学、广告社会学、广告文化学、广告美学、广告史、广告伦理以及其他的跨学科基础知识。这种分类法的关键在于是否产生直接经济收益。

(7)数字营销传播。对于此术语，国内目前只有极少数学者给出过不太一致的定义。笔者给出的定义仅限参考：数字营销传播，是指以数字化社会情境中的全生产要素(劳动者、劳动对象、劳动资料、知识、管理、资本、协作)为基础、以数字化手段调动企业可触及的一切资源，通过创造、传递优质的顾客价值，对企业进行多层次、全方位的系统化运营。其涉及范围虽然主要集中于营销和传播层面，但实际上包含波特(Michael E. Porter)所言的九大价值链环节和企业正常活动中的所有细节。而且，由于企业活动的溢出效应大幅增加，数字营销传播对社会生态系统循环产生了比以往任何时代都更为显著的正负反馈。

1.6 可能的创新点

与现有的国外、国内相关研究相比，本书的主要创新之处有以下几点：

(1)较为完整地分析了广告产业的知识生产力和知识创新问题，从而首次在理论上对中国广告产业的“知识密集”特征作出了有效的论证支撑。

(2)运用现场多案例研究方法，从产业经济学、管理学、营销学等角度深入探究了当代中国广告产业进行知识创新的动因、模式、制约因素、内在机制、影响扩散。

(3)提出了当代广告行业生产力的各项基本要素，初步建立了后工业化时期广告产业的生产力研究框架。

(4)从生产力与生产关系的角度，对当代中国广告业中的知识进行了分类，对世界广告史和中国广告史的分期提出了新的方法。

(5)运用数理统计分析方法，尤其是使用收集到的一手问卷数据，对知识创新在数字营销传播企业“软实力”和核心竞争能力形成中所起到的主要作用进行了计量实证研究和检验，并提出了测评框架。

第2章　国内外研究现状与进展

每一次世界经济格局发生巨大变革，总离不开生产力的跳跃式发展和生产关系的重新调整。以生产工具为主的劳动资料、引入生产过程的劳动对象、具有一定生产经验与劳动技能的劳动者以及应用于生产过程的科学技术(以及其他生产力要素)的合力，在不断改造已有企业的生产水平、规模、组织形态，也持续重塑现有产业的边界，促生了新兴产业的出现。现在我们认识到，科学技术是第一生产力，它直接由经验和知识产生并促生出更为丰富的经验和知识。正如哈贝马斯(Jürgen Habermas)和斯特尔(Nico Stehr)的解释："推进科学研究与技术之间的互相依存，这使科学成了第一位的生产力。"①"科学越来越多地产生出行为的知识，也就是数据和理论，或说得更好些，产生数据和方案。因此只有在这样的数据和方案成为社会——在这个社会中，知识的生产是直接的社会生产——的组成部分或是主要的组成部分的情况下，科学才可以被称作是一种直接的生产力。"②应当说，知识生产及转化能力的高低，已经是当前企业、产业甚至国家发展态势的重要衡量标准。

至少在21世纪头十年，欧、美、日的跨国传播集团、咨询集团一

① ［德］尤尔根·哈贝马斯．作为"意识形态"的技术和科学［M］．李黎，郭官义，译．上海：学林出版社，1999：58.

② ［加］尼科·斯特尔．知识社会［M］．殷小蓉，译．上海：上海译文出版社，1998：154.

直是广告营销知识生产和传播的主体，知识扩散在跨国传播集团、咨询集团之间和集团内部十分频繁。以跨国公司运作手法、表现内容、工作流程、指标体系形成的整套知识体系和价值观随着经济全球化的加深，大大影响了发展中国家的营销传播行业的发展进程。

2.1　知识生产力与知识创新的概念界定

知识生产力的地位空前提高和知识经济(信息经济/智力经济/数字经济)的到来是人类工业社会文明发展的必然结果。托夫勒(Alvin Toffler)在多本著作中反复强调了知识是未来经济形态中处于支配地位、起到核心作用的生产要素。管理学大师德鲁克(Peter F. Drucker)指出："我们现在把知识看作一个基本的资源。……只要存在着有效的管理，即将知识应用于知识，我们总是能得到其他的资源。"①但从20世纪中叶开始，对"知识生产力"和"知识创新"的含义表述和概念界定有着一定的讨论过程。

2.1.1　知识生产力的概念界定

在一些国内学者对"知识生产力"的研究中，知识生产力被定义为马克思主义生产力理论中"精神生产力"的主体形态，认为其主要提供被人类直接消费的精神产品。② 其判断依据直接来源于马克思(Karl Heinrich Marx)在《资本论》中多次对"物质生产力"和"精神生产力"的比较分析——这对概念首次出现于《经济学手稿(1857—1858年)》③当中，

① [美]彼得·德鲁克．后资本主义社会[M]．傅振焜，译．北京：东方出版社，2009：25.

② 康永超．当代知识生产力的发展及其对唯物史观的影响[J]．中南大学学报(社会科学版)，2007，13(4)：379-384；余泽娜．论知识经济背景下的知识生产力及其价值定位[J]．兰州学刊，2004(6)：76-78.

③ 马克思恩格斯全集(第46卷上册)[M]．北京：人民出版社，1979：173.

但马克思本人并未对这两个对应性范畴下过明确的定义。在这些学者的诠释中，“知识生产力”是指人类利用知识创造精神产品、精神价值的实际能力。

这种对知识生产力的定义主要存在以下几个问题：

第一，马克思主义经典作家所讲的生产力实际上包括人本身的生产力、物质生产力和精神生产力三种形态。这三种形态虽然从不同历史时期看分别是不同时代占主导地位的生产力形态，但三种形态从未割裂。将知识生产力简单地认为从属于精神生产力仅是借用了马克思对“精神生产力”的狭义定义，显然与事实不符。

第二，马克思还将生产力划分为“直接生产力”和“潜在生产力”，①侧重于说明物质生产力与精神生产力相互联系、相互渗透、相互转化。如果将知识生产力简单地认为从属于精神生产力，则是对知识生产力的强大作用认识不足，也没有体现出精神生产力对物质生产力的反作用。

第三，传统的生产力系统结构有二因素论、三因素论，通常的表达公式为：

社会生产力=劳动者+劳动工具

或者是：

社会生产力=劳动者+劳动工具+劳动对象

在近代发生技术革命和产业革命之后，以机器为代表的近代社会生产力的表达公式演变为：

社会生产力=(劳动者+劳动工具+劳动对象)×管理×科学技术

目前，人类社会已进入知识大爆炸时期，这一时期的社会生产力表达公式又演变为：

$$\text{社会生产力}=[(\text{劳动者}+\text{劳动工具}+\text{劳动对象})]\times\text{管理}^{\text{知识}}$$

① 马克思恩格斯全集(第46卷下册)[M]. 北京：人民出版社，1979：219，270.

如果固执于百余年前对生产力的认识，本身也是不符合马克思主义辩证唯物史观的。

因此，对“知识生产力”这一术语的具体界定，国内、国外在不同时间段中表述不一，这也是时代局限性所导致的——国外多结合内涵、外延、特征、构成、区别等作框架性描述，国内多倾向于从语义本身演绎。例如，经济合作与发展组织(OECD)曾基于“新增长理论”对“知识经济”作了较完整的阐述，但对“知识生产力”未作规范性界定，只是把“知识”表述为一种内生性的生产函数，认为“知识投资可以提高其他生产要素的生产能力并将这些生产能力转化为新产品和新工艺”。① 又例如，康永超认为知识生产力是“人们生产知识、加工知识和应用知识的能力”；② 汪向阳认为，“知识生产力，简单地说，就是人们在知识生产中创造和应用知识的能力”；③ 刘仁彪认为，知识生产力是指“人类在与外界环境的物质和信息变换过程中，把各种资源改造成为适合人类需要的社会生产、生活资料的力量”；④ 廖才茂提出，知识生产力是“不同于物质生产力的一种新质生产力，是以知识的生产、传播、应用为主导的生产力”；⑤ 孙向军指出，知识生产力是“知识的生产、传播和使用的过程，是以信息化的充分发展为基础，具有全球性的、以人为本的、可持续发展特性的生产力”；⑥ 刘启春在孙向军的定义之上，又将“知识生产力”更新为“建立在知识的生产、传播和使用的基础之上，以知识资源为依托、以知识产业为支柱、以人为本的可持续发展的一种

---

① 经济合作与发展组织．以知识为基础的经济[M]．杨宏进，薛澜，译．北京：机械工业出版社，1997：4.

② 康永超．当代知识生产力的发展及其对唯物史观的影响[J]．中南大学学报(社会科学版)，2007，13(4)：380.

③ 汪向阳，汪碧瀛．论当代知识生产力的新发展[J]．西北大学学报(哲学社会科学版)，2001，31(3)：108.

④ 刘仁彪．企业知识生产力发展的管理变革[J]．当代财经，2000(11)：59.

⑤ 廖才茂．试论知识生产力及其生成条件[J]．当代财经，2000(9)：3.

⑥ 孙向军．知识生产力：历史演变与特征[J]．教学与研究，2004(12)：24.

新型的生产力形态”。①

在以上定义当中，除有明显偏差的定义以外，都从某个侧面对“知识生产力”进行了适当概括。但从时代性和现实发展来看，孙向军与刘启春的定义更贴近当前的社会状况，因而本书对“知识生产力”的引述也将基本按照这两种定义。不过，对于一个已形成学科的术语而言，数十字的定义远远不能体现出其研究框架，更无法对外延、特征、构成、区别进行详细描述，而这些“枝叶”恰恰是极为重要且真正产生实践价值的。故此在后续的章节中，笔者将结合广告行业的具体情况，对这些问题做更进一步的探讨。

2.1.2　知识创新的概念界定

知识创新在近 20 年来一直是热门研究领域，因而产生了大量的学术文献。仅从中国知网(CNKI)来看，以“知识创新”为篇名对库内中文期刊文献和硕博士学位论文进行检索，便有超过 16000 篇之多，其中单篇最高下载量超过 9000 次，单篇最高被引次数超过 400 次。② 比较具有代表性的“知识创新”的定义是：

(1)美国学者艾米顿(Debra M. Amidon)首次明确提出了“知识创新”的概念。她认为知识创新是对知识的创造、演进、交流和应用，并将这些新的思想商业化以实现企业赢利、经济发展和社会进步。③

(2)知识创新是通过融合不同的知识集创造新的可能性，也是所有创新的原动力。④

(3)一般而言，知识创新有两种定义。第一种定义是指在世界上首次

① 刘启春．知识生产力的哲学思考[D]．武汉：华中师范大学博士学位论文，2012：37.

② 2017 年 8 月 15 日 18 时访问统计数据。

③ Debra M. Amidon. Innovation Strategy for the Knowledge Economy：the Ken Awakening[M]. Boston：Butterworth-Heinemann，1997：15-50.

④ [英]乔·蒂德，[英]约翰·贝赞特．创新管理[M]．陈劲，译．北京：中国人民大学出版社，2012：28，181.

发现、发明、创造或应用某种新知识；第二种定义是指在首次引入知识要素和知识载体的一种新组合和新组合的首次应用。在这两个定义中，“新”的含义是知识产权意义上的新，即在原理、结构、功能、性质、方法、过程等方面有显著性变化，不是时间意义或地理意义上的新。①

(4)知识创新是指通过科学研究获得新的自然科学和技术科学知识的过程。②

(5)知识创新是以整个社会效益最大化为出发点的知识收集、整理、使用、扩散、交流、创造等一系列产生新知识的活动的动态过程。③

(6)从企业的角度看，知识创新是企业将产生的新知识传播、转化，以使企业成功、企业经济活力得以增强的动态过程。④

(7)企业知识创新是在企业知识共享的环境下，在实现个人和企业利益的动机下，以市场为导向，知识主体在现有知识资本的基础上，整合内外部知识、挖掘知识，并结合反馈信息不断学习和创造新知识，实现创新成果市场化和提高企业竞争优势的过程。⑤

(8)创新是指通过创造或执行一种新的方案，谋求更高的经济或社会效果；或者说，创新过程是运用各种已掌握的知识去创造新知识的过程。所以简单地说，创新就是知识的创新。⑥

---

① 张凤，何传启．知识创新的原理和路径[J]．中国科学院院刊，2005，20(5)：390-391.

② 路甬祥．创新与未来——面向知识经济时代的国家创新体系[M]．北京：北京科学出版社，1998：2.

③ 张少杰，汤中彬．基于波特五力模型的四维动态企业知识创新模式研究[J]．情报杂志，2007(8)：25.

④ 程钧谟，段福兴，王道高，周涛．论知识型企业员工的知识创新能力[J]．山东理工大学学报(社会科学版)，2004，20(3)：13.

⑤ 李倩，程刚，王夫芹．基于隐性知识共享的企业知识创新模型研究[J]．情报理论与实践，2014(6)：77.

⑥ 孟晓晨，李捷萍．中国区域知识创新能力与区域发展差异研究[J]．地理学与国土研究，2002，18(4)：79.

(9)组织的知识创新是在参与者的原有知识的基础上，由某种动议或创意引导，通过群体成员大量的个人思维活动，伴随着成员之间的知识交流，相互反复激发、评价、修正，逐渐形成新的知识，达到新的知识形态。①

(10)知识创新即企业创造并拥有新知识的过程，它包含于企业知识生产、传播和使用的过程中，是通过把企业内部显性知识和隐性知识与外部获取的显性知识和隐性知识进行整合以提高企业核心竞争力的过程。②

(11)知识创新是知识创造、演化、转移和应用的动态过程。它通过追求新发现、探索新规律、积累新知识，达到创造知识附加值、谋取组织竞争优势的目的。③

(12)知识创新是指通过企业的知识管理，在知识获取、处理、共享的基础上不断追求新的发展，探索新的规律，创立新的学说，并将知识不断地应用到新的领域并在新的领域不断创新，推动企业核心竞争力的不断增强，使企业获得经营成功。④

(13)知识创新是指赋予知识资源以新的创造财富能力的行为。⑤

在以上定义当中除个别存在明显失误之外[如定义(4)完全将人文社会科学剥离，定义(5)中的“社会效益最大化”根本无从衡量]，都是在不同角度或不同层面对知识创新的概念界定：定义(1)、(5)、(6)、(7)、(9)、(10)、(11)、(12)描述了知识创新的过程；定义(1)、

① 刘洪伟，和金生，马丽丽．知识发酵——知识管理的仿生学理论初探[J]．科学学研究，2003，21(5)：514.

② 吕巍．知识优势[M]．北京：机械工业出版社，2002：25-38.

③ 和金生，熊德勇，刘洪伟．基于知识发酵的知识创新[J]．科学学与科学技术管理，2005(2)：54.

④ 于琛琛，杨乃定，贾晓霞．企业知识创新管理研究[J]．软科学，2004，18(1)：72.

⑤ [美]彼得·德鲁克．知识管理[M]．北京：中国人民大学出版社，2000：16.

(6)、(7)、(10)、(12)侧重于表达企业组织的创新需求，定义(2)、(3)、(4)、(5)、(8)、(9)、(13)更强调社会整体性。由于本书主要讨论对象是企业组织，因此如无特殊解释，后续文本中的“知识创新”一语将直接指向定义(7)、(10)。与“知识生产力”的定义类似，对“知识创新”的外延、特征、构成、区别等，也需基于研究对象进一步展开。

2.2　对“产业”的概念界定

国际上对于产业研究的定义，多从产业经济学的角度出发。但是在英文中，“产业”“工业”“行业”“企业”“实业”均可用“industry”表示，因此必须就不同的研究目标和研究对象，给予“产业”在特定语境下的具体定义。目前，就“产业”的定义主要有以下几种：

(1)根据《韦伯新世界大字典》的解释，“产业”是与农业相对应的制造型生产企业的总称(定义5a)；“产业”还意味着诸如旅游行业一类的“任何大规模的经营活动”(定义4b)。产业的这种双重含义经常会造成对产业组织学研究目标的混淆。在我们的研究中，产业的定义以韦伯字典中的定义4b为准。①

(2)马歇尔在《经济学原理》中认为，产业与生物组织体一样，是一个伴随着组织体构成部分的机能分化(企业内的分工、社会分工)和构成部分之间紧密联系和综合(企业的合并、准合并)的社会组织体。②

(3)“产业”是介于微观经济组织和宏观经济组织(国民经济)之间的“集合概念”。……在本书中，“产业”一词大致在四种层次上使用：①同一商品市场为单位划分的产业，把所有生产同类商品或提供某种服

① ［美］刘易斯·卡布罗．产业组织导论［M］．胡汉辉，赵震翔，译．北京：人民邮电出版社，2002：3.

② ［日］植草益，等．日本的产业组织：理论与实证的前沿［M］．锁箭，译．北京：经济管理出版社，2000：3.

务的企业称为某产业。②以技术、工艺的相似性为根据划分的产业，如水力发电与火力发电两种活动，虽然在提供的产出方面具有同质性，但相互间在技术及工艺上差距悬殊，以此为标准便要分别列示这两种产业活动。③以使用生产要素的特征划分的产业，如技术密集产业、资本密集产业、劳动密集产业之划分，便具有这一特征。④以经济活动的阶段为依据，将国民经济分为若干大部门所形成的产业。①

(4)产业是销售相似商品的生产单位的集合，常用来指一个生产分支。②

(5)产业是指国民经济中以社会分工为基础，在产品和劳务的生产与经营上具有某些相同特征的企业或单位及其活动的集合。在国民经济中，从各类物质生产部门到提供各种服务的各行各业，都可以称为产业。产业既不是微观经济的概念，也不是宏观经济的范畴，而是介于两者之间的中观经济概念。③

(6)产业是国民经济中按照一定的社会分工原理，为满足社会某种需要而划分的从事产品和劳务生产及经营的各个部门。……产业的概念是介于微观经济细胞(企业和家庭消费)与宏观经济单位(国民经济)之间的若干集合。④

(7)“产业”一词在汉语中可指财产、手工业、近代工业。在现代，产业通常是指从事生产、制造、服务的社会经济部门。可从多种角度研究产业，产业问题应属“STES 研究”(科学、技术、经济与社会研究)的对象。⑤

(8)产业是提供某些相同、类似以及紧密关联的产品或服务，并形

① 刘志彪，安同良．现代产业经济分析［M］. 南京：南京大学出版社，2001：2.

② ［爱］伯纳德特·安德鲁索，戴维·雅各布森．产业经济学与组织［M］. 王立平，尹莉，等译．北京：经济科学出版社，2009：3.

③ 简新华，杨艳琳．产业经济学［M］. 武汉：武汉大学出版社，2009：1.

④ 史忠良．产业经济学［M］. 北京：经济管理出版社，2005：1.

⑤ 陈昌曙．产业研究论纲［J］. 自然辩证法研究，1994(11)：48.

成一定竞争或者合作关系的企业群体。①

(9)在西方经济学界，产业一词指的是生产同一种商品的(严格说来应是具有较强替代性)的企业的集合。②

本书在谈及“产业”时，倾向于选用上述定义中的第三种，即刘志彪、安同良在《现代产业经济分析》当中的设定。“产业”应属微观经济细胞和宏观经济单位之间的一个中间概念，但西方经济学界或是将“产业”等同于“产业组织”，或是将其作为不言自明的“元语言”，或是将其抽象化。这样一来，完全使用西方的“产业”定义，会在解释当今中国的现实经济状况时遇到难以逾越的困难。正如刘志彪、安同良指出的：“其一，现实的产业及产业之间的关系、现实的产业内的企业关系是很复杂的，如企业规模、技术进步、市场竞争与垄断等问题都不是标准的微观经济理论可以直接回答的。没有一套分析产业内企业间关系的方法和工具，就很难具体地解决市场正常的竞争秩序问题。其二，现实的国民经济活动，不仅有国民收入总供给与总需求的均衡问题，而且有产业之间有关中间产品复杂的交换和结构均衡问题，即国民经济运行不仅要解决总量均衡问题，也要解决其结构均衡问题。由于宏观经济学不研究有关中间产品之间的交换均衡问题，因此诸如产业结构、产业创新升级等许多重要的现实问题便无从回答。”③除此以外，对于产业布局、产业安全、产业与人文的互动关系、发展中国家产业引导等问题也较少涉及。当然，随着近年来科技与全球经济格局的飞速变化，产业研究无论从工具、方法还是范围都有了很大的提升和扩张，但考虑到我国经济运行体制、经济总量、自然地理因素、人均资源占有量、人均收入等现实

① 宋胜洲，郑春梅，高鹤文．产业经济学原理[M]．北京：清华大学出版社，2012：3.

② 盛国辉，袁中华．西方产业经济学的发展轨迹与我国产业经济学体系的构建[J]．经济问题探索，2004(1)：20.

③ 刘志彪，安同良．现代产业经济分析[M]．南京：南京大学出版社，2001：3.

条件的限制，我国的“产业”及产业研究显示出与世界上任何一个国家都不尽相同的一些特质。基于这些特质而产生的理论研究结果和实践过程与国外无法完全保持一致是必需的也是必然的。

2.3　知识生产力研究状况

从辩证唯物主义来看，生产力是社会发展的决定性力量。第一个提出“生产力”概念的是 18 世纪法国经济学家魁奈(Francois Quesnay)，斯密(Adam Smith)、李嘉图(David Ricardo)、李斯特(Friedrich List)在继承的基础上有所发挥，逐渐形成了资本主义古典经济学的生产力研究。这些研究对生产力概念及其作用的讨论处在萌芽阶段，对于生产力各要素之间的内在联系不能予以正确的科学解释，因而是一种静态的、孤立的且片面的理论碎片。在批判继承了古典政治经济学的生产力理论的基础上，马克思、恩格斯(Friedrich Engels)完成了生产力概念的哲学变革，以整个人类历史长河为考察对象，深刻揭示了生产力的性质、作用以及在历史观中的意义，指出了社会历史发展的一般规律，成为马克思主义政治经济学的开创者和集大成者。但是，现代科学技术的高速发展已经极大地改变了生产力本身和与其相关的各种外部条件，像任何一种社会理论一样，作为特定历史时期的产物，马克思的生产力理论也面临着新的挑战。例如，关于生产力定义的认识存在瑕疵；在生产力构成要素的认识方面存在局限；没有预见到由于无序、过度地发展而带来的反生产力的“全球性问题”。① 正确地对待马克思主义，也就意味着首先要认同马克思主义的发展性和开放性，认同其与时俱进的内在要求。

知识主导经济发展并真正向生产力转化是人类社会近几十年来才出现的特征，这既是遵循生产力发展规律的必然结果，也是人类文明发展

① 刘启春．知识生产力的哲学思考[D]．武汉：华中师范大学博士学位论文，2012：19-20.

的必然产物。下面，笔者将对知识生产力的重要文献作简单梳理。

在工业文明的时代讨论知识生产力和知识经济，本身就具有时代意义和时代特征。其新颖之处是在以下这些著作中普遍存在的，尽管人们在很早以前就认识到知识的重要意义和社会功能，但这些著作从开始生产、分配和再生产的角度来考察社会的结构及其变化，考察物质、精神、权力的新流向。斯特尔(1998)的《知识社会》、托夫勒(2006)的《第三次浪潮》《权力的转移》，德鲁克(2009)的《后资本主义社会》《下一个社会的管理》，贝尔(Daniel Bell，1997)的《后工业社会的来临》，利奥塔(Jean-Francois Lyotard，1997)的《后现代形态——关于知识的报告》等均属此列。

斯特尔在《知识社会》的第五章接受了马克思的社会理论，提出知识生产力是“作为一种直接生产力的科学”的本质命题，即认为“行为知识”是一种直接的生产力，因为这样的知识已经是社会行为的一个直接形式，它是直接的行为能力，包括创造更多的(新)知识的能力。在科学和技术革命的条件下，生产力的增长遵循科学优先于技术、技术优先于工业的法则，所以现在的科学不再主要是社会意识的一个部分，而首先是一种生产力，这种生产力正以某种方式转变成科学的应用。斯特尔强调，社会发生重大变化的根源不仅在于科学知识更加广泛的应用，而且在于“新型知识”的生产，并以此为重点来处理知识生产的“社会学方面的独到之处和特性”以及“知识在这种社会秩序中的作用”。

托夫勒作为著名的未来学学者，在《第三次浪潮》中探讨了大量的变革时代的经济问题，阐述了由科学技术发展所引发的社会各方面的变化与趋势，预见到大规模生产向服务和知识工作的转变以及数字化革命的兴起。《权力的转移》分析了知识在权力转移中扮演关键角色，并探索了未来企业、经济、政治和世界局势的改变，提出了“社会权力”的新观念，其认为以“知识储备”为财富工具的社会将占领战略的制高点，“资产阶级”将成为社会的主流人群。虽然包括《未来的冲击》在内的“未来三部曲”以大量的实际案例印证了知识生产力的勃发，但其思想跳跃性较大，尚未对知识生产力作出完整周密的逻辑推导。

德鲁克是全球顶尖级的管理学大师，学术涉猎非常广泛。《后资本主义社会》一书对当前世界正在发生的主要变化进行了透彻与深刻的分析，展现了这些变化将如何影响社会、经济、企业和政治。同时，这些分析也解释了我们如何从一个基于资本、土地和劳动力的社会，转向一个以知识作为主要资源、以组织作为基本结构的社会。他在《下一个社会的管理》中指出，“下一个社会”将是知识社会，知识会成为社会的关键资源，知识工作者将成为主要的劳动力。新机构、新理论、新意识形态和新问题将是“下一个社会”的主要特征。除此之外，在《21 世纪的管理挑战》(2003)、《功能社会》(2009)、《巨变时代的管理》(2009)中，德鲁克也对信息革命、知识工作与性别角色、知识型组织、知识管理、知识创新等问题都有着较为深入的论述。应该说，他的有关著作兼具了理论性与实践性。

美国社会学家贝尔在《后工业社会的来临》中认为，随着经济活动资源重心的转移，人类经济完成了从农业经济到工业经济再到知识经济的飞跃，“后工业社会是围绕着知识组织起来的”。① 知识生产力以知识资源为依托不仅表现为知识是现代生产力的前导性因素，而且表现为知识产业形成了支柱性的产业地位。知识劳动者成为生产主体，劳动资料由物化资料变为知识、思维方法、认知能力和智能设备，劳动对象从自然转向虚拟形态的存量知识、流量知识和人文信息。法国哲学家利奥塔进一步认为，当知识在知识社会中成为决定社会发展的决定因素时，与工业经济时代的货币一样，知识就逐渐成为一种社会权力，成为新的主宰。对于知识个体而言，知识经济下的异化关系表现为知识和拥有知识的主体的内部异化关系；对于整个社会而言，知识是通往权力金字塔的必备基础，因为“知识和权力是同一个问题的两个方面。在信息时

① ［美］丹尼尔·贝尔．后工业社会的来临［M］．高铦，等译．北京：新华出版社，1997：23.

代，知识的问题比过去任何时候都更是统治的问题”。① 奈斯比特(John Naisbitt)、艾米顿(Debra M. Amidon)、巴伯(Bernard Barber)、尼夫(Dale Neef)等人在著作中也对知识、知识经济、知识生产力有着深刻的阐述和分析。

当知识经济、信息社会等概念传入中国之后，国内一些学者基于马克思主义的生产力理论，从辩证唯物主义的认识论出发，对知识生产力的基本概念进行了解读和适合我国国情的发挥。宫菊花认为，用生产力标准来分析衡量知识经济是科学的、正确的，也是唯一能把握知识经济本质的方法。鲁品越根据生产力的“新三要素说”，提出了知识经济时代衡量生产力发展的三项内在标尺与五项外在标尺。焦方义、杨其滨以知识经济为前提从价值转化的角度探讨了先进生产力的发展问题。叶险明从马克思主义本体论和辩证法两个角度诠释了“知识经济”与生产力之间的关系，并从“知识经济”的哲学规范、“知识经济”中的历史观基本问题、马克思的生产关系理论和时代观在当代的发展、“知识经济”与当代全球化发展以及“知识经济”与中国现代化这些相互联系的方面，展开“知识经济”批判，试图为在现代坚持和发展马克思主义哲学提供一条可供选择的思路。余泽娜试图厘清人们对知识生产力与“科技是第一生产力”之间的误解，论述了发展知识生产力的价值定位。康永超论述了当代知识生产力的发展对唯物史观的影响。刘启春从唯物史观出发，论述了知识生产力的生成、内涵、性质、特征、构成及运行环节，详细解读了知识生产力历史发展的正负效应。吕国忱、王宝儒、张华茂、范领进、李效东、黄亚玲、孙元峰、石纪伟、孙伟平、杨迪等人也对上述范围内的一些问题展开了研究。

在较偏应用型的研究上，廖才茂论述了全球化浪潮的特征、本质、动因及其对中国的影响和冲击，认为中国应实施知识生产力发展战略；

① [法]让·弗朗索瓦·利奥塔．后现代形态——关于知识的报告[M]．车槿山，译．北京：生活·读书·新知三联书店，1997：14.

他还指出，知识生产力必须成长于物质生产力之上，必须有丰厚的物质经济基础、知识积累、智力资本以及竞争的市场条件与专注于发展生产力的国际国内环境。刘仁彪认为，企业知识生产力的发展对企业管理活动提出了全方位、多层次、宽领域的变革要求，即管理思想柔性化、管理组织再生化、管理形式知识化、管理技术信息化。胡鞍钢研究发现，中国的真实国情是"一个中国四个世界""一个中国四种社会"。进入新的世纪，中国发展中最大的挑战就是在没有完成工业化、城市化、服务业化的条件之下，面临着迅速知识化的任务，即实施知识发展战略，在所有的领域传播、使用知识，在世界上建设最大的学习型社会、普遍应用技术社会和信息社会。他介绍和总结了发展中国家促进社会转型的经验，讨论了中国如何在21世纪实施基于知识的追赶战略及消除新的知识贫困。汪向阳、汪碧瀛从广义社会生产力的角度论述了知识生产力的属性，着重探讨了知识生产的基本特点和知识生产力的测度方法。孙向军梳理了知识生产力的历史演变过程，分析了知识生产力的形成条件、特征及性质。农华西将知识资本化的条件分为生产力的物质条件、外部条件、内部条件以及科学技术条件四个方面。陈则孚、梁云昌等学者也对此类研究有一定贡献。

2.4　知识创新研究状况

在20世纪里，国际上对创新的研究大致经历了三个发展阶段，即创新理论的引入阶段、技术与制度创新研究阶段、创新系统与广义创新研究阶段。这三个阶段在时间上相继出现，但从第二阶段开始，各项创新研究呈现出并行、交叉、分支、融汇的网络化共构态势。作为一种创新的表现形式，知识创新是20世纪90年代诞生的新概念，也是创新研究第三阶段的一大热点。以下笔者将分两个方面对相关重要理论和文献进行归纳整理。

2.4.1 国外与国内的创新研究概况

美籍奥地利经济学家熊彼特(Joseph Alois Schumpeter)首先使用了“创新”一词，提出创新是生产函数或者供给函数的变化，是生产要素和生产条件的“新的组合”，是经济系统内部自发的、不连续的变化。对于资本主义经济和企业的发展来说，创新就是一种“创造性的毁灭”。在《经济周期》《资本主义、社会主义和民主主义》两本书中，他对“创新”加以全面、具体地运用和发挥，从而形成了完善的熊彼特创新理论体系。

之后，创新理论开始朝着两个方向发展，一是以曼斯菲尔德(Edwin Mansfield)、施瓦茨(Nancy L. Schwartz)、索洛(Robert Merton Solow)、阿罗(Kenneth joseph Arrow)、莱文(Richard Charles Levin)、格里列希斯(Hirsh Zvi Griliches)、厄特巴克(James M. Umerback)、兰格里士(J. M. Langrish)、迈尔斯(S. Myers)等为代表的技术创新学派，从技术的创新与模仿、推广、转移的关系角度对技术创新进行了深入的研究。二是以诺斯(Douglass C. North)、戴维斯(Lance E. Davis)、舒尔茨(Theodore W. Schultz)、科斯(Ronald H. Coase)、阿尔钦(Armen Albert Alchian)、德姆塞茨(Harold Demsetz)、加尔布雷思(John Kenneth Galbraith)、布坎南(James McGill Buchanan)、威廉姆森(Oliver Eaton Williamson)、巴泽尔(Yoram Barzel)、缪尔达尔(Karl Gunnar Myrdal)、海尔布罗纳(Robert L. Heilbroner)、卢瑟福(Malcolm Rutherford)等为代表的制度创新学派，把创新与制度结合起来，研究制度因素与企业技术创新和经济效益之间的关系，强调制度安排和制度环境对经济发展的重要性。技术创新学说主要包括曼斯菲尔德的技术模仿论、门斯(G. Mensch)的技术创新论、卡曼(Morton. I. Kamien)和施瓦茨的市场结构论、戴维(Paul A. David)的企业规模“起始点”理论和路径依赖研究等。制度创新学说主要包括诺斯的制度创新论、拉坦(Vernon W. Ruttan)的诱致性制度变迁理论等。20世纪90年代之后，由于世界经济发生了重大变化，新的“国家创新系统理论”开始成为创新理论的重要继承者。国家创新系统学说包括以弗里曼(Christopher Freeman)、纳尔逊(Richard R. Nelson)、莫厄里(David Mowery)、罗森伯格(Nathan Rosenberg)为代表的宏观学派，以伦德瓦尔(Bengt-Aake Lundvall)为代表的微观学派，以波特为代表的综合学派。

实际上，除技术创新学派与制度创新学派的分歧较大之外，其他的学派分类有时会高度重合、交叉，依其不同的研究路径又有更为详细的分化。20 世纪 80 年代之后，在经济进化理论和内生增长理论的弥合下，技术创新与制度创新也呈现出分久欲合的态势。并且，有的知名经济、管理、政治、理工科学者虽在创新方面作出过巨大贡献，但很难将其归入某一特定学派，例如哈耶克(Friedrich August von Hayek)、德鲁克、马克卢普(Fritz Machlup)、斯蒂格利茨(Joseph Stiglitz)、贝克尔(Gary Stanley Becker)、泰普斯科特(Don Tapscott)、卡特(E. E. Cartor)、莫斯(E. V. Morso)、欧内克(W. Wolek)、艾伦(G. Allen)、芒罗(H. Munro)、格温(D. Gerwin)、布朗(W. B. Brown)、斯通曼(P. Stoneman)、库姆斯(R. Coombs)、马库斯(Alan Marcus)、马丁(Chuck Martin)、费里拉(J. Friar)、格洛柏(S. Globe)、内森(R. R. Nathan)、尼葛洛庞帝(Nicholas Negroponte)、阿尔科塔(Ludovico Alcorta)等人。在其他学科领域，由于人文社会学科的共通与毗邻，也有不少的学者对创新及相关问题做出令人耳目一新的研究，例如弗格森(Eugene Ferguson)、哈贝马斯、利奥塔、詹姆森(Fredric Jameson)、海德格尔(Martin Heidegger)、斯特尔、芒福德(Lewis Mumford)、埃吕尔(Jacques Ellul)、格伦(Arnold Gehlen)、谢尔斯基(Helmut Schelsky)、霍克海默(Max Horkheimer)、阿多诺(Theodor Wiesengrund Adorno)、马尔库塞(Herbert Marcuse)、贝尔、鲍德里亚(Jean Baudrillard)、凯尔纳(Hansfried Kellner)、休伯杰(Frank Heuberger)、罗杰斯(Everett M. Rogers)、波斯特(Mark Poster)、卡斯泰尔(manuel castells)、巴斯托斯(Maria-Inès Bastos)等。

1. 国外创新研究

进入新世纪以来，创新研究在理论上摆脱了传统的技术创新论和线性模式，转为系统论及动态的非线性交互型创新模式，知识流理论、协同理论、开放式理论、用户创新理论、知识螺旋模型、大众创新理论也纷纷加入。由此，创新的概念被重新认识和再定义，创新的非技术要素被不断补充，新的创新测度指标和计量方法在陆续生成。产品、流程、服务、组织、营销、知识、产业、系统等方面的创新，即将或业已成为除技术及制度以外重要的创新研究方向。

(1)技术创新。熊彼特认为“创新”包括五种类型：引入一种新的产品或提供一种产品的新质量；采用一种新的生产方法，这种方法有可能在科学上不一定成熟或者仅仅是商业上经销商品的一种方法；开辟一个从未进入过的新市场；控制或“掠取”新的生产原料和半成品的供给来源；采取一种新的工业组织方式，比如形成或打破了一种垄断，或实现了托拉斯化。① 创新不是单一存在的，不同领域、多种多样的创新因其时间的长短和效果的差异导致了经济周期的不稳定性，使资本主义经济呈现出长周期和短周期的差别。因此他进一步指出，实现创新主要有两种途径：其一是主要靠企业家来推动，其二是垄断企业在创新中发挥巨大作用。

以曼斯菲尔德等人为代表的新熊彼特学派强调技术创新和技术进步在经济发展中的核心作用，认为企业家是推动创新的主体，侧重研究企业的组织行为及其对技术创新的影响，具体包括：演进理论、创新扩散、企业战略、路径依赖等，并提出了一系列技术创新模型，包括企业家创新模型、线性模型、连锁—回路模型、创新周期模型等。

索洛、阿罗、门斯、施穆克勒(Jacob Schmookler)和格里列希斯、

① [美]约瑟夫·熊彼特．经济发展理论[M]．何畏，易家详，等译．北京：商务印书馆，1990：73-74.

卡曼和施瓦茨、戴维、阿瑟(W. Brian Arthur)、厄特巴克和艾伯纳西(N. Abernathy)、克莱因(S. J. Kline)和罗森伯格、希普尔(Eric von Hippel)等人，将技术创新扩展到更为深远的领域。从 20 世纪 90 年代中期以来，技术创新生态化理论、技术创新社会资本理论和技术创新博弈理论等的出现，为以知识经济为核心的“新经济”发展中的技术创新实践奠定了理论基础。在国际上，高质量的技术创新理论研究文章一般会发表在《产品创新管理》(*Journal of Product Innovation Management*)、《市场营销》(*Journal of Marketing*)、《政策研究》(*Research Policy*)、《市场营销评论》(*Journal of Marketing Review*)、《技术创新》(*Technovation*)、《科学管理》(*Management Science*)、《战略管理》(*Strategic Management Journal*)、《哈佛商业评论》(*Harvard Business Review*)、《IEEE 工程管理汇刊》(*IEEE Transactions on Engineering Management*)、《管理评论》(*Academy of Management Review*)等权威期刊上。

(2)制度创新。“历史地看，各种不同的制度分析模型实际上来自相应的理论渊源，按照其理论内核来整理，可以得到三个大类：一是契约经济学和公共选择理论；二是交易成本经济学；三是制度演化理论。”①其中，契约经济学直接源于科斯。科斯创立了新制度经济学，第一次通过边际分析方法解释了现实的制度的内生化及其对经济绩效的影响，促进了制度分析的复兴。

诺斯是新制度学派最重要的代表人物，他构建了一个完整的三层次、五阶段理论框架，重点分析经济发展中的制度创新和制度安排，并提出国家推动的创新是制度创新的核心内容(因为既可以避免“搭便车”，又可以在一定条件下大幅降低创新成本)，强调国家功能、政治制度与社会意识形态对制度创新的推动性与决定性作用。威廉姆森、德姆塞茨、哈耶克、纳尔逊和温特(Sideny G. Winter)、布坎南、拉坦、速

① 周业安. 关于当前中国新制度经济学研究的反思[J]. 经济研究，2001(7)：27.

水佑次郎(Yujiro Hayami)、青木昌彦(Masahi ko Aoki)、杨小凯、加尔布雷思、缪尔达尔、海尔布伦纳(Robert Neil Heilbroner)等人也对制度创新研究作出了重要贡献。

2. 国内创新研究

国内对于创新的研究，始于我国著名经济学家厉以宁《现代资产阶级经济学"制度创新"理论批判》(1978)一文的发表。他对戴维斯、诺斯、熊彼特、比恩(Richard Bean)、里德(Clyde G. Reed)等人的制度创新理论进行了总结和评述，但更侧重于批判。由于我国在国家政策层面对创新问题给予了更多的重视，因此创新现已被视为国家繁荣和企业振兴的关键性驱动力量。有学者指出，"未来趋势是以创新驱动理论研究为核心，在强化经济发展方式转变研究的同时，逐步深化创新驱动与自主创新、科技创新、技术创新、区域创新、创业政策、创新集群及战略性新兴产业等主题之间关系的理论和实证研究"(见图 2-1)。①

就本书而言，研究的目的和范围并不与传统意义上的产业研究相同，但传统产业研究对技术创新和制度创新的重视及方法问题仍值得关注与借鉴。

我国学者对技术创新的理论研究是从上世纪 80 年代初介绍西方研究成果开始的。"目前，中国技术创新理论研究存在五个主流学术领域，其研究主题主要分别围绕'产业组织、企业理论、风险投资、信息经济学、供应链管理、发展经济学''国家、产业、企业的竞争优势与核心竞争力、知识管理''产业、企业技术创新''组织学习、人力资源管理、和谐管理理论''高新技术产业创新、产品创新、创新网络治理、技术资源整合'等方面。"②与技术创新问题相比，国内研究对制度创新

① 吴建南，郑烨，张攀，顾华伟．基于共词网络分析的国内创新驱动研究热点与趋势[J]．中国科技论坛，2014(6)：17.

② 许振亮，陈悦，尹丽春，刘则渊．中国技术创新理论前沿知识图谱：作者共被引视角[J]．图书情报工作，2008(5)：90.

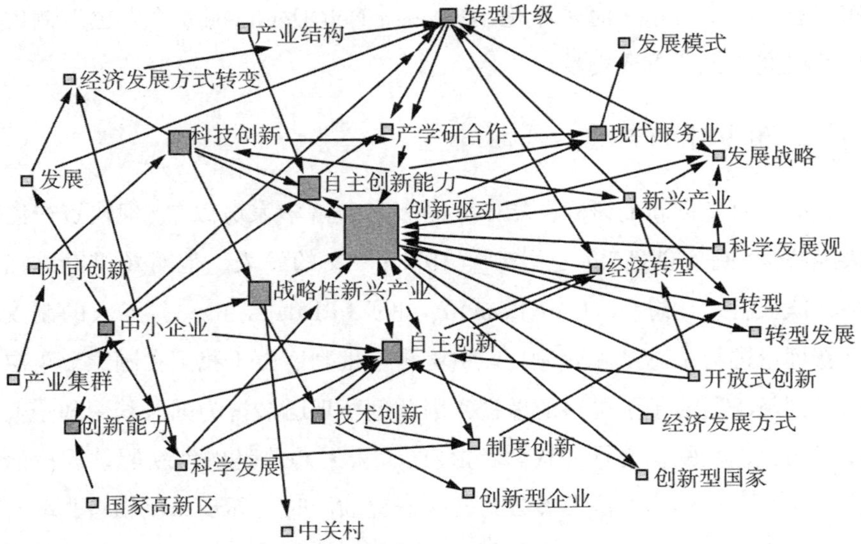

图 2-1　创新驱动研究的共词社会网络图谱①

似乎更感兴趣。广义而言，1949 年后对于马克思主义经济学的制度研究均属于制度创新领域，但真正与现代经济学接轨还是在改革开放之后。本书中的制度创新是指由政府行为主导的外部性创新和由企业行为主导的内生性创新，可能包含以下学者的观点：王忠武、毛寿龙、罗肇鸿、马静玉、万君康、王开明、刘国新、万君康、许庆瑞、陈劲、郭斌、杨瑞龙、李维安、何卫东等。

2.4.2　国外与国内的知识创新研究概况

知识创新是近 30 年来兴起的知识管理研究中的重要组成部分。对于前期研究者而言，知识创新发生在组织内部和有限外部。随着创新研究的逐渐深入，知识创新的范围也不断扩展，与技术创新、制度创新、

① 吴建南，郑烨，张攀，顾华伟．基于共词网络分析的国内创新驱动研究热点与趋势[J]．中国科技论坛，2014(6)：20.

系统创新、协同创新、国家创新产生了越来越多的联系，并共同生发出组织创新、服务创新、营销创新等研究方向。

20世纪60年代，阿罗提出了“干中学”模型，现代管理学之父德鲁克提出了知识经济、知识社会的概念。在1985年出版的《创新与企业家精神》中，德鲁克强调了当代经济已由“管理的经济”转变为“创新的经济”；1999年出版的《21世纪的管理挑战》中，他将“新经济”的挑战清楚地定义为“提高知识工作的生产力”。随后认为，持续创新是企业生存的基本条件，知识创新是影响组织能否拥有持久竞争优势的主要因素之一，是指“赋予知识资源以新的创造财富能力的行为”。① 罗默(Paul M. Romer)提出的“内生增长理论”已将知识视为一种关键性的核心生产要素。

1991年，野中郁次郎(Ikujiro Nonaka)发表《创造知识的公司》一文，认为通过不断地创造新知识，在组织中广泛推广新知识，并迅速将其融进新技术、新产品、新系统中，就能够实现创新。在随后出版的《知识创造企业》《知识创造的经营》《知识创造的螺旋》《知识创造方法论》《创新的本质》等著作中，他与合作者以SECI模型为框架，发展出一套具有普适性质又关注日本特质的、系统性的知识管理理论。之后，SECI模型及其扩展模型成为后来学者继续研究知识创新问题的基础。阿格瑞斯(Chris Argyris)提出的双环学习论、布鲁金(Annie Brooking)提出的智力资本理论、汉森(Morten T. Hansen)提出的两种知识管理实施策略以及罗纳德(Dorothy Leonard)提出的智力偏好论等，同样为知识创新奠定了理论基础。

国内的知识创新研究是从上世纪80年代在德鲁克、托夫勒、野中郁次郎等人的学术思想引入下开始的。1997年，中国科学院建议国家组织实施“知识创新工程”，目标是到2010年前后，形成符合社

---

① [美]彼得·德鲁克. 知识管理[M]. 杨开峰，译. 北京：中国人民大学出版社，1999：16.

会主义市场经济和科技发展规律的、具有支撑国民经济可持续发展能力的、高效运行的国家创新系统及运行机制，建设一批国际知名的国家知识创新基地，不断取得具有国际水平的重大科研成果，培养和造就大批具有创新意识和创新能力的高素质科技人才，使我国知识创新的整体实力达到世界中等发达国家的水平。在此后数年间，我国学者分别在创新系统、组织学习、跨国公司管理、组织文化、核心竞争力、知识价值链、产业与产业集群、知识管理等领域中，开展了卓有成效的立体式探索。

仅从CNKI以“知识创新”为关键词进行篇名模糊搜索，可发现20年来共有公开发表文献2800余篇，产生了国家自然科学基金226项、国家社会科学基金102项(以上为2018年3月18日生成数据)。一些国内知名的管理学学者如曾国屏、李正风、王缉慈、张凤、何传启、许庆瑞、和金生、路甬祥、芮明杰、陈劲、赵曙明等人对此领域有着较为深入的研究，系统论、系统动力学、耗散结构理论、混沌理论、社会认知理论、竞争论等研究方法和工具在其中得到了广泛应用。在现有文献中，多数为基础性研究和行业指导性研究，能够落实在操作层面的或者说能够直接转化为生产力的非常少见，但其与自然学科、人文学科的理论互动比较频繁(见图2-2)。

1. 对知识创新理论的引入、反思和“中国化”

一般而言，此类文献在前期多为介绍知识创新理论，并与各种创新理论研究框架相联系，在纯理论层面进行普及、探讨和补充，例如曾国屏、李正风、魏江、曾国屏、刘翼生、吴金希、张华、陈剑锋、李作学、丁堃、齐艳霞、程钧谟、段福兴、王道高、周涛、赵涛、艾宏图、耿新、彭留英、蒋翠清、杨善林、梁昌勇、丁勇、周佩莹、袁国栋、肖洋、姜文、汪应洛、李朝明、陈夏生、薛继东、李海、李朝明、黄利萍、张素平、吴志岩等。这些文献多与技术创新、制度创新、协同创新、国家创新体系相结合，少量成果具有直接导入实践的潜在价值，如

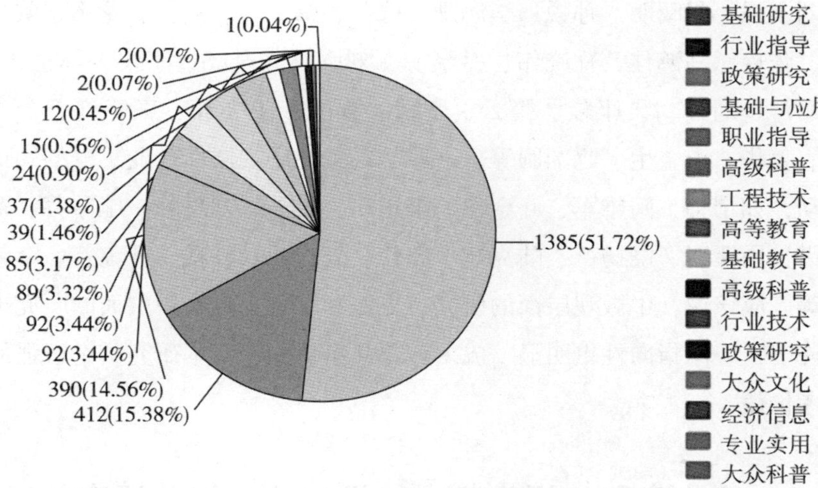

图 2-2　国内对知识创新研究的层次分布①

陈晓静、芮明杰、宋刚、张楠、郭伟、王灿、叶子兰、葛扬、管陵、汤逊、肖玲诺、史建锋、孙玉忠、于瀚等。由于近年来我国产业集群式发展的速度不断加快，因此有很多文献聚焦于与知识创新相关的、具有中国特色的、由政府主导的产业布局问题，对企业个体的实际案例解析较少。

部分学者对知识创新的基础理论研究有一定的突破，如芮明杰、李鑫、任红波对野中郁次郎的知识创造模型进行了修正和扩展；和金生提出了知识发酵模型；张少杰、汤中彬提出了基于波特五力模型的四维动态企业知识创新模式；韩蓉、林润辉展开了对知识创新的混沌理论视域研究等。

2. 对行业和企业的中微观层面研究

在中观和微观层面，一些学者以定量方法集中研究组织知识的内部循环与外部溢出、知识创新选择策略以及知识创新所带来的组织绩效，

① 资料来源：CNKI 计量可视化分析，2018 年 3 月 18 日生成。

如刘永强、赵曙明、孙锐、李海刚、曾萍、廖成林、袁艺、龙飞、戴昌钧、张玲、马鸿佳、鞠晓伟、盛黎明、刘强、陈金亮、王涛、苏世彬、史丽萍、刘强、吴康俊、腾云、李倩、程刚、王夫芹、王晓红、金子祺、姜华、李金生、赵圆圆等。一些学者关注中观层面产业集群的知识流动，如宁钟、闽雄军、叶金福、李正锋、吴洁、刘思峰、施琴芬、贾晓霞、周溪召、饶扬德、陆克斌、郭伟、高长元、杜鹏、杜宝苍、李朝明等。应该说，中微观层面的研究在方法和工具上比宏观层面的研究丰富许多，应用指向性更明显，成果转化几率更大，对本研究具有很强的参考价值。

2.5　广告学科知识生产、知识创新的相关研究状况

在传统的工业社会生产体系里，由于第三产业所占比重不高和由认知导致的统计口径不同等原因，广告产业在世界各国生产总值中的所占比例从未超过 4%，因此也不是政府和社会各界重点的关注对象。不过在 20 世纪中后期，西方发达国家的经济格局向第三产业迅速倾斜，广告业作为服务业当中的一大支柱日渐受到重视，所以也出现了不少涉及广告产业的研究，其研究体系庞大而且研究方向随着技术(主要是媒体技术)发展而快速演化。

2.5.1　国外、国内的广告产业研究概况

国外现有对广告产业的研究主要聚集于三个领域：

第一，运用产业经济学理论，对产业组织、产业关联、产业竞争、企业绩效或广告业扩散作用进行侧面的解释和论证，或是结合法学、社会学，由外部管理视角进行规制性研究。如：卡尔多和尼古拉(Kaldor & Nicolal)、贝恩(Joe S. Bain)较早使用产业组织理论对广告与产品差异化的关系进行了研究；日本学者一杉哲也(Taro Tetsuya)粗略评价了日本经济发展与广告费的关系，植草益(Masu Uekusa)用广告费绝对额和

广告密度分析了日本部分产业的产品差异化程度；维克多和斯蒂芬(Victor & Stephen)也从产业组织理论出发，认为即使产品在客观上是完全同质的，但广告仍能创造主观上的水平差异和垂直差异。

第二，对广告业内部层面技术性问题的研究，如公司单体的经营管理研究、广告媒介发展与广告产业变迁的研究、整合营销传播研究、机制研究、广告行业组织研究、广告公司与广告主角色研究等，数量比较庞大。

①经营与管理研究。对于欧美的广告公司，Katrishen 和 Scordis 认为，大广告公司通过人才的专业化和共同的管理方式获得了更高的经济效率。Harris 研究了小企业如何通过战略规划来发展可持续的竞争优势，其中特别强调了战略规划在引导广告决策时所起的作用。笔者通过定量检验，认为小企业的“成功”与战略规划、营销策划、广告策划的数量有关，但小企业应明智地分配自己有限的资源——要从正确的时点进入，以营销策划开始、以战略规划为终，而非以广告决策为首。Persky 在广告公司不断发生大规模整合的背景下，对广告公司的伦理氛围、性别角色、给定的人口统计学特征、职业地位、组织规模等进行了综合考察，为广告公司高管提供了伦理上的决策依据。

②广告媒介发展与广告产业及相关产业变迁的研究。近年来，由于媒体技术的不断涌现和快速商业化，使得广告媒体在产业演进当中的作用愈发突出。但西方发达国家对广告媒体的研究大多以量化研究为主，切入点较小，议题高度分散，强调应用性和效果。

Hanjun 对一些网购重要变量之间的因果关系进行了检验，提供了一个全球互动广告的理论模型。笔者认为，其研究成果有助于预测互联网使用动机对消费者信息处理的影响，并预测了他们对不同文化的互动广告的反应。Tokic 研究了网络公司的价值评估问题，认为网络公司的市场价值和当期内的研发投入及广告投入有着统计学意义上的显著关系。Tsuji 评估了体育运动中观众对虚拟广告品牌认知的影响因素。Hwang Jang-Sun 从消费者的角度出发，探讨了交互广告对于消费者的意义以及消费者的使用行为；Lee Ju-Yeon、Veroline Cauberghe从广告主/产品和受众的视角出发，对交互电视（iDTV）的广告形式及效果进行了研究。

③整合营销传播对广告产业及相关产业的影响。在整合营销传播的全球背景下，广告的未来发展趋势将是以数字广告为引导工具，整合其他营销传播手段，由此带来广告产业形态的重大改变，即由提供单一广告代理服务的广告产业走向提供广告、公关、促销、营销咨询等以数字化为前提的、多元化服务的“大广告产业”，其目的不只是单纯地发布信息、推介产品或服务，而是帮助客户方成为消费知识体系的塑造者和整合解决方案的提供者。

除舒尔茨（Don E. Schultz）、劳特朋（Robert F. Lauterborn）、邓肯（Tom Duncan）、施吉（Joseph Sirgy）、贝尔齐（George E. Belch；Micle A. Belch）、辛普（Terence A. Shimp）、塞米尼克（Richard J. Semenik）、佩斯（（Larry Peray）等人的经典著作外，国外有不少学者就此问题从多个角度以多种形式进行了论述。其中有广告产业自身的理论延伸，也有从与广告产业高度相关的其他产业角度展开的。

④广告行业组织研究。国外对于广告行业组织模式、形态、功能的讨论较少，但对广告道德、广告自律的研究比较多元化，很多讨论商业伦理的文献基本上会涉及道德和自律问题。Rotfeld指出，绝大部分公司的自律行为更侧重于“一己之私”，因此，想要更好地做到广告自律，就需要政府实施更积极的行政监管。Krueger发现，从业人员如何看待或界定广告本身的基本目的是构成其道德认知及实践的基础。Maria和Marcelo通过大范围的调查，试图揭示西方国家广告从业人员对广告道德背后的自然法、价值观和信仰的认识。Drumwright和Murphy通过深度访谈，认为面对广告的道德问题，广告从业人员会表现出“道德近视”“道德沉默”“道德想象”这三种倾向。Quilliam、Miralee、Cole、Kim等人认为，广告的企业自律表面看好像是为了满足公众需要，实际上更可能是为了转移注意力和应对来自行业内的批评。

⑤广告公司与广告主角色研究。A. Bush 和 V. Bush 用美国国内的大量广告公司与广告主为样本，比较和评估了在网络营销时彼此遇到的问题，并讨论了这些问题会带来的影响。Smith 使用社会交换理论和期望确认理论，探讨了客户、广告代理公司、第三方咨询公司之间的各种关系，以便更好地了解客户/代理公司在委托代理周期初始阶段的动态状况。

第三，集团化、区域化和国际化发展问题的研究。

Grein 和 Ducoffe 通过一系列对跨国广告公司领导者的深度访谈，说明在客户和广告业变得更加全球化的情况下，广告公司需要有很高的集成度和响应速度，领导者必须在各种重要且时常相互冲突的需求中选择适当的战略框架，但这种努力是值得怀疑的。Cayla 用民族志的方法，分析了广告公司在帮助跨国企业学习和适应印度环境时所扮演的角色。Kalliny 以电视和报纸广告的内容及吸引力为研究对象，考察了美国与阿拉伯国家的文化、宗教价值观。

如果按照以上划分方式，近年来国内对广告产业的研究非常多见。但如果从创新的角度观察，广告学的创新研究主要集中在制度创新(实际上多数是制度规范问题)和技术创新，并不涉及真正意义上的知识创新问题，而且各研究领域仍然缺乏关联性。贯通广告法律与外部监管、广告产业研究、广告公司与广告经营及广告代理三个层级之间的参考和引用稀少，且完全不被其他学科引用。从机构分布来看，广告产业研究集中在武汉大学、北京大学、中国传媒大学、厦门大学、复旦大学。丁俊杰、黄升民、张金海、周茂君、卢山冰、陈刚、姚曦、刘传红、廖秉宜、李明伟、孙美玲等学者，在广告产业的相关领域做了比较重要的基础性或开拓性研究(见图 2-3)。

2.5.2 国外、国内对广告产业生产力和知识创新的研究概况

从全球来看，现阶段对广告产业生产力和知识创新所做的有价值的系统性研究非常少，仍然属于未开垦的学术荒地。

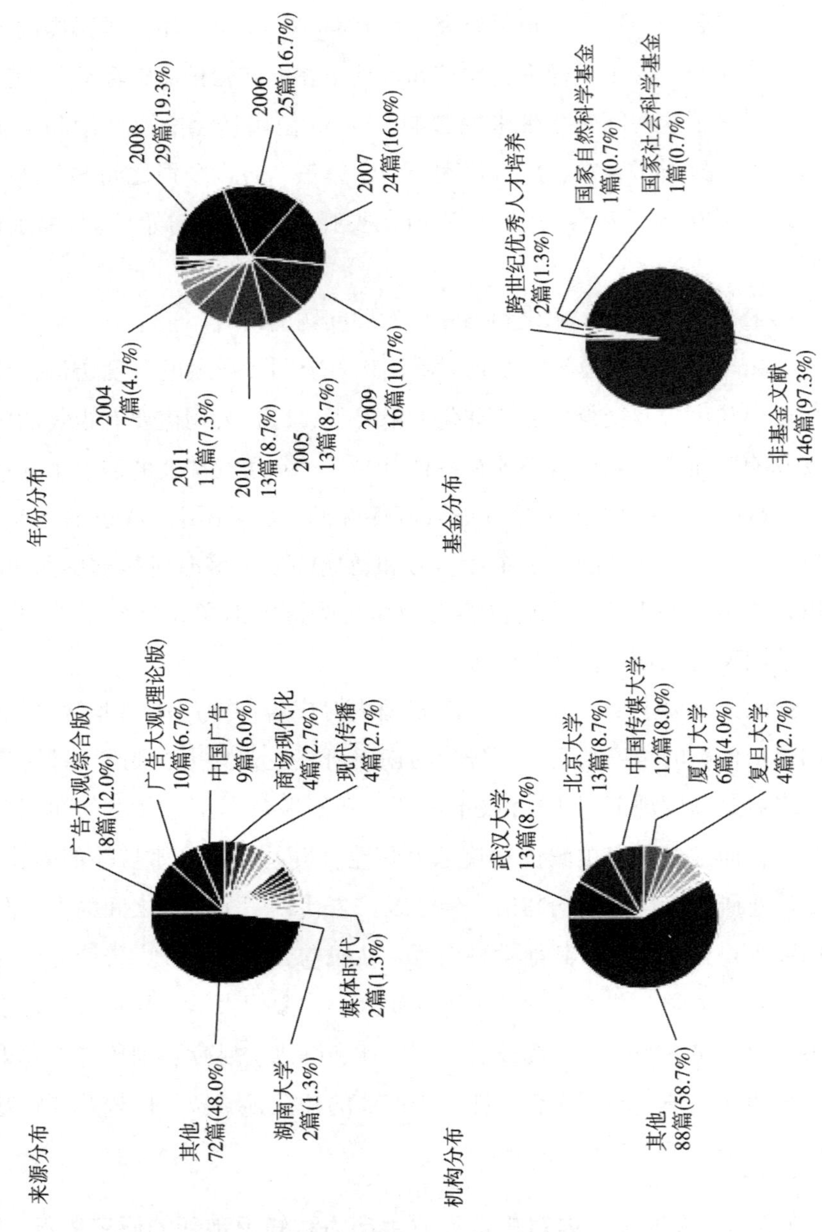

图 2-3　国内广告产业研究的文献分布①

① CNKI；成图时间：2015 年 10 月 3 日 0 点。

M. Arzaghi 和 J. Henderson 在论文中以建模的方式探讨了广告公司选址决策与知识共享之间的相互制约。M. Campo 讨论了广告代理公司竞争力的影响因素，认为广告公司的领导者应将公司与竞争对手标歧化并强化与广告主的关系，还应该为建立工作场所的文化氛围及组织结构提供支持，促进开放式的沟通、分享、合作以及给员工适当授权。Nachum 和 Rolle 从共享客户数据库、共享创意团队、声誉资源转移等角度分析了广告企业跨国经营的经济性问题，并认为可以通过提供具有挑战和诱惑力的岗位吸引世界各地一流的广告人才。

如前所述，我国迄今为止尚未出现专门研究广告行业知识生产力和知识创新的论文或专著，但张纪康、王晓红、谭英双、丁汉青等人在研究广告经济学时对广告行业的生产力要素和运行情况或多或少有所涉及，不过由于这些著作成书较早且关注点不同，未对生产力体系作出完整分析。而能够谈得上与“知识创新”有较紧密关联的研究，则是从2005 年之后才开始的。除以上作出过学术贡献的学者外，其他业界和学界人士，也在不同场合就我国广告业的知识创新的一些分散性问题有所提及。概括起来主要有：

(1)广告作品、广告活动对其他学科知识的简单借用。

(2)管理学、金融投资学、信息科学以及其他学科知识对广告经营单位的经营模式、管理方法、运行流程的改造。

(3)广告相关从业人员的思维转变、知识传递和理论创新。

(4)外部环境变化(技术、经济、制度)与广告业知识更替的双向影响。

(5)广告业原有知识与其他行业知识互济产生的产业结构调整、产业转型与产业升级。

(6)产、学、研合作出现的知识溢出与知识流动。

(7)产业集聚、产业集群与广告业知识创新的关系。

2.6　对本书研究内容所涉文献的评述

总体来看，既有的知识生产力研究多着眼于哲学和社会学思考，厘清基本概念、构筑理论体系。一些理论虽然比较有解释力并且预测被不断证实，但学者对其核心的生产力测度问题一直没有统一认识。这一方面是因为知识生产力的生产要素与传统生产力的生产要素大为不同，哪些属于知识生产力的生产要素还需要进一步界定；另一方面是因为知识生产力的产出难以完全按照传统生产力的产出做纯粹的量化计算。实际上，与传统生产力重视“硬实力”相比，知识生产力更为重视“软实力”，而“软实力”当中有大量的质化内容，需要找到一定的方法才能转化并作对比分析。

与之类似，在进行产业研究特别是广告产业的研究时，目前仍大量沿用 1958 年由哈佛大学贝恩教授提出的 SCP（Structure-Conduct-Performance，结构—行为—绩效）范式，即市场结构决定企业行为、企业行为决定企业绩效。而这种范式忽视了第三产业的一些特殊属性，更未将知识生产力带来的巨大变化考虑在内，一直受到芝加哥经济学派的“静止、僵化”的批评。因此在现阶段我们需要重新思考，是否还能照搬沿用此框架解答知识社会中的现实问题。同样地，里昂惕夫（Wassily W. Leontief）提出的产业扩散效应模型，波特提出的五力模型、价值链模型、钻石模型等一些中观分析的重要技术性工具，也对我国广告产业的当前状况及未来发展无法作出完美解释。

国内外对知识创新的研究已经较为成熟，基于大样本统计数据和微观调研数据，甚至是互联网大数据的实证分析也很丰富。但一方面，由于经济发展阶段和产业布局、产业重要性程度之间存在“时间窗口”，国际上未将广告业作为重点考察对象。并且，以西方发达国家为主的知识创新研究多立足于其本国国情，分析的对象往往是本国和跨国的企业组织行为，其理论对于迅速崛起的中国缺乏足够的解释力（如企业文化层面）。国内则多偏重突出时效性和应用性的宏观研究、政策研究，但统计资料匮乏和数据获取有较大难度，因此严谨的实证研究偏少。另一方面，可能是由于广告产业的非主导性经济地位，或者是对广告产业的知识创新引发的社会创新认识不足，广告产业的知识创新问题未能引起学者的广泛注意。此外，21 世纪之前对国内广告业的“创新”关注，基本归属于创意、形式、内容、营销、媒介等广告学固有的研究领域。2005 年之后出现的学术成果具有一些启发价值，但仍然与“知识创新”研究有不小的距离，与其他各类创新在广告产业中的协同发展和连锁反应更无从谈起。

根据以上文献梳理，笔者认为，基于我国国情将知识生产力、知识创新与广告产业结合起来的研究为数稀少且不成系统。对知识生产力和知识创新在广告产业发展中的性质特征、重要作用、动态演化，以及在中观层面上激励广告企业进行知识创新、培育出健康成熟的知识创新外部网络，在宏观上出台合理的知识创新扶持政策等研究还比较薄弱，因此值得广泛和深入的挖掘。在这些领域中，笔者将尽自己最大的努力向前推进。

第3章　广告产业的生产力变革

生产力既是社会发展的最终决定力量，又是唯物史观赖以建立的基础，“探讨生产力概念的制定与探讨历史唯物主义的形成过程具有本质上的一致性”。① 人类社会的历史，归根结底就是生产力的进化史；生产力的发展水平，直接决定了经济的发展高度。经济的发展过程，同样是生产力量变和质变相统一基础之上的社会变革过程。“生产力的发展是社会经济制度、政治制度与意识形态变革的决定性力量，生产力发展的要求是确定历史发展方向的基本标准。它不仅从根本上决定并制约着全部社会生活领域，而且从根本上决定并制约着人类总体历史的进程及其趋势。”②

工业革命开始前后，有感于社会形态所发生的巨大变化，魁奈、斯密、李嘉图、萨伊(Jean Baptiste Say)、李斯特等人纷纷将目光投向生产力研究，对人、土地、自然资源、资本等生产力要素在哲学和经济学上进行了初步的探索。马克思批判性地吸收了前人的研究成果，通过分析人类社会发展的普遍规律，于《资本论》中充分论述了社会生产力概念，从包括协作、分工、自然力、科学、机器在内的各种角度说明生产力是人类改造自然、获得物质资料的客观物质力量，认为人的生产力、物质生产力、精神生产力三者的结合，解决了人与自然的矛盾，促进了

---

① 郭杰忠．生产力概念的制定及其对历史唯物主义的意义[J]．江西社会科学，2005(9)：18.

② 黄亚玲．关于生产力研究的几个基本问题[J]．求实，2006(8)：45.

人的自由全面发展。然而，随着社会的不断进步，人们对生产力的认识不断更新，原有的生产力理论面临新的问题时其适用性也有所降低。马克思主义并不是一成不变的，这就要求我们在坚持马克思主义基本原理和分析方法的前提下，从教条主义中解放出来，用更符合时代要求的生产力理论指导实践工作。

在本章中，作者主要通过历史回顾和理论思辨的方式，对广告行业的生产力变革进行分析，并说明知识创新在当代广告产业生产力发展中的作用及地位。

3.1　当代广告行业生产力的基本要素

在以往的广告学研究当中，广告业生产力的研究一直生存在广告史与媒介史的夹缝里。吊诡的是，甚至连广告产业经济学的相关研究也很少涉及对生产力形成和演化的分析，仿佛广告业的生产力要素、特征、结构等均是不证自明的真理。笔者认为，这恰恰是广告学之所以难成为真正具有影响力的学科的根本原因，即重技巧传递而轻基础建设，重应用研究而轻理论研究，重现象描述而轻量化分析，重伸展末节而轻加固主干。这虽然与广告学在学科总体当中的生态位有着很大的关系，也与基础研究不扎实、研究方向有偏差、方法论和技术工具使用不合理等有关。其最为明显的例证有二：第一，理论研究远远落后于业界的实务发展进程，甚至业界的学术研究水平领先于学界的学术研究水平。第二，广告学学者的学术贡献和学术影响力禁锢于新闻传播学和市场营销学当中，不仅对理工科毫无影响，即使在人文社会学科中也对其他分支影响甚微，这是简单观察论文引用情况便可以得出的结论。在这种情况下，我们不但难以把握广告行业的发展脉络，无法形成有效的理论体系去指导实际生产过程，也无法与其他学科相互补充参照，遑论对未来作出提前的预判和警示。

因此，在研究广告行业特别是研究广告产业之前，必须先从唯物主义出发，对最为根本性的生产力问题进行可能范围内的讨论，充分考虑当时历史条件下的生产力体系，而非从中段或末端随意截取夹生概念或是未被充分证明逻辑合理的观点。任何跳过生产力分析便直接转入广告产业的研究都是基础不牢固的，即使有结论产生，也是片面且缺乏相对稳定性的。

3.1.1　关于广告业生产力概念的界定

首先要说明的是，在马克思主义唯物史观中，“生产力”是一个最基本的概念，也是生产力研究最为核心的问题。生产力的概念同时也是群集概念，通常情况下表述为某时间与空间之内人类总体的全社会性生产力，不会单独表述为某产业、某组织或某人的生产能力。但在个别情况下——如出现某时空内生产力发展水平呈现非均衡状态时，或是在考察相同行业内不同组织的生产效率时，生产力的概念会由群集概念降级。广告行业当中的生产力概念就是一个降级概念。

在马克思和恩格斯的著作中，生产力的概念被收归于历史观和政治经济学的范畴，他们认为，生产力是人们认识自然、改造自然并获得物质资料的能力。我国自改革开放之后，不少学者基于辩证唯物主义的认识论，坚持“实践是检验真理的唯一标准”，重新界定了新时代背景下的生产力概念。而且，不同学科的学者根据自己的学科特点或研究需要，对生产力的界定也大不一样。巨乃岐将这些概念界定归纳为七种观点①，即：(1)“征服说”，认为生产力是人类征服自然、改造自然的能力；(2)“控制说”，认为生产力是人们控制和改造自然的能力；(3)“改造说”，认为生产力是人类改造自然的实际程度和能力；(4)“适应说”，认为生产力是人们适应、改造和利用自然的物质力量；(5)“物质能力与精神能力总和说”，认为生产力是指人控制和改造自然的物质的

① 巨乃岐，刘冠军. 生产力新论——大生产初探[J]. 东方论坛(青岛大学学报)，2003(1)：13-14.

和精神的、潜在的和现实的各种能力的总和；(6)“大生产力说”，认为生产力是包括物质生产力、精神生产力和人才生产力在内的大生产力，是此三种生产力的总和；(7)“包含认识能力的改造说”，认为生产力概念应该把人的认识能力纳入其中。这些观点均脱胎于以往马克思主义学者的相关论述，由于哲学、经济学、政治学的出发点和落脚点不同，因而彼此之间存在着较大差异。同时，在另外一些学者看来，这七种定义之中有的是“自然主义历史观”的依附论，早已过时陈旧；有的是“人类中心主义自然观”的征服论，潜伏着主体性消失的危机，都在某种程度上割裂了“为我关系”与“为他关系”之间的辩证统一，体现出生产力的异化。因此现在大多数学者主张以可持续发展为价值取向的生产力“协同论”，即坚持“为我关系”与“为他关系”之间的平衡和适度，较广泛地采用“人们在生产过程中形成并表现出来的认识、改造和创造世界的能力”①的现代生产力定义。

如前所言，将现代生产力的定义导向现代广告产业的时候，仍需将其进行概念降级，并与主要生产精神产品的服务业特质相结合，也就是说，与除依附论和征服论之外的定义相结合。因此，笔者尝试对现代广告业的生产力从经济学的角度给出如下概念内核：人们在广告生产过程中形成并显示出来用于认识和改造社会的、直接和间接的有价值的劳动能力。这种生产力与同时代不同产业的生产力并没有什么本质上的区别，其发展同时具有历史继承性和当前局限性，都是在先前生产力的基础上发展，也都受到社会现有生产力平均水平的限制。它既包含物质与精神，也必须能够使用货币价值来进行衡量。但是，仅对概念的内核作表述是不能搭建起生产力框架的，它至少还包括对其要素、特征、特性、条件、运行的认识。而且，这些认识随着时代的变迁也有着明显的更替。

① 黄亚玲．关于生产力研究的几个基本问题[J]．求实，2006(8)：44.

3.1.2　广告业的生产力要素及体系

依照马克思对生产力的分析，“有目的的活动或劳动本身、劳动对象和劳动资料”，① 因此人们一般认为，生产力包括三种实体性要素，即劳动者、劳动资料（其中最重要的是劳动工具）和劳动对象。但实际上，这是马克思对物质生产力的一种简单概括，他在其著作中还多次论述了分工协作、管理、科学等因素在生产力当中体现出的作用，由于“许多人在同一生产过程中，或在不同的但互相联系的生产过程中，有计划地一起协同劳动”，② 就可以“不仅是通过协作提高了个人生产力，而且是创造了一种生产力”。③ 另外，在劳动价值论的形成过程中也指出，劳动生产力是由工人的平均熟练程度、科学发展水平等多种因素共同决定的。④ 这也就意味着，生产力要素具有多元化的性质，其中既有起着主导性和决定性的要素，也有辅助性和非主导性的要素。一旦要素的地位发生根本性的变化，生产力的结构也将发生巨大变化，进而从质和量的两个方面影响生产力总体水平。

马克思生活在工业时代的前期。他根据当时的社会生产力水平，结合历史的考察，剥离出了劳动者、劳动资料、劳动对象、社会化分工、管理、科学技术、工人的平均熟练程度等生产力因素。这些因素里既有“硬”的实体性因素，如物质形态的劳动资料和劳动对象，也有“软”的非实体性因素，如管理技能和科学技术、社会化分工，但“硬”的物质因素占据主导地位。而当我们进入工业时代末期并迈入信息时代后，这些生产要素不仅在生产力结构中的位置已经发生了很大移动，“（从 20

---

① 马克思恩格斯全集（第 23 卷）[M]. 北京：人民出版社，1979：202.

② [德]卡尔·马克思. 资本论（第 1 卷）[M]. 北京：人民出版社，1975：363.

③ [德]卡尔·马克思. 资本论（第 1 卷）[M]. 北京：人民出版社，1975：363.

④ 马克思恩格斯全集（第 23 卷）[M]. 北京：人民出版社，1979：53.

世纪中叶开始)科学日益成为一种'述行的(performative)'力量",① 甚至知识要素从间接发生作用转为直接发生作用:"创造与操纵符号(社会文化)的社会过程,和生产与分配财富及服务能力之间便有了紧密的联系。这是历史上第一次,人类的心智成为一种直接的生产力,而不仅是生产体系中的决定性元素。"②于是,工业经济社会居于统治和支配地位的资本生产力让位于知识经济社会的知识生产力,而且生产要素更具多样性。

劳动者、劳动资料、劳动对象、管理、资本、知识(科学技术和信息等)六大生产力要素以及分工协作,作为最基本的不可或缺的环节直接参与生产过程(见图3-1)。其中,知识是生产力的核心要素并提升了其他生产力要素的效率,劳动资料是实体性因素,劳动对象有实体与

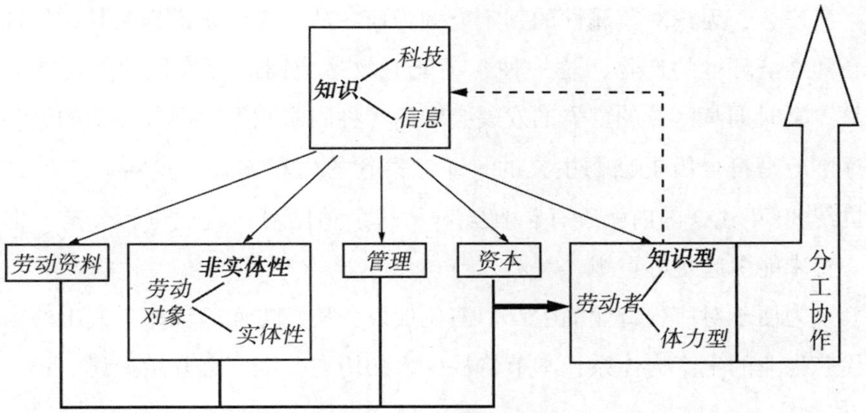

图中较细的箭头线表示发生作用,较粗的连线和箭头线表示合力并经由,虚箭头线表示反馈,斜体字和正体字表示不在同一维度,字体加黑表示较大比例。

图3-1 当代广告业的生产力体系及生产循环

① [加]尼科·斯特尔.知识社会[M].殷小蓉,译.上海:上海译文出版社,1998:151.

② [美]曼纽尔·卡斯特.网络社会的崛起[M].夏铸九,等译.北京:社会科学文献出版社,2001:37.

非实体之分，资本、管理和知识属于非实体性因素。分工协作也是直接生产力，但与要素生产力处于不同维度，即协作维度的生产力，① 与六种要素生产力发生互动演化，共同作为内生性变量构成了当代广告业的生产力体系。除劳动者以外的生产力要素都将依赖于劳动者、附属于劳动者、经由劳动者来完成生产循环。这种生产力体系应该说不但适合于分析现代的广告业，也适合于分析现代的其他知识型产业。

在对此体系的特征、条件、运行机制进行完整分析之前，我们必须先考察广告业的生产力在人类社会各个历史阶段的发展情况，通过回顾与对比来验证此体系是否成立。

3.2 广告行业生产力的历史演化

广告，无论对其属性的判定究竟为何，从本质上来讲都是其所处社会和经济环境的产物，是一种希望能有效达成商品交换目的的传播工具。某时期某区域的广告的发展会受到多种因素制约，但其评价的最终标准应是符合历史唯物主义的，即考察它的生产方式。实际上，在20世纪80年代，国内就曾有学者尝试从这个角度对广告业进行分析，但一直未能引起足够重视。②

为便于对广告行业的生产力演化加以分析，进而验证作者提出的当代广告业的生产力体系，本节将从广告的历史分期问题开始探讨。

3.2.1 传统视角遗留的广告历史分期问题

学术界对世界广告的历史分期问题一直存在较大的争议，这些争议既反映了学科背景和逻辑原点的不同，也反映出在认知论层面对广告本

---

① 段启智．论马克思主义生产力理论的两个维度：要素生产力和协作生产力[J]．当代经济研究，2013(12)：11.

② 赵育冀．浅谈广告学科体系及研究方法[J]．北京商学院学报，1987年增刊：45-49.

质认识的不同。在几本比较权威的广告学外文译著中，我们可以看到有如下一些分期：

(1)阿伦斯(William F. Arens，2013)将广告的历史分为四个时期——前工业化时期(有文字记载到19世纪初)、工业化时期(19世纪初到第一次世界大战末)、工业时期(20世纪初到20世纪70年代)、后工业化时期(20世纪70年代后)，这是从经济发展的角度进行划分的。

(2)维尔斯、莫利亚提、伯奈特(William Wells，Sandra Moriarty & John Burnett，2009)将广告的发展分为六个时期——印刷时期(1441年到19世纪中期)、工业革命和消费社会出现(18世纪中期到19世纪末期)、现代广告时期(19世纪末期到20世纪初)、广告公司时期(20世纪初到20世纪60年代末)、创意时期(20世纪50年代到20世纪70年代)、责任时期(20世纪70年代至今)。

(3)拉塞尔和莱恩(J. Thomas Russell & W. Ronald Lane，2005)将广告的历史分为四个时期——前营销时代(史前产品交换到17世纪中期)、大众传播时代(18世纪到20世纪早期)、调研时代(20世纪早期到20世纪末)、互动时代(21世纪初至今)。

后两种划分标准既不在同一种维度，也不使用同一种方法，各时期之间有较长时间的交叉重叠，而且过度强调了广告业自身的变化。国内学者对世界广告的历史分期则有：

(1)丁柏铨、庞绍堂(1994)以商品经济的发展阶段为准绳，将广告的历史分为萌芽时期(原始社会末期到10世纪)、简单商品经济时期(10世纪到15世纪末)、商品经济时期(16世纪到第二次世界大战)、市场经济时期(二战后至今)四个时期。

(2)陈培爱(2002)将广告历史分为原始广告时期(广告产生到1450年)、近代广告时期(1450年到1850年)、近代广告向现代广告过渡时期(1850年到1920年)、现代广告时期(1920年以后)四个时期。刘家林(2000)、杨海军(2006)也基本采纳了这种分期。

(3)周茂君(2005)以世界重大广告事件、传播科技和媒体的发展为依据，认为世界广告历史应分为古代广告或原始广告时期(1841 年以前)、近代广告或印刷媒介大众化时期(1841 年到 1920 年)、现代广告或电子媒介时代(1920 年到 20 世纪 70 年代末)、当代或网络媒介时代(20 世纪 80 年代至今)四个时期。

(4)姚曦、蒋亦斌(2006)提出以广告的生存形态和活动形态作为广告发展历史分期的依据，并与经济形态和社会形态的综合考察相结合，应分为原始广告(18 世纪中叶以前)、现代广告(18 世纪中叶到 20 世纪中后期)、信息与全球化(20 世纪中后期至今)三个时期。

(5)吕国先(2007)认为应按照广告自身的专业化发展程度将广告史划为四个阶段，即原始广告时期(商品交换出现到专职广告人出现)、近代广告时期(专职广告人出现到 1841 年)、现代广告时期(1841 年到整合营销传播理论出现)、当代广告时期(整合营销传播理论出现之后)。

(6)杨海军、杨栋杰(2010)以世界广告发展历程中表现特征的演变为依据，将广告史划为四个阶段，即广告群体活动阶段(原始社会)、广告个体活动阶段(原始社会至 17 世纪之前)、广告行业竞争阶段(17 世纪到 20 世纪 70 年代)、广告产业运作阶段(20 世纪 70 年代至今)。

应该说，国内学者对广告史的研究兴趣比国外学者更加浓厚，绝大多数能够自觉地运用历史唯物主义的辩证法，即认为广告是商品流通的传播工具，是经济活动的一个组成部分，因此结合了经济、商业、社会、媒介的发展形态对中外广告的各个发展阶段作出了比较清晰的划分。但参考以上的划分方式，我们仍然能够发现其中存在一些问题：

第一，一些学者以媒介发展为重要的划分参考标准，认为媒介是广告的载体，媒介或传播手段的发展在很大程度上可代表广告的发展，以传播手段为因，以广告为果。但是，这只能说明广告的发展来自外部的推动力，不能说明媒介(或媒介技术)即为外部推动力中的原动力和单一动力。而且，广告的发展并不一定与媒介形态的发展相统一，出现报纸并不一定就会出现报纸广告，出现电视也并不一定就会出现电视广告。

第二，有的划分过分看重广告行业自身的演变，将这种演变当做独立的事件，如产业化与集团化等。但很明显，这是服务业的共同演变过程，那么，我们只需要一部服务业的演化史就可以的话，广告史的存在意义又在何处呢？

第三，无论是国内学者还是国外学者，提出的一些划分依据是以"重大事件"为标准，例如某某人开办公司、某某人使用印刷类广告等等，这种方式以特殊代替了普遍、以个别代替了一般，结果出现以某年为限前后断代的现象，其结论值得商榷。例如，瓦特在18世纪后半叶发明了现代意义上的蒸汽机，与纺织机、煤炭、钢铁一起引发了第一次工业革命，而第一次工业革命在世界各国持续了上百年的时间。我们难道要以瓦特发明蒸汽机的那一年来作为一个历史阶段的开端吗？这样的话，电报、电话和互联网算不算？我们是不是可以把互联网出现的那一年当成是信息时代的开始？如果以极为准确的时间作为历史的断代，则可能把历史弄得支离破碎，只见树木而不见森林。

第四，无论媒介形态也好、作业形态也好、规模也好，都只是生产力发展到一定阶段之后的表征，"生产力发展和社会分工不断深化是广告的社会特征不断显现的两个基本推动力"。① 有什么样的生产力，就有什么样的社会形态和经济形态，从这个意义上讲，生产力以及另一维的分工协作才是广告的历史发展主线，生产力的明显质变才是衡量历史分期的最有效标准。但如果不对生产力作概念上的认真理解和因时因地的区分，不对社会的总体生产力和某特定行业的生产力进行区分，不对直接的生产力和间接的生产力作区分，不对外来的生产力和自身的生产力作区分，那么就会出现对生产力的错误判断，进而影响对历史阶段的划分。

---

①　杨海军，杨栋杰．试论世界广告的历史演进与历史坐标[J]．广告大观(理论版)，2010(2)：76.

第五，除对生产力、社会化分工和社会形态、商业形态进行通盘考察外，我们还需要考察当时的生产方式，即加入生产关系的考察。这里的生产关系是一种狭义的生产关系，是指人们在当时的广告的直接生产过程中结成的相互关系，包括生产资料所有制关系、生产中人与人的关系和产品分配关系。对生产关系考察的欠缺将使生产方式变得不完整，使行业内的结构分析变得不完整。以往的分析以社会总体的生产方式替代了行业的生产方式，这在行业区隔较小、行业发展水平基本一致的情况下是可以忽略的。但在进入知识社会后，行业区隔增大而且知识力量的拥有水平相差较大的时候，如果不对生产关系进行考察，则很难说明从业者由于生产、分配、交换关系的变化而如何影响了生产力，如何影响了产业向自主方向演进。

因此，虽然各个历史时期中广告和广告行业的生产力水平不同、生产要素不同、生产要素占据地位不同，但对历史分期而言，从生产力出发对其进行重新考虑是必要的，其中还必须加入对生产关系的考察。这不仅会使广告的历史分期更细致入微、更有说服力，而且可以更为深入地认识广告及广告行业自身的演化情况。从历史学和社会学上升到更高层面是相对直接的，这能够提升广告学学科的理论研究层次，也能够更准确地把握当前和预测未来。

3.2.2　广告业生产力的历史演化：一种综合的角度

如前所述，如果要对广告业生产力的历史演化进行考量，必然是一种结合了生产关系的考量。在这里，我们将把另一维的分工协作也引入进来，因为生产关系中的“人与人的关系”实际上就是分工协作关系。当这种综合考量完成后，广告的历史分期问题将迎刃而解。同时，由于中国和西方发达资本主义国家(例如英国)在生产力发展和社会发展上不尽一致，虽然中国历来都是世界的一部分，但将中国广告史与西方发达资本主义国家的广告史并行置入世界广告的历史是不妥当的。进一步地说，西方发达资本主义国家的广告史也不能代替西方不发达国家的广告史。只有在生产力发展水平一致或接近时，各国、各地区的广告史才能合而为一来述写。本书的主要目的并不在于广告史研究，因此，笔者在下面的叙述中只是按照上列的思路，摘写了世界广告历史发展和中国广告历史发展分期的一部分。

人类社会的生产力发展并不是匀速的。持续百年的第一次工业革命，就使得人类社会的经济总量超过了以往所有历史时期的总和；50年的第二次工业革命，又超过了以往所有历史时期的总和。进入信息时代后(第三次工业革命)，这种情况依然如此。

在进入工业社会之前，人类曾经历漫长的岁月，竭尽全力地顺应自然、缓慢地改造自然，生产力最初的、最基本的功能是解决人的生存问题。在三次社会大分工发生后，农、牧、渔、狩、手工、商等职业纷纷出现，铜器、铁器被广泛应用于生产和生活。但这样的生产力还时有倒退——且不说公元4世纪到15世纪的“黑暗的中世纪”欧洲文明的大衰落，就连文明一直延续着的中华大地，经历数次的朝代更替也足以使广告的使用领域——商业饱受毁灭性打击。这是一个长期的农业文明时期，自然经济占据着绝对的主导地位。虽然曾有着超过数百万人口的大型城市，但大部分的人口还是被束缚在土地上，依靠简单的生产工具进行劳作，只有少量的剩余产品才用来交换日常生活所需的物资。这些堪称简陋的生产工具是很难将力量传导到其他生产领域的，即便是出现了印刷术(相对先进的信息生产方式)，也基本上是用来印刷“四书五经”或者《圣经》。从各种广告史典籍来看，工业社会之前的生产工具长期不变：人自身(吆喝及行走等)、炭笔、毛笔、刻刀等，工具自备；与之相应的媒介则是人、实物陈列、标签、招牌、幌子、公共空间地壁等，劳动对象基本上是实体性的，传播范围极为狭窄。实际上，这种“广告”的意义内涵与现在有着很大不同，同时这也是历史分期有分歧的一大原因。从劳动者来看，他们并非将“广告”作为一种固定的职业，而是一种临时性、间歇性的附带工作，分工与协作同样如此。在现有的历史资料中，还从未发现在工业社会之前有谁是专门以“广告”为谋生的主要方式。并且，劳动者在进行“广告”的制作时不需要专门的“知识”，只需要“经验”、手工业的技术和一点文化艺术素养。更为重要的是，这种“广告”的生产力水平因为无法进行大规模生产而显得十分低下，资本和管理在这里毫无用武之地，因此这里不产生什么独立价值。

进入工业社会后，机器的广泛使用解放了生产力，机器生产代替了手工劳动，剩余产品大大增加，工业无产阶级和工业资产阶级彻底分裂对立，工业资本和金融资本逐渐占据了统治和支配地位，成为生产和发展的核心和驱动因素，商品经济形态得以正式确立。到19世纪末，英国、法国、德国、美国、俄国、日本先后完成了第一次工业革命，完成了自然生产力向资本生产力的转变。从这时起，广告工作才发展为一种独立的职业，出现了大量的、专门的、能以此谋生的劳动者。生产力水平的提升使得市场竞争加剧，因而广告公司和纸媒纷纷涌现，组成了不附属于其他行业的广告代理行业，① 资本开始进入，出现大型广告公司，广告公司在机构扩大后也开始重视自身的管理。印刷机成为主要的生产工具，平面媒体类型增加并大众化，传播随着交通条件的改善而不断扩张范围，劳动对象从自然界的现存物转向大量的合成材料及非物质材料——信息本身。借助数千年积淀下来的文化、艺术成果及商业经验，开始形成专门的“广告知识”，最终在19世纪末发展成为独立学科。

从19世纪70年代开始的第二次工业革命，将人类带入了电气化时代。电力的广泛应用、内燃机和新交通工具的创制、新通信手段的发明和化学工业的建立使人类的生产方式首次具有了自动化的特征，至20世纪中后期，各种电器设备被发明并为广告所用。全球化的市场已经形

① 关于行业的定义，本书选择了中国国家统计局在《国民经济行业分类(GB/T 4754—2011)》中的定义，即：行业(或产业)是指从事相同性质的经济活动的所有单位的集合。但这个定义是有缺陷的，例如，“所有单位”到底有多少才能算作是一个能够被认定的“集合”？笔者认为，对行业的认定，在量上应该有一定的从业人员占全体劳动人员的下线比例，在质上应该有较广泛的社会共识。

成，广告业遍及全球的各个角落，上千万的从业人员可以与地球另一端的同事协作办公，行业内部出现了更加明确和细化的分工趋势，系统的广告传播理论和广告监管机制被创立。以刘志彪、安同良(2001)给出的“产业”定义来看，广告行业不但具有产业规模，而且是技术密集产业和资本密集产业，能够带动经济发展，也能在国民经济中具有一定的贡献率。整个产业的规模不断地有序扩大，跨国公司在市场和资本的驱动下“攻城略地”，管理变得越来越复杂。为了解决因为机构的臃肿而产生的沟通不畅，一些超大型企业开始聘用外部的机构进行管理咨询，同时开始重视知识管理问题。但在这个时期，分配体系基本上是由媒体和媒介代理公司主导。

20世纪80年代以后，世界开始步入以信息化、数字化为特征的知识经济时代，也就是贝尔所言的“后工业化时期”。信息成为比物质和能源更为重要的资源，以开发和利用信息资源为目的信息经济活动迅速扩大，逐渐取代工业生产活动而成为国民经济活动的主要内容。知识成为创新的源泉，成为生产力结构中的第一位决定性要素。当然，这些知识的创新并不是某些新兴学科或朝阳产业才具有的，而是各个学科、传统产业也具有的，只不过是快和慢、多和少而已。现代通信设备、智能化工业设备、电子办公设备、互联网设施使广告的生产能力成倍增长，劳动者的知识成为基本要求，也成为生产力的高低之判、交换的优劣之分、分配的多少之凭，资本的主导地位让予“知本”，管理由物及人、由人及于知识。“广告”的概念大为扩张，各种理论层出不穷，“品效合一”已可通过技术达成，终结了两方长达百年的争论，实践也从广告向前端后端同时延伸。在实践中，实体性的劳动对象已很少出现，取而代之的是庞大无比的数据信息。对这些数据的处理又产生了新的知识和新的广告学学科分支，新的知识成为所有行业的共同财富，新的学科分支穿透了理工科与人文社会学科之间的藩篱，使广告学摆脱了“术”的自卑向“学”的自尊迈进。

这种划分方法与姚曦、蒋亦斌(2006)的方法具有一定的相似性，所不同的是，他们强调的是广告的生存形态、活动形态，以及经济形态与社会形态。笔者强调的是广告生产过程中的生产力和生产关系，这是各种形态的出现基础。比如，苏联可以选择计划经济形态，但无法选择互联网作为广告传播的生产工具。不过，经济形态和社会形态对广告业的影响是确然存在的，上层建筑也会反过来推动或束缚生产力，人为设置这样或那样的生产关系。同时，笔者强调了新经济时期“知识”在生产力中的第一顺位，而由于知识生产力研究出现的时间并不长，因而其他学者在历史分期时还没有注意到此要素。

在第一次工业革命之前，中外的生产力发展水平基本上是一致的，其差距往往因人口数量而导致。但正如前面所提到的，世界各国的第一次工业革命起止时间不同——直到日本的“明治维新”结束，近代中国的工业化进程还未启动。因此，中国广告业生产力的发展水平和“节奏”从清中期开始与西方便有了明显差异。另外，中国广告业的历史分期不仅在时间段上与西方各国不同，而且西方各国也很难采用同样的时间节点来做划分。本书仅以英国为例，试按照作者提出的新划分标准，对英国的广告史进行断代(见表3-1)。

表3-1　**一种生产力体系演化视角下的广告历史分期(以英国为例)**

	劳动者	劳动对象	劳动资料	管理	资本	知识	分工协作
前工业化时期(至19世纪40年代)	手工业者或游民等体力劳动者	自然物占大多数,人工合成物占少数	人自身或初级生产工具	无或极少	极少	极少	基本没有，按劳动量分配
工业化时期(19世纪40年代至19世纪末)	脑力劳动者逐渐占多数	人工合成物逐渐占多数	人自身及初级生产工具、初级机械生产工具	开始增加	较少	较少	形成链条，按货币资本和劳动量分配

续表

	劳动者	劳动对象	劳动资料	管理	资本	知识	分工协作
工业时期（19世纪末到20世纪中后期）	脑力劳动者占绝大多数	人工合成物占绝大多数，信息本身成为劳动对象	初、高级机械生产工具及初级电子生产工具	很多且范围迅速扩大	大量货币和金融资本	较多并形成体系	大规模分工协作，按货币资本、金融资本、媒介垄断力、劳动量分配
后工业化时期（20世纪80年代以后）	脑力劳动者向知识型劳动者进化	信息、数据、知识等占绝大多数	高级电子生产工具及互联网等信息生产工具	成为常规基础且内容非常丰富	巨量货币资本、金融资本、大量智力资本	内部大量产生并开始溢出	超大规模分工协作，按货币资本、金融资本、智力资本分配

3.3　当代广告业生产力体系的形成

通过上节中对于广告业的生产力在人类社会各个历史阶段发展情况的考察，笔者认为本书所提出的广告业生产力体系在逻辑上是基本成立的。本节将对此体系的特征、条件、运行机制等做进一步的分析。

人类社会的演进过程，实际上是人类用自身的脑力和体力，对自然外在的适应、改造及创造过程，是将智力、经验和知识的物化过程。当前，人类在原子能、信息技术、新能源技术、新材料技术、微电子技术、航天技术、分子生物学、遗传工程、海洋技术等领域所取得的重大突破，标志着人类社会已经由长达三百多年的工业经济时代跨入了知识经济时代。其中最具划时代意义的，是电子计算机和互联网技术的迅速发展和作为生产工具在全球范围内的广泛运用。这些在实践领域的全方位突破，不仅使生产者素养、资本流向、产业结构、国际贸易等发生了极大的变化，而且也使经济学的理论和模型再次调整，将知识和技术直接纳入生产函数而不是像以前那样视其为影响生产的外部因素，从而使人们在理论上发现了这种经济形态是以往从未有过的先进形态。例如，根据过去的新古典生产函数理论，随着更多的资本投入到经济中，回报率会递减。而新增长理论则认为，“知识可以提高投资回报，而这又可反过来增进知识的积累，人们可以通过创造更有效的生产组织方法以及产生出新的和改进的产品和服务而实现上述目的”。①

包含着技术和信息(数据)在内的知识以渗透、凝结、物化的方式，在与原有的工业时代的生产力要素相结合后，逐渐显示出极强的改造和控制力量，将原有的要素一一转化为富含知识的要素形态，所有要素的知识化特征越来越突出。同时，知识生产力将物质生产力、精神生产力高度统一起来，不仅极大地推动了人类社会在经济、政治、文化等领域的变革，而且也影响了人类的生活方式和思维方式，将人类社会生活和人自身向着更高的层级推进。作为第三产业的重要组成部分，由于其有着极大比例的信息生产和信息消费方式，广告业在服务业中率先进行了知识型的生产力改造。服务业的资产较“轻”，也是在三大产业中生产力改造较早较容易的。“纵观生产力发展史，可以断定：生产力的发展从宏观上看可以分为三个阶段，第一阶段是以劳动对象为主导的生产力结构；第二阶段是以劳动资料为主导的生产力结构；第三阶段是以劳动者为主导的生产力结构。”②广告业从业者在较快地、或主动或被动地完成了知识化的转型后，在后工业革命时期真正成为知识的拥有者和创造者。由其主导的生产力结构也使得广告产业真正成为“知识密集型”

---

① 经济合作与发展组织．以知识为基础的经济[M]．杨宏进，薛澜，译．北京：机械工业出版社，1997：5.

② 陈朝宗．生产力结构的历史演变与社会的历史发展[J]．生产力研究，2003(5)：100.

产业。

3.3.1 当代广告业的生产力以知识为基础

在知识经济背景下，知识不但成为当代广告业生产力体系中的核心驱动要素，而且成为生产中的前导性和决定性因素。在网络信息技术、即时通信技术、电子科技技术蓬勃发展的前提下，其他行业的新知识、新技术与广告行业的新知识、新技术迅速合流，极大地加快了知识的生产、传播效率，也使生产周期缩短、生产效率提升、产出比更高。在当代，广告行业的生产力主体绝大多数是知识型劳动者，劳动工具是人脑和以电脑为主的各种信息处理系统的结合体，信息、知识、数据、技术是日常工作中的主要劳动对象，劳动产品则多是文本、图像、声音、影像、数字、技术等非物质性内容。

可以说，从广告业正式成为独立行业起，这种对知识生产力的不断强化是从未间断的，知识生产力一直是直接生产力而非间接生产力。由于广告业承担着生产商和消费者之间的沟通任务，必须对实时的环境变化作出快速反应，而且在物质和资本比较充裕的现代社会已经较难利用这两种要素建立起竞争优势，因此知识的人化和知识的物化速度便发挥了巨大作用，知识从一般生产力向现实生产力的转化能力往往决定了企业的发展态势。一方面，企业通过知识生产力的强化过程，提供了智力和知识支持，培养了员工发现、分析、解决问题的能力和改造商业社会的能力，研制出更新、更多的知识产品和物质产品，使自然科学和人文科学在用户与客户需求中凝结统一，由新技术产生的知识产权也成为市场上的交易物。另一方面，企业以富含知识创新理念的价值观、愿景、企业文化等提高了团队凝聚力和精神斗志，为员工提供逻辑思维方法和科学技术思维方式，实现了组织架构设计和人力资源管理上的新突破。从这些意义上讲，不具有知识竞争力的广告企业组织因为缺乏知识经济时代的生存基础，即便能调用现有的物质资源和资本力量，也无法获取到持续的发展动力。

此外，在当代广告业的生产力体系中，虽然也存在着生产力与生产关系的矛盾统一，但这种辩证关系与物质生产力体系中的辩证关系已有很大不同。“知识生产关系一经形成，便有着相对于物质生产关系的独立性。所谓知识生产关系的相对独立性，是说它是否适合知识生产力，并不直接取决于物质生产关系是否适合物质生产力。就是说，当物质生产关系适合物质生产力时，知识生产关系并不一定适合知识生产力；当物质生产关系不适合物质生产力时，知识生产关系也并不一定不适合知识生产力。同理，即使物质生产关系适合了物质生产力，或知识生产关系适合了知识生产力，也不意味着整个社会生产关系适合了整个生产力。”①因此，单纯地强调广告业的知识生产力提升是片面的。对生产力体系的考察，必须置入大社会系统当中，即考虑量应重视质并兼顾影响——自身、其他行业，以及社会整体。

3.3.2　当代广告业的生产力尤为重视“人”的意义

“人”始终是广告业生产力当中的重要一环，所有其余生产力要素，必须经过劳动者的转换才能形成产出。在工业经济时代后期，劳动者的创造力、资本、媒体三足鼎立，其力量消长构成了广告业发展的主旋律。而且，从宏观的层面看，劳动者创造力和媒体的力量发挥，最终要取决于企业能够调动的资本有多少。而在知识经济时代，知识生产力极大地克服了传统生产力中“物我两分”的矛盾，将“人”的主观能动性和潜力进一步释放出来，媒体的大众化自生产趋势和低成本运营、自由临时结合的分布式协作又使媒体和资本的作用有所降低。广告业比以往任何时候都更看重“人力资本”“智力资本”，更加突出人的主体地位。同时，这种生产力是取用不竭、循环再生的，知识自身便能够通过传播交流进行有效配置且边际效应递增。

在当前的广告实践中，“人—知识”的意义也被放大。例如，在客

① 康永超．论知识生产关系[J]．自然辩证法研究，2006，22(7)：69.

户选择代理公司时，如果不是媒介投放代理，代理公司的规模、资本量基本已不再考虑，而是考虑代理公司“人”的知识、经验、能力、解决方案；在代理公司选择客户时，除佣金以外，更多地考虑能否“从客户那里学到点东西”。更重要的变化则是，消费者的数据被集合成大大小小的数据库，通过云存储、云计算、机器学习等形成专有性知识资产，消费者的意义被放大，不但成为从业者的认识对象，也成为人工智能的学习对象。企业之间的竞争由争夺具体的人而变为争夺不需要具体指向的数据。但是，这并不意味着广告从业者不再重视消费者。正相反，无论主动还是被动，广告从业者都在用前所未有的高亢声调呼唤回归人的本性，用更为谨慎的目光审视广告对于人、社会、自然的意义。科学知识、环保知识与安全知识等，不仅丰富了广告的内容，而且使营销工具的应用范围不断扩大，为经济、社会和环境的可持续发展提供了更多的可能性。

对劳动者本身而言，“人”的意义也更加凸显。在知识经济时代，拥有大批存量知识和流量知识的广告业劳动者在数量上占据着绝对优势。在质量上，由于理工科尤其是计算机技术人才的大量涌入，不但使技术理性成为一种内在的意识形态，而且技术反过来促进了劳动者对社会的认知，使得从业者的素养和技能得到了双重提升。技能——主要是智能办公设备的使用能力，以及对新生代的接触和了解，也使年龄较小的从业者逐渐摆脱了高层管理者的直接控制，平权、分权、自主承包成为广告企业自身管理的普遍现象。知识的生产、传播、应用能力往往决定了个人的收入高低，职位和资历则退居到薪酬分配的次要位置。个人的知识也成为企业内部和市场上的主要交易对象。

3.3.3 当代广告业的生产力在市场化、全球化的环境中运行

知识经济最早出现于20世纪80年代的美国。二战后，美国借欧洲凋零之机，一方面将几乎整个海洋周边地区掌控在手，另一方面把原欧洲各国在非洲、亚洲的殖民地揽入怀中，占据了难以计量的自然资源，

从而以低廉的价格将各种工业经济所需的原材料源源不断输入本国。它还通过布雷顿森林体系和欧洲建设援助计划，成功建立了以美国为首、以美元为中心和以外汇自由化、资本自由化及贸易自由化为主要内容的多边经济制度。虽然布雷斯顿森林体系由于后来的美元危机和制度本身不可解脱的矛盾性，于1973年宣告结束，但美国在30年间已获得了巨量的国家利益。最高时(1985年)，美国的经济总量占到世界比重的32.32%，是当年第二位日本的3倍多、第三位苏联的4倍多、第四位德国的6倍、第五位法国的8倍、第六位英国的9倍多，且是后五国的经济总量之和。① 在优渥的经济条件和科研条件下，美国吸引了全球优秀人才前往效力，率先发起了第三次工业革命，开创了互联网时代。

但是，知识资源不同于自然资源。世界上有天然的、无可更改的自然资源贫国和富国，但不存在天然的、无可更改的知识资源贫国和富国。知识资源也不同于货币资源，虽然同样具有快速的流动性，但货币资源必须依赖劳动者在生产中实现增值，而知识资源本身就在劳动者的大脑中——电脑和互联网的使用只不过是将劳动者的大脑借助工具形态发生扩充、增效，但知识的增效并不一定要依赖资本。

在当今时代，随着全球信息网络的发展，广告业的知识在世界各国飞速流动，冲破了地域限制；广告业的知识、信息在某种程度上是跨越语言直指内心的，再加上从业者教育程度的提高和机器翻译的帮助，也冲破了不同文化之间的交流障碍。一家本土广告公司，再也不是和本地和本国的广告公司竞争，而是和跨国公司在竞争，和全球的广告知识生产力角力。在这种竞争中，有了知识生产力的优势往往意味着能在全球范围取得优势；没有知识生产力的优势，想偏安一隅亦不可得。这是资本的逐利逻辑和现代生产力的智能化特征决定的——经济全球化既是知识生产力的助推器，也是无知者的粉碎机。不过，“科学的政治经济学

① 根据联合国统计司数据计算而得，http：//data. un. org/Data. aspx？ d = WDI&f = Indicator_Code%3aNY. GDP. MKTP. CD，2017年8月27日访问。

和历史学意义上的事实表明，资本雇佣劳动的物质基础绝不会因目前的科学技术和知识经济的发挥在那而瓦解的”。① 这意味着，当代广告业生产力体系中的任何一个生产力要素不会被另一个生产力要素所吞噬，它们是互相依赖、彼此渗透的。

经济全球化是全球大多数国家采取市场经济机制的必然结果。作为一种经济体制，市场机制已被实践证明是迄今为止最能发展生产力的有效机制，在知识经济时代仍将作为基础而存在。广告业的知识生产力发展以及一切的知识创新活动，必然会在市场经济的前提下通过供求机制、竞争机制、价格机制而实现，其中非常重要而且是当务之急的是，要形成比较完备的、能够有效保护广告知识产权的法律机制。如果知识生产者的利益不被保护、贡献不被承认，则会严重损伤知识生产者的生产积极性，导致创新停滞不前，整个产业仍然深陷在低生产力的漩涡中无法自拔。实际上，知识产权制度的建立，不但能极大的刺激知识的生产和创造，而且有助于知识的广泛传播和使用，它不仅扩大了各利益相关方的知识需求，避免重复生产、缩短研发周期，还提升广告业整体的知识水平，为知识的生产创造良好的人文环境。比如，某种算法的专利所有人向社会公开其发明的内容越及时，专利价值峰值就有可能实现得越容易，在此基础上的算法升级反过来又进一步保障、激励知识的生产。因此，知识产权制度的完善程度直接影响和决定着当代广告业生产力发展的深度和广度。

除市场经济环境、全球化竞争环境、知识产权制度环境外，当代广告业生产力的实现也受到内部文化环境与外部文化环境的影响。内部的文化环境主要是指企业的价值观、理念、精神等“软”性的管理环境，外部文化环境则是指行业的人文环境和社会的人文环境。文化与知识本就具有密不可分的关系，它不但决定了传递什么样的知识、怎样传递，而且决定了知识产生的最终效果，其影响十分复杂。在信息技术高度发

① 叶险明．生产关系与知识所有权[J]．马克思主义研究，2006(1)：57.

达的今天，多元化的价值观也会让知识的使用发生畸变，使一种原本先进的生产力反而对整个社会的发展产生阻碍、破坏。我们在研究与实践时，这一点也是必须高度重视和保持警惕的。

3.3.4　当代广告业知识生产力在运行环节上具有鲜明特性

与十年前的中国广告业的生产力相比，当代知识生产力在运行环节上具有一些鲜明的特性，这是由生产力的运行起点、知识的传播、知识的应用等的不同而决定的。

1. 生产力运行起点

知识生产是知识生产力运行的起点。在当代中国广告业的从业人员中，知识生产的主体由数据研究员、咨询专家、架构工程师、软件工程师、文案、设计师、导演、摄像师、影音后期制作者等组成；劳动资料由广告制作设备(素材)、智能通信设备、数据存储工具、文献资料以及知识、信息、特殊的物质产品和科学研究方法等内容组成；知识生产的劳动对象由知识、信息和数据等组成。劳动者必须熟悉、掌握、运用比以往更多、更新甚至跨学科的知识，方能实现知识生产。按照生产性质，当代中国广告业的知识生产可分为：

(1)原创性生产，即利用现有的知识基础，创造出新的知识产品，包括各式设计、技术平台开发、通用型报告、工作方法、工具、学术论文、专业著作等各种知识、观念、理论、发明的探索。

(2)复制性知识生产，即把原有的知识产品进行简单的复制生产，一般不涉及知识产品的研发，如案例宣传、影音作品传播、广告专著出版印刷，以及为具备价值的文化艺术作品所做的商品化生产、推广等。

(3)定制性知识生产，即利用现有的知识，生产出符合要求的知识产品，如咨询、解决方案、设计、专用数据库建设和数据挖掘、广告位广告时间定制、自动化创意等。

以上三种知识生产在广告业的工作任务中往往会一起出现，而且一种生产会同时含有另一种生产的性质。原创性知识生产使广告业的劳动产品具备了独特性，复制性知识生产使劳动产品得以规模化，定制性知识生产使劳动产品具有了针对性。虽然原创性知识生产一直被认为是广告行业的立身之本、强命之基，但在当今的市场环境下，这三种知识生产对于劳动产品最终的价值实现是同等重要的。

对于原创性知识生产的生产者而言，知识产品的质量、样式、效用一般来说是未知的：投入的存量知识未知、需要的技术水平和智力消耗未知、生产的总耗时量未知、何人在何时提供的知识能发挥最佳作用未知，即“其生产函数所描述的投入—产出关系只能是一种随机概率关系”。① 但广告活动毕竟是一种商业行为，这就要求以最大的可能来预知这些知识生产的结果。相对于我们所说的等待广告创意“灵光一现”而上下求索尚感遥遥无期，广告技术研发是比较容易预测的。不过，每次的广告技术研发或者是技术方案的实施，也未必就能保证获得丰硕的成果。知识生产在这个方面与物质生产是很相似的，总要等待各种思维碎片、知识片段以某种方式如零件般组合拼凑，然后在某个时间节点完成质变(有时这种质变仅仅通过不同的组合方式就能完成，物质生产则很难这样做)。现在广告业每天产生的数据、试验方案、算法优化等等，要比以往的质化经验积累多无数倍、快无数倍，在这个基础上的“试错”，其失败代价也比以往低很多。然而，尽管失败代价在逐渐降低，但“知识产品具有很强的外部性，即知识产品的社会效益要大大高于知识产品给生产者个人带来的效益”，② 因此除市场机制之外，还必须有法律和政策补充机制来保护知识生产者的生产积极性。

2. 知识的传播

知识传播作为广告业知识生产的中间环节，起着十分重要的作用。

---

① 袁志刚．论知识的生产和消费[J]．经济研究，1999(6)：61.

② 袁志刚．论知识的生产和消费[J]．经济研究，1999(6)：63.

它不仅联系了价值传递链上的广告客户、代理公司和消费者，还通过知识的溢出，对其他行业和社会整体产生影响。这种影响力的大小基本取决于知识传播的深度和广度，而知识传播的深度和广度则取决于知识载体以及传播知识的媒介的种类、多少和熟练程度。知识在社会交往、分工协作的过程中由个体形态逐渐向社会形态转化，这是人类的天性，也是人类社会发展的历史必然。互联网和智能通信设备的广泛使用，让知识由个体形态向社会形态转化的速度加快、范围扩张、精度加强，成为当代广告业知识传播的基础物质条件和主要特征。市场竞争的加剧和将知识快速变现为实际经济价值的要求，是当代广告业知识传播的根本动力。物质条件与根本需求相互助推，使得知识的流动速度越来越快、信息量越来越大、传播渠道越来越多、传播成本越来越低、产生的价值越来越高。

知识传播在广告业的知识生产力运行过程中主要有以下一些具体作用：第一，在经过了广泛的传播且被有效应用后，知识的价值能尽快实现，也能避免知识的重复生产。例如，当定位理论被引入中国并成功本土化之后，国内的品牌定位咨询业务很快集中到少数公司手中。第二，现代通信技术、智能设备、互联网的普及，给广告业的知识传播带来了革命性的影响。其具有的及时性、交互性、开放性、定制化、跨时空等特征，使得知识的传播形式更为多样、传播效果更高，极大地加速了知识的搜索、吸收、积累和转化。如云端调用、企业网站、个人博客、企业或个人公众号、工作在网络平台的分包、慕课（massive open online courses，MOOC）、分答、会议网络直播等，这些都加快了知识生产力向现实生产力转化的速度。第三，知识传播使知识在行业内部实现了社会化共享，培养了各种专业化人才，树立了有区隔的行业认知，形成了有利于行业进一步发展的共识与文化氛围，为知识的不断创新提供了前提保障。

3. 知识的应用(消费)

广告行业的产出物大多为知识产品，其生产目的和传播目的是为了消费(包括生产性的消费和生活性的消费)。客户方与广告从业者主要是生产性的消费，普通消费者则进行生活性消费。在这里，生产性的消费是指观念形态的知识向物化(技术化)形态的知识转化，以及技术向现实生产力的转化。三类消费主体在实际消费时的条件和需求既有相同亦有不同。

客户方、广告从业者、普通消费者的相同之处在于，都必须具备一定的获取、转化、运用知识的能力。这种能力是货币、时间、精力和智力等因素的总和，其中智力因素是决定知识消费能力大小的最主要因素。① 例如，普通消费者在阅读电脑广告时，如果不能对 CPU 频率、内存大小、硬盘容量有大致的认识，则无法做出购买决定。如果不会使用智能手机这种媒体，那么就完全不能获取手机广告中的任何有用信息，或是通过扫码方式找到更多的知识获取渠道。但是，普通消费者所做的对广告知识的消费多为生活性消费，将这种知识转化为生产力的可能性极为有限，极少能利用这些知识获得经济利益，而是满足其物质需求、心理需求("炫耀"、成就感、自豪感等)。就此而言，与其说这是一种知识，不如说是"信息"更为恰当。

客户方与广告从业者在把知识当做生产性消费时的目的是大体相同的，即希望将知识运用于生产活动和创造活动，带来技术革新、高新技术应用化和管理科学化，创造出新的价值，获得行业平均值之上的额外收益。不过，这种知识的生产性消费在进行后虽必然产生一定的结果，但这种结果与使用者的期望之间未必就是正相关关系，也有可能是不相关甚至是负相关。

两者在知识消费时的不同之处在于：第一，知识消费的整体性和系

① 唐玉生．论知识消费[J]．江汉论坛，1999(8)：27.

统性不同。单一的、零碎的知识尽管也有使用价值，但很难被单独使用。客户方的知识消费整体性较强，其知识能运用在本企业或在本行业内部，专注深入，但不一定移植到其他行业。例如，某汽车品牌的客户往往只能将自己的品牌建设方法嵌入下一个子品牌，或是随着人员的流动带到另一个汽车品牌，但其经验可能完全不适用于快消品行业。代理方的知识更为系统也更为泛化，但整体性较弱。因此在实际对接业务时首先需要客户方的引导，才能有效接入此企业(行业)的知识体系。第二，在知识的共享程度上不同。广告业自诞生起便与客户共享知识并共同创造新知识。但代理方的知识体系使用是包含在服务协议当中的，而客户方的知识体系则是选择性开放，例如数据库。因此，即使双方的知识存量是对等的，其共享程度的不同也能够造成知识的不对等。第三，知识消费是一个使用与满足的过程，“被满足的程度取决于投入成本的大小及知识与活动相结合的复杂程度”。① 也就是说，在知识与活动相结合的复杂程度不变的前提下，知识消费的被满足的程度取决于投入成本的大小。因此，对于同样的知识进行消费，客户方比代理方在投入上更具优势，就能够获得更多的回报。但在现实当中，客户方的资金投入方向受到多种因素的制约，知识要素投入后的产出也受多种条件的制约，所以会出现客户方在生产性知识消费上投入还不及代理方，或者代理方投入少而受益比客户方更大的情况。第四，知识创新的速度和作用不同。“知识的陈旧老化关键不在于知识存在时间的长短，而是取决于知识创新的能力和速度、知识的增值能力的大小以及知识被消费之后的满足程度，最终取决于知识创新的能力。”②因此，实现知识的再造功能和经济社会功能的关键在于知识创新。知识创新的速度将会受到企业组织规模、管理方式、盈利模式、智力资源、知识网络构成等限制，代理方的知识创新的能力和速度一般来说要强于客户方(对于广告业的知识

① 唐玉生．论知识消费[J]．江汉论坛，1999(8)：28.

② 唐玉生．论知识消费[J]．江汉论坛，1999(8)：28.

而言)。但这也不能一概而论，因为笔者在调研时发现，有的代理方认为在知识创新能力和速度上远远超过客户方，有的认为与客户方基本相仿，有的则认为大大落后于客户方，甚至同一家代理方的不同调研对象也会有不同的认知。对于这种情况出现的原因，笔者认为主要是由于对知识创新没有经过严谨的分析评估造成的，而主观的感觉、印象和个人角度的观察只能作为参考性的依据来对待。

3.4 当代广告业知识生产力的实现途径

在当代广告业的知识生产力体系诸要素当中，知识居于首要位置，带动其他要素的运转。但要想把知识真正变为现实的生产力，则必须由劳动者进行转化，否则知识便归于死寂，丧失其存在的意义。

为了保存和转化知识，人们需要对知识进行管理，这在史前时期未形成社会时即已在结绳记事中显现。进入工业社会后，劳动者在大规模分工协作时更需对其进行管理，这也成为管理工作中的一项明确细分的任务。在知识经济时代，由于外界条件和内部条件的快速变化，管理知识和知识劳动者的问题在组织中普遍存在，知识管理的重要性也日益突出。通过对哲学、商业管理、人类学、信息科学、心理学和计算机科学的不同融合方式，人们形成了信息管理和人力资源管理的两种知识管理视角并应用于知识管理活动。知识转化在知识管理当中展开，它同时也是知识生产力的实现途径，并最终指向知识创新。

知识转化，是指人们在实践中所获得的知识不断地向另一知识的转化以及向实践转化的哲学范畴。① 如果将知识转化仅限定于组织的知识管理领域，则“知识转化是指个人拥有的独占知识，经过组织的管理和激励作用，通过一定的途径，转变为不依赖具体的个人，能被或已被组

① 吕国忱．知识转化的哲学意蕴[J]．辽宁大学学报，2001，29(6)：72.

织中的其他成员运用的知识，成为组织的知识财富”。① 当个人的知识已被组织成员所共享，或者是已被嵌入组织的知识网络中时，可以大略地认为知识实现了转化。但实际上，知识转化在生产力定义中的范围更为广泛，它既包括一种知识转向另一种知识，也包括隐性知识转向显性知识，还包括知识转向物化。在日常交往中，零散的知识会不自主地从知识拥有量多者向寡者流动，知识传播的主体获得的多是心理上的满足。而当知识真正进入生产交换体系时，这种流动是否发生，则取决于知识供给者和知识需求者对知识交流的成本收益判断。知识的性质、知识供给主体的传递能力、知识需求主体的学习能力等因素都会对知识转化的成本产生影响。而且，知识的转化是在个人—团队、组织—跨组织的复杂系统环境中进行的。② 仅就组织而言，即使组织能够提供充分的激励制度和硬件条件，也还需要其他五种机制（需要、嵌入、学习、信任、联系）的共同作用才能持续驱动个人知识向组织知识转化。③

在减少企业知识资产的流失、增强员工对企业的忠诚度、维持企业可持续的竞争优势等方面，知识转化具有十分重要的战略意义。“企业知识理论认为，企业管理的本质就是对知识的管理。”④除此之外，当把目光汇聚在广告行业时，我们还会发现，知识转化不仅发生在行业或组织的内部，也不仅是个人的知识转化为组织的知识，或是隐性的知识转化为显性的知识；知识转化的作用也不仅是体现在企业的发展战略上，

---

① 戴俊，朱小梅，盛昭瀚．知识转化的机理研究[J]．科研管理，2004，25(6)：85.

② 至少包括以下几种形态：(1)团队内的个人与个人之间；(2)团队与团队之间；(3)不同团队的个人之间；(4)不同组织之间；(5)不同组织的团队之间；(6)不同组织的个人之间；(7)不同行业的组织之间；(8)不同行业的团队之间；(9)不同行业的个人之间。

③ 戴俊，朱小梅，盛昭瀚．知识转化的机理研究[J]．科研管理，2004，25(6)：91.

④ 戴俊，朱小梅，盛昭瀚．知识转化的机理研究[J]．科研管理，2004，25(6)：85.

而是更多地体现在企业生产能力的直接提高中。

知识内容、知识转化手段和知识转化主体这三种要素构成了知识转化活动，但如无充分必要，知识转化主体一般不会主动地使用知识转化手段来转化知识内容。这也就意味着，知识在转移过程中会表现出黏滞性，即相对不可移动。无论何种行业，这种知识的黏滞性实际上是普遍存在的，知识创新的瓶颈往往也在于此。而且，当我们谈到知识的黏滞性的时候，其实一般只是考虑到组织的内部状态，但其实它是在更广泛的范围内出现的——向外延伸会与其他组织和行业形成“知识传播网络”，再向外延伸则与“国家创新体系”相关联，这两者所搭建的结构共同支撑着社会经济活动中知识的生产和应用。

当代广告业知识生产力效用发挥所依赖的，不仅是个人到个人、个人到团队、团队到组织之间的知识交流，也不仅是外部政策在知识转化过程中所能提供的扶持与促进。知识本身即具有先天性的、内在的传播和转化障碍。如果不能利用目前已被证明行之有效的激励机制将这些障碍消除，并且将管理的注意力和资源投入知识转化当中，知识的转化便会变成简单的复制，哪怕知识交流的频率再高、政策扶持力度再大，也不会自动产生知识创新。例如现在我们可以察觉到如下屏障：(1)理工科知识和技术的广泛应用为广告业的发展注入新的活力，但知识的复杂程度加深、技术难度加大、信息含量和知识的转移数量增多。(2)知识拥有者对知识转化的意向较为强烈，但缺乏激励机制以促进产生实际的行动。(3)由于发展过于迅速，很多知识源头的可靠性无法得以验证，尤其是在数字营销传播知识和技能的评判上。(4)作为知识供给主体，多数企业缺乏将知识有序化的能力。(5)一些企业、特别是转型企业，作为知识受体(转移知识的接受主体)的个人在知识吸收意识、对知识的搜寻和学习能力、对知识的接受主动性等方面存在问题。(6)企业内部、行业内部在知识传播渠道的技术、丰富程度、开放性和密度上有很大差异。(7)个人和组织的知识转化过程不完备，部分关键环节缺失，导致无法完成从转化到创新再到转化的闭环。(8)对知识创新的认知度不足，未能上升至企业战略管理层面。

本书的主旨即在于，研究基于有效知识转化之上的中国广告行业的知识创新，以及核心竞争能力和“软实力”的增强。因此，后文将依据本章对广告业知识生产力的简要分析，对本节的内容和重点问题依次展开并提出针对性措施，此处不再赘述。

第4章 广告行业的知识体系：本源及演化

在当今时代，尽管广告行业的生产力体系中仍然包含着生产资料、资本等要素，也就是说，广告企业的核心竞争能力仍然会来源于企业规模、资产规模、人员数量等方面；但在今天的竞争模式中，那些能够利用创新——(主要是)知识创新、技术创新、管理创新，从而开发出新产品、新服务、新盈利流程的企业无疑会更占据优势。

以广告行业为例，创新对广告企业竞争优势的贡献主要体现在以下两个方面：

其一，新产品、新服务和市场绩效之间存在着一定时间内的强相关性。① 一方面，新的产品或服务能够帮助广告企业占领与保持市场份额，提高企业在市场上的盈利能力；另一方面，成熟的产品或服务单纯依赖价格比拼无法实现销售和利润增长，很多非价格的因素逐渐起到更大的作用。这既可以解释为何在近五年来中国广告行业展开了网络广告购买平台和AR/VR/MR的建设研发竞争，也可以解释为何设计、定制化、盈利模式的可复制化越来越受到甲乙双方的青睐。另外，为了应对越来越短的竞争周期，这些新的产品或服务经常需要迭代开发出更好的

---

① Souder, W. and J. Sherman. Managing New Technology Development [M]. New York: McGraw-Hill, 1994. Tidd, J., ed. From Konwledge Management to Strategic Competence: Measuring Technological, Market and Organizarional Innovation [M]. London: Imperial College Press, 2000.

版本，这对企业的持续创新能力提出了挑战。

其二，外部环境的快速变化使创新成为广告企业系统性和结构性的需要，而能够通过创新尤其是知识创新来因应外部变化的企业可以获取隐性的竞争优势。如对新社会趋势、新技术趋势的判断，对新法律法规、产业政策的解读和把握，对经济和行业发展的预测，对新型管理方式和服务方式的采用。正如埃文斯（Philip Evans）和沃斯特（Thomas S. Wurster）所指出的，传统的服务要么为大市场提供标准服务，要么为特殊群体（或组织）提供“深入的”服务，然而，这一切因网络技术而改变。现在的服务能够同时提供既有广度又有深度的服务，这就从根本上动摇了与信息相关的企业的原有市场而建立了一个全新的市场。① 而且，广告服务不仅指向品牌商，也指向媒介商，更是直接指向最终的信息消费者，这是以往从未有过的。

但是，这些从创新中获得的竞争能力及竞争优势不是一成不变的，而是会随着竞争者的模仿逐渐消失，因此每个企业必须在现有的创新基础之上不断进行自我扬弃以保持战略上的长期优势。例如提供独一无二的产品或服务（某垂直网站的消费者数据库），以及更快捷、更低成本和更加定制化的产品或服务（LBS 地理定位与销售唤醒）；使用其他企业难以掌握的技术（人工智能）；提供知识产权许可（跨界合作与衍生产品开发）；转移竞争基础（如搭建各种不同价格的解决方案）；先发优势与快速跟进（程序化平台开发）；生成一个支持不同版本和各代产品的平台型结构设计（为广告公司提供内部管理服务的技术型公司）；重写规则或重新考虑系统各个部分的联合工作方式（业务的网络化外包、分包，在并购中采用对赌协议，盈利流程重建）；进行跨应用场景的转移，为不同市场重组既有要素，等等。在信息化的社会中，这种螺旋式的自我扬弃绝大部分本身即属于知识创新，或是由知识创新而引发。

---

① Evans, P. and T. Wurster. Blown to Bits: How the New Economics of Information Transforms Strategy[M]. Boston, MA: Harvard Business School Press, 2000.

4.1 广告行业中的“知识”

目前来看，在知识管理和知识创新的学术研究当中，对于“知识”的定义和理解大多以赖尔(Gilbert Ryle)和波兰尼(Michale Polanyi)的逻辑行为主义哲学思想为根源，即认为“知识”是对现实事物的“知其所以然”和“知其然”的不可孤立分割的连续体，也可以说是“可付诸行动的信息”，必须基于能够提供理性判断的洞察力。从“知识”的目的性即通往行动来看，人类自身所能获得的判断依据的数量由高到低依次为数据、信息、知识、智慧、真理，其作用大小及不确定性则逆向排列。不过，对于“知识”的本质究竟为何也是众说纷纭，因为什么是“知识”甚至什么是“洞察力”要取决于我们对现实的本体论假设和认识论假设。而正如我们所知的，哲学的本体论和认识论假设存在着不能简单以对错论之的巨大分歧，在西方，这种分歧自柏拉图(Plato)和亚里士多德(Aristotle)师徒之间即已产生。

4.1.1 “知识”的哲学本原

假如仍旧以不完善的二元来进行划分，那么在理想(存在)主义的柏拉图、笛卡儿(Rene Descartes)、康德(Immanuel Kant)、黑格尔(Georg Wilhelm Friedrich Hegel)、胡塞尔(Edmund Gustav Albrecht Husserl)、海德格尔(Martin Heidegger)、萨特(Jean Paul Sartre)和经验(实证)主义的亚里士多德、洛克(John Locke)、休谟(David Hume)、皮尔斯(Charles S. Peirce)、詹姆斯(William James)、杜威(John Dewey)、维特根斯坦(Ludwig Wittgenstein)之间，对“知识”的前提假设和认定有的具有明显背离，有的则互相影响，以至于难以被单纯归结为理想(存在)主义或是经验(实证)主义的观点。例如，在知识的概念中存在着这样一条逻辑思维的发展路线，即柏拉图—亚里士多德—笛卡儿—洛克—休谟—康德—黑格尔—皮尔斯—詹姆斯—杜威—胡塞尔—海德格尔—萨特—维特根斯坦，这条线路在理想(存在)主义和经验(实证)主义的分野之处来回穿梭(见表 4-1)。

表 4-1　　**部分哲学家对“知识”及相关重要概念的观点归纳**

提出者	关于“知识”和相关重要概念的观点
柏拉图	“知识”是感知，是对真伪的判断，并拥有合理的解释。
笛卡儿	对“知识”不同方面的质疑：我知道什么？我可以怀疑什么？我怎样才能知道我的信仰是否真实？我的信仰和偏见之间存在哪些区别？有怀疑的空间吗？
洛克	“推理”是对“观念”(思想和情绪)的心理操作，最终形成知识或信仰，知识是观念之间关系的认知。
休谟	人们可以对“事实”进行“归纳推理”，但过去的经验不能用来对未来的行为作出结论。“真理”有两种性质，即理性真理(从理论中获得的解析性或先验性的真理)与事实真理(从实践中获得的合成性或后验性真理)。
康德	因空间和时间限制而尚未被人感知的先验是“感性的形式”，时空是不可避免的经验模式，知识受到“可能经验”的限制。
黑格尔	知识的首要目标是使精神自由发展，所有概念的形成从历史上看都是辩证过程的一部分，辩证的过程推进了新命题的形成。知识始于感官知觉，通过感官的辩证纯化过程而成为主观和理性，最终达到“绝对精神”的自我知识阶段。
皮尔斯	知识发展的三个阶段是溯因研究、演绎研究和归纳研究。
詹姆斯	信仰需要与相关的基础证据相结合，在证据相同的情况下需依据其他标准。
杜威	人类活动是人类将知识作为最重要的生存机制在动态环境中得以生存的结果。
胡塞尔	人类的意识始终是对事物的认识，在实践中很难区分意识状态与意识对象。没有人能在没有直接接触精神内容(意向)的情况下体验到任何东西，应让事物来展示自己，因为它们就在自身之中。

续表

提出者	关于“知识”和相关重要概念的观点
海德格尔	当我们遵守公众规范，并通过分享应对技能实现社会化时，我们成为“此在”。任何一个“此在”都不完全知道世界的运转。
萨特	人类意识是自由独立于实体世界之外的，意识虚无，因而不遵守因果关系准则。
维特根斯坦	语言的结构决定了我们如何看待现实世界，但语言不是通过严格的逻辑结构结合组成的。由于语言渗透了人类所有的思想和经验，思维这一概念只能通过表达存在。
赖尔	智力是“知其所以然”，只在活动中才有意义。知识是“知其然”，储备在人的头脑中，与智力并非相同的心理过程。
波兰尼	“知其所以然”是隐性知识(行为)，“知其然”是显性知识(存在)，这两个方面是相生相伴的，不是独立的实体。
麦克默里	思想的主要功能是使行动变得“有效”和“正确”，行动超前于思想。自我心理活动不是纯粹的、独立的、超然的存在，因为它否定了活动、物质世界和他人可能对于理解人类是什么起着重要作用。
伯勒尔 摩根	通过本体论假设、认识论假设、人类本质假设，按照主观-客观维度和自由意志-宿命论维度建立了激进人文主义、激进结构主义、解释主义和功能主义四种社会学范式。
伯杰 卢克曼	在不同文化甚至同一文化的人之间，对“明显的”事实的认定存在差异。我们的社会和组织环境中并没有终极真理或现实，但我们可以通过体验与他人互动所构建的世界来了解。
利奥塔	历史决定现象并导致进步的观念已被颠覆，关于历史或社会的任何“宏大叙事”都不再有意义。知识是为了人类自身的利益而产生的，人们为追求解放而创造知识。
鲍德里亚	电子媒体已摧毁了我们和过去的关系……电子通信及大众传媒所传播的符号和图像决定了人们的生活。
哈贝马斯	知识的产生根源于人类的三种旨趣(利益)，相应也有三类知识：否认历史—解释知识、经验—分析知识和技术控制旨趣。

续表

提出者	关于“知识”和相关重要概念的观点
福柯	话语在理解社会的权力和控制方面扮演着核心角色，权力通过话语来主导对社会现象的主流态度。知识成为一种控制的力量，并与监督、强制和纪律等联系起来。
梅洛-庞帝	身体既是主体又是客体。身体的主体不仅存在，还寓居在此在的世界，并包含这类身体习惯的知识。基于数据的经验理论永远也不能成为知识的同等物。

随着对自然世界认知的加深和社会自身的不断变化，在对知识的系统性研究方面，西方哲学中关于知识内涵的辩证与扬弃构成了社会科学诸多门类及当代知识管理的主旋律。大体上，理想主义哲学家把知识看做人类头脑中的一种实在物，而实证主义哲学家则认为知识产生于社会化人类的知觉。但在 20 世纪，知识管理当中纯粹的理想主义或是实证主义都不已复存在，对知识哲学的思考更多的是将存在和经验编织在一起，许多相互矛盾的哲学理念在社会科学范式的框架下得以充分探索；尤其是建构主义、现实主义、批判现实主义、后现代主义、女权主义等多种视角的出现，使得人们对“知识”的认识和对其工具性的使用不断融合扩充，进而在实践和实际中得到反映。不过，即使哲学的立场更为多元化以及反实证主义学者指出了实证主义认知论当中的种种不足，实证主义、现实主义、社会系统理论、交互作用理论、社会行为理论等功能主义的范式仍然受到大多数知识管理研究者的青睐，这是由需求者对其实用性要求所决定的。当然，“从否定的意义看，哲学不同于知识。当我们说‘知识’的时候，主要是指与特定的学科、具体的经验对象、特定经验领域相联系的认识形态”。①

① 杨国荣．何为中国哲学——关于如何理解中国哲学的若干思考［J］．文史哲，2009(1)：37.

4.1.2 广告行业中“知识”的特定与特殊性

西方近现代的广告业经历了从第二次工业革命到二战结束早期的中心转移，即从欧洲大陆的英、法等国迁至美国。在皮尔斯、詹姆斯、杜威等实证主义哲学家的强烈推动下，美国社会基于对改造物质社会的巨大渴望，于20世纪初几乎全盘接受了与其国家发展方针相符的实证主义观点并迅速付诸行动，对从自然到社会的所有学科进行了更生，社会学、心理学、商学、管理学、机械与通信技术学以及其后的传播学无不受其领导。因此，广告学这个学科分支自从发轫即带上了明显的实证主义胎记，“广告的目的就是为了销售”。至于对广告的科学研究，无论是消费心理还是广告设计，抑或媒体配合与日常经营，都在强调现实是可以改变的；知识是否真实、理论是否有价值，在于它们是否能带来实际效果。而研究中所有产生的知识结果，都应成为控制现实的工具。在这个改变的过程中，实际经验是最重要的，原则和推理是次要的——在这里实证主义者似乎与反实证主义者取得了统一。不过，实证主义者认为这些原则和推理最终必像自然科学一样能够准确获知，但反实证主义者则认为普遍的认识无法被证明，因而关于社会现象的知识不具有自然科学的确定性，这些知识往往不能形成一般规律或逻辑严密的理论。

我们可以以广告学的基础之一——市场调研为例。市场调研的目的是为了提供充分和准确的相关信息以作出广告从战略到战术的各项决定。但零散的信息并非知识，在实证主义者看来，市场调研还需提出待检验的理论，为检验理论而进行演绎探究，并最终以评估检验结果的方式作归纳探究。在从“行”到“知”再从“知”到“行”的循环往复中，有价值的“度量”自会出现并保留传承，最重要的是首先聚焦于行动而非思维。无论“广告”中含有何种知识、这些知识来自何方，它们都是嵌入人类社会活动中的。这种知识既不单独存在于外部的客观系统，也不单独存在于人脑或群体内部，而是存在于整个人类社会，并且是一个通过每天的实践不断重构的社会实现过程——“我做故我在”。从实证主义出发的广告从业者相信，任何社会活动/广告活动都有一个基础结构，这种结构会促成特定的社会过程/广告过程，进而促成特定的社会行为/广告行为。广告的“知识”从个人汇集到群体组织，形成了集体记忆。集体记忆将社会维度和时间维度编织在一起，从而形成内在一致性。包含集体记忆的社会空间（工作团队或实践社区）在互动过程中使行为、故事、图像等从上一代的广告人传至下一代，于是大量的实践经验和少量的理论知识被保存及传递。关于“广告”的集体记忆取决于其产生时的社会物质条件和精神文化条件，在成员共享时每个人能具体获得多少、发生何种效果则取决于个人转化能力、人际关系、对某种认知观念的信任程度和知识本身的涵义构建方式等。“在包含了权力关系、绩效预期及组织身份的组织背景下……组织知识创造和转化的动力来自日常惯例和有意义的过程。”①

在广告学的研究领域，由于功能主义范式占据着主导地位，激进人文主义、激进结构主义和解释主义被挤在角落里，极少受到学术界以外的关注。因为在广告实践者看来，这些学术的产出与其说是“知识”，不如说是个人的“智慧”，其目的更偏于“破坏”而非“建设”，缺乏实用价值。不过这样的认识显然是没有进行更深层次的考虑。譬如，当我们相信广告的心理学实验时，自然也相信其背后的实证主义哲学，但在开放的社会系统中，事件并不是按照一个常规的、固定的和重复的模式发生，其因果关联机制十分脆弱。广告的实证主义者在孜孜不倦地追寻终极的真理和现实，但对于个体而言，什么又是“真实的”？再如，假使我们只将实证主义看做广告实践的主流，又如何能确定这个主流是永恒不变的？历史的发展证明，利奥塔和鲍德里亚等后现代主义如火花般的预见已经成为现实，广告中的“宏大叙事”意义消退，电子媒体摧毁了与过去的联系，电子通信和符号、图像决定了现代人的生活方式，权力

---

① ［英］阿肖克·贾夏帕拉．知识管理——一种集成方法［M］．安小米，等译．北京：中国人民大学出版社，2013：51-52.

(如“大V”)通过话语来主导对社会现象的态度。而这些显然是实证主义所无法具备的，因为实证主义的研究与应用必须先有假设存在，但其自身却无法提供原生假设。

事实上，哪怕再坚定的实证主义者也难以否认其他哲学视角提出的、可供广告实践参考的观点。例如与功能主义截然相反的主观视角——理想主义，持这种观察角度的人认为，认识是动态的，会随着个人和情境的变化而变化；认识依赖于情境，不能独立于它所存在的社会和政治环境；主体间性和理解会随着交互作用、角色和结构的不同而发生改变。女权主义者认为，“情境知识”具有某些社会标志，比如作者的性别、种族和传播所利用的媒介等，这些知识往往会被看做普适性的知识。当广告的实证主义者在面对这些有潜在价值的视角和观点时会功利性地使用，将其转化为实证和实践的一部分，使其看上去是实证主义原本就拥有的。广告从业者与广告行业组织的知识自生产与对外部知识的大量转化，共同建构了个人或组织的生产力。这种过程因具有服务业属性和精神产品属性，它与野中郁次郎所提出“知识螺旋”理论的契合度甚至超过了其本人提供的案例。

4.1.3 中国广告知识也延续了中国的知识传统

按照黑格尔的思想，知识始于感官知觉，通过感官的辩证纯化过程而成为主观和理性，最终达到“绝对精神”的自我知识阶段。马克思则接受了费尔巴哈辩证唯物论，认为人类的实践和物质生活决定着人的意识和思想，因而否定了黑格尔关于心智是世界的源泉和实在的概念。根据辩证唯物主义的观点，知觉是知者(主体)与被知物(客体)之间的相互作用，在追求知识时，主体与客体处在一个连续和辩证的相互适应过程中。这也就意味着，如果主体和客体变化以及主客体之间相互关系发生变化，则知识必将发生变化。正如我们所知，由于中西方文化有着较大差异，因此即便从认识到操作都受到西方广告的巨大影响，但保留在中国广告当中的知识传统依然特征鲜明，它能够与西方哲学传统相互补充并开辟出一条新的道路。

“人们习惯于认为中国哲学包括儒、释、道三家。在早期，儒家和道家本是地道的哲学……释家在中国实际上有一段时间披上了道家的法衣，但是释家有一种倔强性格抵制了道家的操纵，因此它虽然在某种程度上变成了中国哲学，在基本特色方面却不是与固有中国哲学没有区别的。”①中国哲学的特点之一，可以称为逻辑和认识论的意识不发达，但“中国哲学家没有发达的逻辑意识，也能轻易自如地安排得合乎逻辑；他们的哲学虽然缺少发达的逻辑意识，也能建立在已往取得的认识上”。②“中国哲学非常简洁，很不分明，观念彼此联结，因此它的暗示性几乎无边无涯。”③

绝大多数研究中国哲学的人会承认，“天人合一”是中国哲学中最突出的特点。“中国哲学中的天人合一观念发源于周代，经过孟子的性天相通观点与董仲舒的人副天数说，到宋代的张载、‘二程’而达到成熟。”④“中国古代哲学家所谓‘天人合一’，其最基本的含义就是肯定‘自然界和精神的统一’。”⑤最高意义的“天人合一”是主体与客体相互融合，根本同一，泯灭差异。西方哲学中一向有着征服自然的强烈愿望，而中国哲学的基本态度是顺天应命，“天”是不能反抗和征服的。“古希腊哲学从一开始就向构成论发展，其主要倾向是机械论、物理主义。中国哲学却是生成论的，不是构成论的。”⑥中国哲学里既没有明显的人类中心论，也没有明显的自然顺从论。

---

① 金岳霖，钱耕森．中国哲学[J]．哲学研究，1985(9)：39.

② 金岳霖，钱耕森．中国哲学[J]．哲学研究，1985(9)：39.

③ 金岳霖，钱耕森．中国哲学[J]．哲学研究，1985(9)：40.

④ 张岱年．中国哲学中“天人合一”思想的剖析[J]．北京大学学报(哲学社会科学版)，1985(1)：7.

⑤ 张岱年．中国哲学中“天人合一”思想的剖析[J]．北京大学学报(哲学社会科学版)，1985(1)：8.

⑥ 蒙培元．生的哲学——中国哲学的基本特征[J]．北京大学学报(哲学社会科学版)，2010，47(6)：6.

“‘天人合一’也是伦理与政治合一，个人与社会合一”①，以及“内外合一”②。“哲学家直接或间接地与政治发生联系，关心政治，这个传统在西方没有完全贯彻，然而它在中国几乎一直保持到今天，中国哲学毫无例外地同时也就是政治思想。”③在这种哲学思想跨越数千年的反复生成和传播下，无论是儒家还是道家，其主体内容中有相当大的一部分都是“入世”的实践，区别只在于相对的积极与消极(如庄子也曾说“内圣外王”)，在于对人与自然、人与人、人与社会、国与国的边界设定。在追求个人与社会的“合一”中，中国的知识传统首先强调从“修身”开始，“格物致知”，而后“齐家”，再后“行有余力可以学文”，继而“学而优则仕”，最终身体力行实现伦理与政治的合一——“法古今之完人”“治国平天下”。这种对“完人”的向往，常常意味着要在追求的过程中获得超凡的知识和超然的智慧。“纸上得来终觉浅，绝知此事要躬行”，这种认知导向是个体的身体经验重于间接的抽象知识，个人即为施行自身哲学的工具，“在认识上，他永远在探索；在意愿上，则永远在行动或试图行动。这两方面是不能分开的”。④ 在这个使用象形文字的社会中，文字符号的含义非常明显，能指与所指的重合度很高，这有助于中国人形成形象思维及操用具体意象的基本认知形式，从而进一步巩固了“天人合一”或是“主客一体”。因此相比于西方的“哲人王”，即使排除人种和民族因素，中国人也会推崇略带有乡土气的王阳明、曾国藩式的人物，认可从书斋到社会的转变。

如果再加上佛教对中国哲学的影响，我们就能发现中国的知识传统与西方的知识传统有着另外一个区别。南北朝时期菩提达摩创立东土禅宗，从公元 527 年至明朝中叶(1500 年前后)净土宗复兴前的将近一千

① 金岳霖，钱耕森．中国哲学[J]．哲学研究，1985(9)：43.

② 张岱年．中国哲学中“天人合一”思想的剖析[J]．北京大学学报(哲学社会科学版)，1985(1)：1.

③ 金岳霖，钱耕森．中国哲学[J]．哲学研究，1985(9)：42.

④ 金岳霖，钱耕森．中国哲学[J]．哲学研究，1985(9)：44.

年中，禅宗得到了广泛传播并化为“南顿北渐”的五宗七派。净土宗复兴后，禅宗又与净土宗汇合(南宋之后，禅净结合已成为禅宗内部的大趋势)且进一步与中国本土原生的儒、道二教嫁接。实际上最晚在北宋时期，禅宗已经在士人当中有不小的吸引力，因此在中国的文化传统里，以禅宗为代表的佛教思想体系为修身和处世提供了与儒、道相融而又不同的精神支柱。① 而从《六祖坛经》《五灯会元》《景德传灯录》《古尊宿语录》《祖堂集》等禅宗典籍可以看出，禅宗的问答辩论是非逻辑、比喻式和假设推定的，而不是通过西方辩证术那样的演绎或归纳形式。这也说明，西方的认识论有把抽象理论和假设当做最高境界的倾向，但中国的认识论更崇尚自身对于直接经验和外在世界的体会。

当代知名哲学家成中英(2001)曾对中国哲学中的认识论做过专门研究。他认为，中国传统知识论的主题是实体与功能、经验与悟性、理论与行为的统一，主要形式有《周易》本体知识论模式，其要在于“观”；孔子的心性知识论，其中心为包括“观”与“行”的“学”。道家的知识论不仅是本体宇宙论的，而且是本体实践论的。后期墨家提出了认识的模式与程序，已接近了现代科学方法论的知识论意义上对实在的理解，而公孙龙子唯名论显然是逻辑与分析性的。新儒家朱熹和王阳明的冲突乃是强调知识的客观性方面(理)与主观性方面(心)意义的冲突，与西方二元论不同的是，他们的冲突是在追求知识主客观统一的努力中展开的。②

---

① 从宋代赞宁奉敕编纂的《宋高僧传》即可窥见佛法顺应王法的立场，其另一著作《大宋僧史略》，更是意图将佛教理论趋附于儒家伦理学说以融合儒佛思想。宋明之后佛教各流派与世俗文化联系得更为密切，禅与文字禅大肆进入文学作品及其他文集，例如中国古典白话小说的巅峰之作《红楼梦》便是其最突出的代表。《好了歌》、宝玉出家、宝玉听曲悟禅机、宝黛问答、众小姐的机锋往来等，都带有深刻的哲理性和对人生终极价值的探索拷问。

② 成中英．中国哲学中的认识论(上)[J]．安徽师范大学学报(人文社会科学版)，2001，29(1)：5-16；成中英．中国哲学中的认识论(下)[J]．安徽师范大学学报(人文社会科学版)，2001，29(2)：157-166.

总体上，“天人合一”“主客一体”“知行合一”的主要认知传统使中国人高度重视自身与他人、与群体、与社会、与自然的互动关系，“家国”概念强烈，在对为何追寻知识的回答时形成了退可“诗书传家”、进可“文章报国”的理念。这种理念和互动关系是集体的、有机的，重视主观知识、直觉才智以及交流情境，强于归纳概括、疏于抽离纯粹概念，这些对待世界和知识的基本态度与西方的传统大为不同。① 尽管西方的实证主义在知行结合上与中国的知识传统也有很多相似，但在西方的科学和商业管理实践中，知识观仍受二元论所支配。不过，在一个“扁平化”的世界里，西方未必就是西方，东方未必就是东方。中国哲学的知识传统与西方哲学的知识传统会在多种场域中相遇，它们能够互相补充并化育出新的产物。

4.2　当代中国广告业中的知识分类

虽然中国的知识传统与西方有很多差异，但在中国近现代发展的过程中，各行各业、各门学科或多或少地存在“中体西用”，即在中国的社会背景下结合实际情况，以中华文化传统融合并改造西方的科学与技术，甚至在最为核心、最具本土特色的中国哲学研究中也存在“汉话胡说”的现象。广告学从市场经济的基础上生长出来，其基本理论、技术、方法大多来源于美国、日本、欧洲，因而中国的广告学知识从一开始便不可避免地受到西方，尤其是美国的巨大影响，一直持续至今。特别是20世纪90年代之后，中国大量引入了西方的经济管理理论，以及其他与广告学相关的社会科学理论、自然科学技术，逐步形成了庞杂的广告学知识体系。这个体系具有很强的开放性、包容性，也许不够系

① 日本与中国的认知观较为相似，这也反映在企业的愿景、使命和价值观上面。例如日本第三大广告公司旭通，就宣称自己的文化基因是“对细节的关注，崇尚简洁的美意识，透过现象看到本质，协作负责的天分，融合传统与先端、人性与科技、静思与行动”。

统，但在知识的应用转化层面有着很大的灵活度。

4.2.1　与当代中国广告业运行密切相关的西方知识观

如上所述，"笛卡儿两分法"注定会造成从思辨型到应用型的西方现存理论的局限性。但是，"中体西用"自一开始就没有打算完全接受西方的哲学体系、价值体系，而是更多地将注意力放在"师夷之长技"。因此在当代中国广告学知识体系的建构中，我们大胆地对西方理论进行了尝试和改造(但主要是接受而非明显的革新)。从最高的学科层级来看，目前对当代中国广告业运行密切相关的西方知识观大致有以下几类：

其一，经济学当中的知识观。以哈耶克和熊彼特为代表的奥地利经济学学派主张知识是"主观的"，而且不能够以固定的形式来对待。经济主体能共享的共通性知识虽然重要，但更重要的是每个经济主体所具有的独特知识。哈耶克还将知识划分为科学知识(具有通用原则的知识)和特定时间及地点场景的知识，他认为场景的变化不断地重新定义不同个体所具备知识的相对优势。① 熊彼特实际上指出了经济领域中的创新源泉均是知识的"新组合方式"，强调了对形式知识进行组合的重要性。这可以部分地解释当代中国广告界为何主要以"营销创新"指代"创新"并统领其他类型的创新方式。纳尔逊和温特认识到技术的本质就是知识，并认为企业储藏的知识是一种"经常性和可以预测的行为模式""惯例"，等同于"基因"，创新则是具有内在不可预测性的惯例"突变"。② 彭罗斯(Edith P. Penrose)认为，资源只能够促成企业的"服务"，由于服务是在企业中所累积的经验和知识的函数，因此它是企业特有的东西，企业是知识的储藏所。彭罗斯还指出，规划过程是企业成长中最

---

① 许多中国广告人在中国文化中找到了哈耶克这个观点的相应点，即赞同"应用之妙，存乎一心"。

② Nelson, R. R. and S. G. Winter. An Evolutionary Theory of Economic Change [M]. MA: Cambrige Harvard University Press, 1985.

具决定性的要素。她认为企业的规划者通过评估企业的优势、不足、环境、机会及局限，能够创造出企业及其环境的“意象”(心智模式)，这些意象是基于企业的经验和知识而涌现出来的。① 彭罗斯的观点既是市场研究中SWOT模型的理论基础之一，也部分解释了为何绝大多数的广告客户在选择代理公司时将“经验”作为重要的衡量标准。

其二，管理学特别是组织管理理论当中的知识观。如果说经济学者倾向于既有知识、倾向于接受笛卡儿的二元论知识观，那么西方的管理学学者则在相信“科学化”的基础上，有着越来越强烈的人本主义倾向。从泰勒(Frederick W. Taylor)的“科学管理”开始，即要求管理者对知识进行分类、指标和将知识转化为规则、公式，以保证工人能把这些知识应用于日常工作。以梅约(George Elton Mayo)为首的哈佛管理学者对泰勒主义作了批评，并提出了人际关系理论，认为士气、归属感、人际交往技巧这些社会性因素和持续增强工人的实践知识会大大改善生产率。巴纳德(Chester I. Barnard)试图在组织层面统合泰勒与梅约的理论分歧，认为组织中的知识不仅是由逻辑和语言内容构成的，还包括“行为的”和非语言的部分。为了维持组织内知识体系的稳固以及整体性的组织管理，领导者要对组织的价值观、信念和经营理念进行创造。他认为知识是保证理性合作的基本要素，管理者既要使用源自逻辑心智过程的科学知识，也要运用从非逻辑心智过程获得的行为知识(但行为知识比理解知识更重要)，企业主管必须对人类心智活动的逻辑与非逻辑过程、科学知识与行为知识、管理与道德功能进行整合。② 组织文化学派的彼得斯(Tom J. Peters)和沃特曼(Robert H. Waterman)、施恩(Edgar H. Schein)等人强调价值观、含义、承诺、象征和信念这些“人”的因素的重要作用，并进一步认为随着时间的推移，组织作为共有含义体系可

① Penrose, E. T. The Theory of the Growth of the Firm [M]. Oxford: Basil Blackwell, 1959: 253-264.

② Barnard, C. I. The Functions of the Executive [M]. MA: Cambridge: Harvard University Press, 1938.

以通过成员之间以及组织与环境之间的社会化相互作用来进行学习、自身变革和演化。企业文化是团组体验的学习产物，是组织成员共有信念和知识的集合，它会决定企业究竟应该怎样进行思考和采取行动。①

20 世纪 80 年代以后，管理学当中的知识研究有了更新的进展。德鲁克认为对知识社会的组织来说，管理者所面临的最大挑战是提高知识和服务工作者的生产率。② 为了建立管理自我转型的系统实践方法，组织必须时刻准备好放弃过时的知识并学会创造新的事物，其具体方式是：(1)对每项活动进行持续改善；(2)从自身成功中找出新的应用；(3)将持续创新变成一个组织化流程。③ 这个学习的过程一般被认为由两类学习活动构成：一类是为了解决实际问题而在现有基础上获得技术诀窍(know-how)；另一类是超越既有知识基础并建立新型基础(范式、模型、视角等)。这两类学习活动被称为“第Ⅰ类学习”和“第Ⅱ类学习”，或是“单环学习”与“双环学习”。圣吉(Peter M. Senge)提出了管理者建立“学习型组织”的“五项修炼”：①采纳“系统思考”方式；②鼓励对生活的“自我超越”；③让流行的“心智模式”浮出水面，并且挑战这些模式；④建立“共同愿景”；⑤促进“团队学习”。

其三，计算机与信息通信科学的知识观。在康德的哲学架构里，他将经验论和唯理论二者的观点以质量与形式的范畴并入一个框架当中，而理性则是架构、整理和组织感觉经验的形式，它是先于经验存在的，但又是与经验一起发生的，具有普遍性、必然性，是形成我们知识的逻辑基础和条件。其中，数学是理性的形式之一，数学与逻辑都包含在“形而上”之内。冯·诺依曼(John Von Neumann)是计算机科学的主要

① Peters, T. J., R. H. Waterman, Jr. In Search of Excellence[M]. New York: Harper & Row, 1982.

② Drucker, P. F. The New Productivity Challenge[J]. Harvard Business Review, 1991(11-12): 69-79.

③ Drucker, P. F. Post-Capitalist Society[M]. Oxfard: Butterworth Heinemann, 1993.

奠基人之一，他始终秉持着数理逻辑的原则，注重逻辑的简洁性和数学的和谐性，其自动机理论与毕达哥拉斯主义数学自然观的哲学思想有很深的关系。他的合作者、计算科学哲学家勃克斯(Arthur Walter Burks)提出的"逻辑机器主义"把毕达哥拉斯"万物皆数"的哲学命题甚至直接应用于人类。因此，在接受过计算机与信息通讯科学教育的人中，大多会认为自己面对着建立在客观性基础之上的理性知识世界。这种认识形式的目的是把世界奠立在数量关系基础，并将数量关系转化成分析命题(抽象的逻辑命题)，通过算法、认知、智能、语言、模型、证明和验证来进行表述。AI、程序化广告、AR、VR、MR以及数字化媒体可以用之于广告的一切手段莫不如此。

在当代中国广告业的发展中，以上所列举的知识观大多得到了广泛认可并被实践采纳。这与进入21世纪后中国广告行业高层管理人员大量进修MBA和EMBA课程密切相关，也与理工科知识近年来加速进入广告领域有关。

4.2.2　西方广告知识体系的形成过程

学术界一般认为，广告公司的出现标志着广告业成为一个相对独立的经济行业，也是世界广告发展的古代与近代分水岭，因此1841年帕尔默成立广告代理店或是1869年艾耶父子广告公司的成立被视为近现代广告业的开端。无论这种划分正确与否，从实践经验到理论总结再到形成初级的学科知识体系，即使是相对长于逻辑思考的美国人也用了至少半个世纪的时间。

19世纪中后期西方开始进行广告理论的研究。1866年，美国学者莱坞德(B. Laiwood)和哈顿(C. Hatton)合作出版了《路牌广告的历史》；1874年桑普森(H. Sampson)出版了《广告的历史》；1888年，罗厄尔(Georage P. Rowell)创办了美国第一本广告专业性刊物《印刷者油墨》；1895年，美国明尼苏达大学的盖尔(Harlow Gale)设计了对消费者行为和心理进行调查的问卷，通常被认为是广告人对广告运作理论和原则进行科学检验的新开端；1896年、1898年，贝茨(Charles Austin Bates)先后出版了《优秀的广告过程》和《广告过程概论》；1898年，路易斯(E. St. Elmo Lewis)提出了AIDA法则；1900年，盖尔又出版了《广告心理学》；1903年，美国西北大学校长、心理学家斯科特(Walter Dill Scott)出版了《广告原理》，与他同时期的著名心理学家、建立了行为主义心理学学派的沃森(John Broadus Watson)则有着在智威汤逊广告公司的从业经历。这时起，广告逐渐由单纯的“术”向“学”发生蜕变，一些较具有长期价值的观点、工具、研究方法出现萌芽。在稍晚些时，美国的大学注意到了广告职业的独立性，从工商源头和新闻源头发展出正式的广告学课程或专业。1902—1910年，宾夕法尼亚大学、加州大学、密歇根大学、西北大学、密苏里大学、伊利诺伊大学、纽约大学、俄亥俄州立大学、印第安纳大学、艾奥瓦州立大学、威斯康星大学开始讲授广告方面的课程；1913年，密苏里大学建立新闻学院并设立广告专业；1914年，纽约大学商学研究院设立了广告方面的研究生课程，得克萨斯大学开始广告课程教学，1948年该校的商学院和新闻学院都建立了广告专业；1915年、1916年、1919年，纽约大学、马奎特大学、西北大学分别建立了广告学专业；1959年，伊利诺伊大学设立了美国高校第一个广告学系。至1950年时，全美已有72所大学开设了广告课程。20世纪60年代后，广告学渐渐在美国高校获得了独立的地位。1963—1964年，开设广告课程的大学增至77所；到1988年增至95所。① 而“随着信息时代到来，新技术、新媒体不断涌现，广告媒体、广告服务和信息环境发生了很大的变化，职业性教育的缺陷充分暴露出来了，学

① 以上资料可参见(各资料中的信息略有出入)：John C. Schweitzer. 美国广告教育的发展研究[J]. 广告大观(理论版)，2006(3)；陈月明．美国高校广告教育[J]. 宁波大学学报(教育科学版)，2006，28(2)；乔均，程红．美国广告教育的历史变迁及现状分析[J]. 中国广告，2007(12)；罗志超．美国高校广告教育发展研究[J]. 广告大观(理论版)，2014(8).

生毕业后缺乏应变能力，难以适应快速发展的社会和行业的需要”。①因此，广告专业从重技能的职业性教育转向重理论素养的学术性教育，或学术性兼顾职业性的教育。

从20世纪20年代到70年代，一些可以称为“理论”的广告知识从业界和学界分别涌现，而且知识与知识之间、业界与学界之间的互动交融非常迅速(部分是由身份互换引发的)。肯尼迪(John Kennedy)、霍普金斯(Claude Hopkins)、拉斯科尔(Albert Lasker)创立“硬性推销派”并出版了《我的广告生涯·科学的广告》《拉斯科尔的广告历程》；麦克马纳斯(Theodore F. MacManus)、罗必凯(Raymond Rubicam)创立了“软性推销派”；李奥贝纳(Leo Burnett)创立“芝加哥广告学派”并强调广告中“与生俱来的戏剧性”；瑞夫斯(Rosser Reeves)提出USP理论并出版了《实效的广告》；伯恩巴克(William Bernbach)提出了创意的ROI理论；奥格威(David Ogilvy)出版了《一个广告人的自白》《奥格威谈广告》《血，思想与啤酒》等书并提出“品牌形象理论”；科利(Rusesell H. Colly)出版了《制定广告目标以测定广告效果》并提出“DAGMAR法”；莱维奇(Robert Lavidge)和斯坦纳(Gary Steiner)提出了“L&S层级效果模式”；朗门(Kenneth Longman)提出了广告预算的“临限”理论；扬(James Webb Young)创立了广告人素质理论并出版《怎样成为广告人》《生产意念的技巧》《广告人日记》等书；里斯(Al Rise)和特劳特(Jack Trout)提出了定位理论；普卢默(Joseph Plummer)的AIO量表、霍华德(John A. Howard)和谢思(Jagdish N. Sheth)的消费行为与动机模式、斯坦福国际研究所的VALS模型、普拉哈拉德(Coimbatore Krishnarao Prahalad)和哈默尔(Gary Harmel)的核心竞争能力概念、波特的价值链模型及五力模型等被引入广告学；广告公司自身研发的模型也不在少数，如日本电通公司的CSP模式及蜂窝模型、李奥贝纳公司的CAPP模式、奥美公

① 陈月明．美国高校广告教育[J]．宁波大学学报(教育科学版)，2006，28(2)：93.

司的360度品牌管家模型等。

在业界与学界的知识流转中，美国的各类官方机构与非官方的社会组织也起到了很大的促进作用，其中主要包括美国国会、联邦贸易委员会(Federal Trade Commission，FTC)、食品和药品管理局(Food and Drug Administration，FDA)、联邦通讯委员会(Federal Communications Commission，FCC)、专利商标局(United States Patent and Trademark Office，PTO)、美国国会图书馆(Library of Congress，LC)等，以及广告业自创或加入的行业组织如美国广告代理商协会(American Association of Advertising Agencies，4A)、全国广告主协会(Association of National Advertisers，ANA)、美国广告联盟(American Advertising Federation，AAF)、美国市场营销协会(American Marketing Association，AMA)、商业营销协会(Business Marketing Association，BMA)、国际广告协会(International Advertising Association，IAA)、商业信息服务公司协会(Association of Business Information Companies，ABIC)、发行量审核机构(Audit Bureau of Circulations，ABC)、全国广告审查理事会(National Advertising Review Council，NARC)、儿童广告审查机构(Children's Advertising Review Uni，CARU)、互动营销协会(Association for Interactive Marketing，AIM)、直复营销协会(Direct Marketing Association，DMA)、美国户外广告协会(Outdoor Advertising Association of America，OAAA)、美国广告学术研究会(American Academy of Advertising，AAA)、广告教育基金(Advertising Educational Foundation，AEF)、广告研究基金(Advertising Research Foundation，ARF)、独立创意人协会(Association of Independent Creative Editors，AICE)、独立商业制片人协会(Association of Independent Commercial Producers，AICP)，等等。至此，原属于营销、艺术、心理、社会、管理、新闻传播、法律活动当中的概念、范畴、方法被综合、抽象、分离，进行了新的结构组合和逻辑构造，外部框架和内部系统基本建立齐全，广告市场调查、广告受众理论、广告媒介理论、广告效果理论、广告策划理论等纷纷成

型，广告学在总体上形成了较为完整的知识体系并成为独立的学科。这个知识体系的建立，不仅仅是纯粹的本体论和认识论层面的结果，更是一种社会实践，一种反映了学科间及学科内的社会权力、意识与文化形态、利益体制等相互抗衡的结果。

有学者认为，“广告学的知识构建以诉求为基点，沿着两条逻辑路线发展：一是从诉求走向创意，二是从产品功能诉求走向品牌形象诉求。……在现有的广告学知识体系中，诉求与创意无疑是其核心知识点”。① 这种观点可能具有一定的时代局限性，因为它表述的是一种传播学的分析视角，而且从根本上说，诉求与创意是达到某种传播状态的必然要求而非“知识点”，“如何形成满足要求的诉求与创意”才是知识点。况且在同一篇文献中，作者也有这样的分析：“广告是一种运动形态，是一种运动着的营销形态，又是一种运动着的传播形态，或者准确地说是一种运动中的营销传播形态。正是基于此种认知，并在营销与传播的双重关照下，广告学于20世纪后半期，完成其基本知识体系的建构。相对广告学的社会系统理论而言，我们将其称为广告学自系统的知识体系或自系统理论。”②如果按照这种角度来看则是非常恰当的，它将广告的本源和最终作用也包括在内。实际上，在营销传播理论研发后尤其是在数字营销传播成为主流趋势的今天，不仅“广告”的作用、定义、途径、方法都发生了巨大变化，而且整个知识体系也在重新构建。虽然知识体系重构在任何学科当中都是持续不断发生的，但在整合营销传播及数字营销的背景下，广告学的知识体系重构堪称“划时代”，假如用激进一些的表达便是“广告已死”。因此，当代广告学的知识核心应该是“如何在数字时代有效完成整合的数字营销传播活动”，其他的知识——无论是自系统的知识还是他系统的知识都将围绕这个核心而展开。

① 曾琼，张金海．广告认知演进的逻辑轨迹与广告学知识体系的系统建构(纲要)[J]．广告大观(理论版)，2014(8)：73.

② 曾琼，张金海．广告认知演进的逻辑轨迹与广告学知识体系的系统建构(纲要)[J]．广告大观(理论版)，2014(8)：74.

如前所述，曾琼、张金海认为，广告学的知识体系大体包括了广告学自系统理论、广告学社会系统理论两大类。其中，广告学自系统理论是以广告运动策划为核心，广告学社会系统理论由广告经济学和广告文化学构成。在此之前，张金海、周丽玲就已提出，“科学而完备的广告理论体系，是以传播学与营销学为广告理论体系建构的基础，形如座基；以广告基础理论为体系的理论支撑；广告学自系统理论，包括广告的主体理论、广告受众与消费者理论、广告信息处理理论（诉求、创意与表现）、广告媒体理论、广告效果理论等，为广告理论体系的核心构成，是为内核与内圆；广告与营销要素的整合、与营销传播要素的整合相关的理论，是广告营销传播工具性辐射，涉及广告与营销、营销传播系统的关联性，为广告的紧密层外围理论，是为次外圆；广告社会化系统理论，是广告社会化的辐射，关涉广告在整个社会大系统中，与社会经济、社会文化的相关性，为广告的次紧密外围理论，因而处于最外圆”。①

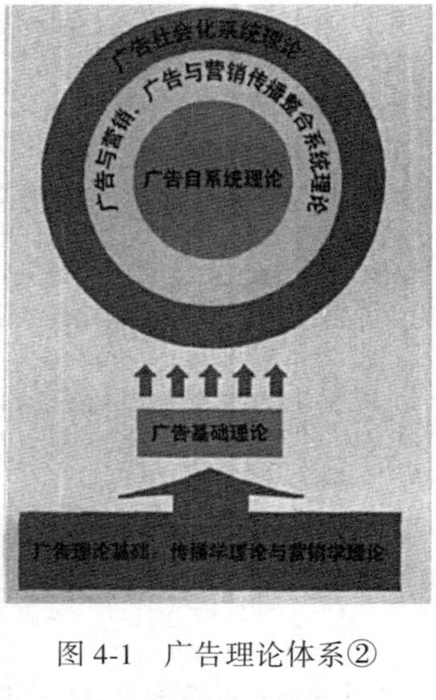

图 4-1　广告理论体系②

① 张金海，周丽玲．我国广告理论研究现状[J]．中国广告，2004(9)：33.

② 张金海，周丽玲．我国广告理论研究现状[J]．中国广告，2004(9)：33.

刘泓则认为，广告学的“知识谱系”是通过“学术规训”建立的——“伴随着这种规训了的知识谱系和学术社群的建立，使得学科在取得存在合法性的同时，也拥有了在学科知识世界里的‘认知排他性’，控制了广告学科知识谱系的生产和传播，并以‘权威标准’树立起知识谱系的‘边界’。因此，对消费者的消费心理和行为研究以及市场营销及其管理研究，构成了广告学知识谱系的基本框架”。① 而吴予敏指出：“广告研究大体可归纳为三个范畴：广告管理研究、广告科学研究和广告文化研究。这三个范畴着眼的不是理论、实务和历史等表面形态上的区别，而是广告学内在的知识特点的区别。广告管理研究，主要总结广告运营、宏观和微观管理经验，属于管理科学范畴；广告科学研究主要总结人在广告活动中的认知和行为规律，属于认知和行为科学的范畴；广告文化研究主要总结广告的社会文化、意识形态和语言及艺术创造特点，属于社会和文化科学的范畴。”②

由此可知，虽然我们在广告学已取得独立的学科地位上有着一致性认识，但对于广告知识体系内部的构成情况及各构成部分之间的相互关系还存在一定争议。随着时代的发展，这种争议或者说分歧也许会不断加剧。对于应用型的学科而言，社会的外部影响力永远大于自身对外部社会造成的影响力，学科知识体系时刻会处于变动之中。变动是常态，而固化的或者泾渭分明的知识体系则往往象征着学科走向消亡。而且，广告学本身即是极为复杂的、互相涉及互相干扰的综合体，对其进行过于细致的知识分类既无必要也无可能。

4.2.3　中国广告知识体系的形成过程

与西方类似，中国广告学知识体系的形成，同样经历了由“术”至“学”、由具体实践到理论概括的过程。

鸦片战争后，中国的社会性质由封建社会逐步变为半封建半殖民地

① 刘泓．广告学“学科规训”及其知识谱系[J]．新闻大学，2006(2)：85.

② 吴予敏．广告学研究专题导引[M]．北京：高等教育出版社，2015：V.

社会，西方资本主义列强不断对中国加大商品倾销和资本输出，在客观上推动了中国商品经济的发展，外国商人借助报纸、杂志、路牌、霓虹灯、橱窗陈列等广告形式进行销售的方式被民族工商业者所效仿。在《遐迩贯珍》《中外新报》《上海新报》《万国公报》等外国人主办、经营的报刊的思路引导下，从 19 世纪中期至 20 世纪早期，一些中国资产阶级知识分子于《昭文新报》《汇报》《述报》《通俗报》《申报》《新闻报》《大公报》等报刊上，对广告经营进行了实践。这些报刊广告和其他媒介形式的广告一开始便具有浓郁的中国文化特色，而且逐步发展出更为巧妙的表达方式。① 19 世纪末，中国开始出现专门化的广告代理商和广告公司，到 20 世纪 20 年代，上海的广告公司和广告社已有 30 多家。1911 年，当世界广告学会在美国成立后，万国函授学堂上海办事处曾与我国广告界人士联合发起组织过“中国广告公会”；1927 年，上海有 6 家广告社组织成立了“中华广告公会”，是为中国最早的广告同业组织。因此在广告的实践方面，虽然中国广告行业的数量指标大大落后于同期的美国，但在上海、广州、天津、北京、武汉这样的大城市里，广告的质量（主要指技术能力和表现水平）与美国相比差别并不很大。在这一阶段，中国广告界积累了一定的业务知识，这些零散的知识碎片在大量借鉴西方广告研究的基础上，于 20 世纪三四十年代被逐渐组织起来，形成了具备理论框架和一定中国特色的知识体系。

20 世纪初，一批学者开始有意识地将广告知识从“术”向“学”进行抬升，尝试建立广告学的独立学科地位。1918 年，甘永龙编译了美国的 *How to Advertise* 一书，并以《广告须知》的书名由商务印书馆出版，被后世认定为中国最早出版的广告学研究专著；1919 年，北京大学新闻学研究会所聘导师之一的徐宝璜出版了我国第一部比较系统、全面的新

---

① 旧中国几家著名的出版社如叶圣陶主持的开明书店、赵家璧主持的良友图书公司、巴金主持的文化生活出版社都很重视广告。鲁迅先生也很重视书的广告，写过不少广告文字。此外，茅盾、施蛰存、胡风、陆蠡等人也写关于书的广告。因而在中国的广告知识体系形成初期，中国原有的知识传统即已显露出强大的影响力。

闻学著作《新闻学》，其中把“新闻纸之广告”列为第十章，认为“求一报广告之发达，应先求其销路之推广”，广告经验和广告员是影响广告发展的两个关键因素，并主张报纸广告“所说者为实事，而又无碍于风纪”；① 1925 年，董志坚编写了《新奇广告术》；1926 年，蒋裕泉编辑出版了《实用广告学》；1927 年，戈公振在《中国报学史》中较系统地论述了关于广告学的理论和观点：“广告为商业发展之史乘，亦即文化进步之记录……不仅为工商界推销出品之一种手段，实负有宣传文化与教育群众之使命……人类生活，因科学之发明日趋于繁荣美满，而广告即有促进人生与指导人生之功能。”②1928 年，蒯世勋撰写了《广告学ABC》；1930 年，刘葆儒出版了《广告学》。1920—1926 年，北京大学、上海圣约翰大学、厦门大学、北京国际大学、北京平民大学、燕京大学、上海南方大学、上海商科大学、暨南大学、广东国民大学等高校已将广告作为一门课程来讲授，但只限于报纸广告的研究。李秀云的统计表明，从 1918 年北京大学新闻学研究会成立至 1948 年，中国土地上出现的各种新闻教育机构(高校、中等职业教育学校及各类函授、讲习班等)共计 82 个，其中很多开设了广告学类的课程。祝帅认为，20 世纪 30 年代到 40 年代，业界和学界的人对于广告现状与其“术”的本色还是有着清醒认识，但在广告是“商业利器”且亟待引介之下，学者们着意描绘广告在当时中国的重要地位，因而也不适宜将这门学科的学术含量说得很低，于是从蒯世勋开始，经刘葆儒、苏上达、赵君豪、徐国桢、李文权、王贡三、丁馨伯、吴铁声、朱胜愉、冯鸿鑫、李培恩、刘伯撝等人的不断确认，至 1944 年丁馨伯所著的《广告学》③出版时，“广告”

① 陈培爱．中外广告史：站在当代视角的全面回顾[M]．北京：中国物价出版社，2002：52.

② 戈公振．中国报学史[M]．上海：三联书店，1955：216.

③ 丁馨伯在其著作《广告学》中对广告学的基础知识进行了分类：“广告学除与心理学有深切关系外，更须具备下列基础：(1)广告实际家的丰富经验；(2)风俗、人情、习惯；(3)美术尤其绘画、图案；(4)法律学；(5)理论学；(6)商业学；(7)印刷术；(8)能率增进法的原理；(9)历史及地理学；(10)统计学及其他科学等。”

在中国便由“术”转为“学”，“广告学”也获得了正式的学科身份。1946年，吴铁声等人编译的《广告学》成为民国教育部指定的高校用书。根据郭瑾的统计，目前在国内有收藏或根据存目辑佚可知的1918—1949年间出版书名中带有“广告”字样的专业读物(包括书籍或丛刊)共计50种(见表4-2)。

表 4-2　　民国时期广告学相关出版物

类别	著者	名称	出版/发表单位	出版年
涉及广告的新闻著作	徐宝璜	新闻学	国立北京大学新闻学研究会出版	1919
	戈公振	中国报学史	上海:商务印书馆(多次再版)	1927
	吴定九	新闻事业经营法	上海:联合书店	1930
	黄天鹏	新闻学演讲集	上海:现代书局	1931
	刘觉民	报业管理概论	上海:商务印书馆	1936
	赵君豪	中国近代之报业	上海:商务印书馆	1940
	詹文浒	报业经营与管理	上海:正中书局	1946
广告学概论	[美]The system company 甘永龙译	*How To Advertise* 广告须知(商业丛书第一种)	上海:商务印书馆(1918、1927八版、1933国难后1版、1935国难后2版)	1918
	董坚志	新奇广告术	上海:中西书局(线装)	1925
	蒋裕泉	实用广告学(新学制高级商业学校教科书)	上海:商务印书馆	1926
	蒯世勋	广告学ABC (ABC丛书)	上海:世界书局	1928
	苏上达	广告学纲要	上海:商务印书馆	1930

续表

类别	著者	名称	出版/发表单位	出版年
广告学概论	高伯时	广告浅说(民众商业丛书)	北京:中华书局	1930
	刘葆儒	广告学	北京:中华书局	1930
	苏上达	广告学概论(万有文库:第一集．商学小丛书)	上海:商务印书馆	1931
	孙孝钧	广告经济学	南京:南京书店	1931
	何　嘉	现代实用广告学	上海:中国广告学会	1931
	赵君豪	广告学(申报新闻函授学校讲义 10)	出版地不详	不详
	[美]Herrold, L. D. 著 李汉荪等编译	*Advertising for the retailer* 实用广告学	天津:新中国广告社	1932
	徐国桢	最新广告学	上海:世界书局	1932
	罗宗善	广告作法百日通	上海:世界书局	1933
	王贡三	广告学(高级中学商科教本)	上海:世界书局(1933、1938 长沙版)	1933
	叶心佛	广告实施学	天津:中国广告学社	1935
	曹志功	广告与人生	不详	不详
	丁馨伯	广告学(立信商业丛书)	上海:立信会计图书用品社	1944

续表

类别	著者	名称	出版/发表单位	出版年
广告学概论	吴铁声等	广告学:部定大学用书	上海:国立编译馆出版,中华书局印行	1946
	陆梅僧	广告(新中学文库)	长沙:商务印书馆	1947
	冯鸿鑫	广告学(中华文库初中;第一集)	上海:中华书局	1948
	李培恩	新广告学*	上海:商务印书馆	不详
	刘伯撝	广告学讲义*	天津益世报函授部讲义	不详
心理学	[日]井开十二郎著 唐开斌译	广告心理学(商学丛书:第 10 种)	上海:商务印书馆	1925
	[美]W. D. Scott 著 吴应图译	广告心理学	上海:商务印书馆	1926
广告图集	北京美术学校出版部	广告应用图案集	昌泰	1919
	洪方竹	商店应用广告图案集	上海:形象艺术社	1939
	洪方竹	五彩活用广告画*	上海:形象艺术社	不详
	张一尘 郑忠澄	广告画经验指导*	上海:形象艺术社	1933
专项广告研究	[美]Gold,S. 著 陈岳生译	霓虹广告术(工学小丛书)	上海:商务印书馆	1936
广告史	陈冷 等	近十年中国之广告事业	上海:上海华商广告公司	1936
	如来生	中国广告事业史	上海:新文化社	1948

续表

类别	著者	名称	出版/发表单位	出版年
丛刊	中国广告学会	广告学会丛刊*	上海广告学会	1931
	百业广告社编辑部	百业广告月刊创刊号	北平(共两期现存 NO.2)	1934
	徐百益	广告与推销*	不详	1936
广告宣传品	天津欧克家庭工业社主办	欧克科学:欧克牌墨水广告品*	天津:欧克家庭工业社(发行)	1941
论文	李文权	告白学*	《中国实业杂志》第 3 年第 2 期	1912
	孙科	广告心理学概论	《建设》月刊第一卷第二号	1919
	徐启文	商业广告之研究	《商业月报》第 14 卷第 1 号	1934
	裘可桴、朱钧	广告文考	《可桴文存》	1946
	徐百益译编	战后的广告任务	《工商管理》杂志(上海)	1948
	徐百益译编	广告与推销中大众联络的七个基本条件	《工商管理》杂志(上海)	1948
	卞其嶷	略谈广告设计	《工商管理》杂志(上海)	1948

在相关文献上查阅到,但因为散失等原因无法查询,文献作者(郭瑾)未能看到第一手资料。①

① 郭瑾．民国时期的广告研究及其当代意义[J].广告大观(理论版),2006(6):99.(原文有少许错误,已更正。原文的部分资料来自:张树庭．广告教育定位与品牌塑造[M].北京:中国传媒大学出版社,2005:188)

不过，虽然民国时期的广告由于中外有着种种不同而在业界实践上独树一帜，但当时的广告研究基本上照搬了西方的广告研究框架，研究视角单一，整体水平停留在初级层面。广告著作的功利性很强，总的来看是"重'用'轻'体'、厚'术'薄'学'"①，而且还"出现了广告理论与本国广告现实脱节的状况……此时期的广告学研究著作无论是从数量上还是质量上都很难满足工商行业和广告教育的需求"。② 相对单纯的广告环境和相对简单的广告活动使得业界和学界大致只需培养三类人才，"一是设计人才，一是绘图人才，一是撰文人才"。③ 对于广告学科的归属问题此时也开始有了较大的争论，并形成了心理学派、艺术学派、才能学派三大派别。④ 在与广告相关的法律知识方面，国民党政府于20世纪20年代的《民律法案》中，对广告的解释、效力、撤销、悬赏等作了16条款项的规定，1936年又颁布了《修正取缔树立广告的办法》和《户外广告物张贴法》，交通部电信局还对广播电台及其广告播出进行直接管理，但这种法律和政府管理非常混乱、极不健全。而且无论哪个行业公会，其组建的主要目的是为了争取共同利益和排解业内纠纷，很难称得上具备知识传播的作用。

中华人民共和国成立初期，各地大城市取缔了国民党政府发布的广告管理法规，相继颁布一些新的广告管理办法和规定。各地政府对广告公司、广告社进行了整顿和合并，保留了私人工商业的同业公会。广告的"知识"与政治紧密挂钩，广告内容侧重于政治宣传和时政宣传，广告行业也做了大量其他的鼓动工作。但在全行业完成公私合营后，统购统销急剧压缩了广告的生存空间，同时理论界认为广告是资本主义的产

① 张树庭．广告教育定位与品牌塑造[M]．北京：中国传媒大学出版社，2005：188.

② 郭瑾．民国时期的广告研究及其当代意义[J]．广告大观（理论版），2006(6)：101.

③ 罗宗善．广告作法百日通[M]．上海：世界书局，1933：48.

④ 郭瑾．民国时期的广告研究及其当代意义[J]．广告大观（理论版），2006(6)：101.

物，是资本主义社会浪费的表现。虽然广告业在经济调整时期有所恢复，但在随之而来的“文革”动荡中又受到了严重破坏。除极少数与政治关联紧密的商业场合(如“广交会”)外，商业广告在中国几乎消亡。广告的“知识”则只保留了与政治宣传有关的设计部分，其他在应用领域丧失殆尽，广告研究的档案和历史资料被大量销毁，只有极少数得以幸免。工商行政管理部门和其他广告管理机构被撤销、法规被废除。许多广告人员被下放劳动或遭到批判。①

1978年12月，党的十一届三中全会决定将全党工作的重点转移到经济建设，对内搞活经济、对外实行开放，为我国广告事业的复苏和发展创造了基本条件。1979年年初，《天津日报》《文汇报》、上海电视台、上海人民广播电台、《人民日报》率先尝试，全国逐步恢复了广告活动。20世纪80年代，我国广告业进入了大发展时期。仅从知识传播的角度来看，1981年8月中国对外贸易广告协会成立，同时负责国际广告业务交流和对外交往活动，自1986年起与中国广告协会联合组成中国广告代表团，出席世界广告大会、亚洲广告大会。1982年2月中国广告协会筹备成立，随即举办了全国第一届广告装潢设计巡展；同年8月，中国广告协会邀请部分从事广告学、新闻学、经济学、心理学和商业美术教育工作的专家，在太原举行了第一次广告学术座谈会。1983年12月中国广告协会正式成立，并于1987年8月成立了中国广告协会学术委员会。《中华人民共和国广告法》也在1995年正式施行并于2015年重新修订，目前围绕广告法的广告监督管理法律法规和行政规章已有一百多个。

自1981年起，《中国广告》(1981)、《国际广告》(1985)、《广告人》(1989)、《广告导报》(1993)、《现代广告》(1994)、《广告大观》(2005)等行业刊物[以及相关刊物如《中国经营报》(1985)、《销售与市

① 陈培爱．中外广告史：站在当代视角的全面回顾[M]．北京：中国物价出版社，2002：71-81.

场》(1994)、《经济观察报》(2001)等]相继创刊，《中国广告年鉴》(1988)、《IMI 消费生活与生活形态年鉴》(1995)、《IAI 中国广告作品年鉴》(2000)、历年世界五大广告节和中国广告节获奖作品选集等年鉴类持续性出版物出现，成为我国广告行业重要的知识传播平台。在广告教育方面，1983 年厦门大学设立广告学专业，开始了真正意义上的中国现代高等广告教育。随后武汉大学、北京广播学院、深圳大学、暨南大学、吉林大学、兰州大学、复旦大学、中国人民大学、北京商学院、南京财经大学、天津师范大学等知名高校相继成立广告学专业或广告系。至 2017 年年底，全国共有 348 所高等院校开设广告学专业，也成为新闻传播学科中招生人数最多的专业方向，个别院校已形成从本科到博士的完全培养体系。在知识的归纳整理上，改革开放之后傅汉章、邝铁军的《广告学》(1985)、杨荣刚的《现代广告学》(1987)、赵育冀的《现代广告学》(1987)、陈培爱的《广告原理与方法》(1987)等我国学者自主编写的广告理论书籍受到各广告专业的广泛采用，在一定程度上填补了当时的空白。1992 年邓小平发表"南方谈话"后广告教材与专著的数量大幅上升，基本上每个广告专业都有自行编写的广告理论书籍用于教学研究，多者超过 30 种。同时，大量境外广告学书籍在国内翻译出版，如《广告人日记》《我的广告生涯 · 科学的广告》《拉斯科尔的广告历程》《实效的广告》《一个广告人的自白》《奥格威谈广告》《奥美的观点》《广告的艺术》《定位》《新定位》《营销战》《营销革命》《整合营销传播》《当代广告学》《广告：艰难的说服》《性、肥皂剧、香烟》《广告符码》《丰裕的寓言》《广告第一，公关第二》等，在很大程度上帮助了中国新一代广告人吸收世界先进理论并在实践上迅速与国际接轨。据笔者的不完全统计，2001—2014 年，国内公开出版并具有一定影响的广告(学)书籍至少有 238 种之多。实际上根据一些学者的统计，近年来此类书籍每年出版量都在百种以上。①

① 曾琼，卢梦琪(2016)甚至认为，近年来广告学的各类著述每年产出有数百部之多。

论文发表也是知识生产的另一个重要考察点。曾琼、卢梦琪的研究指出，从1979年1月1日到2013年12月31日之间，我国共发表了“广告学”的期刊论文45808篇，年均1309篇，从2006年开始发表数量每年保持在3000篇以上。① 笔者也曾结合CNKI“中国优秀博硕士学位论文全文数据库”、万方“中国学位论文全文数据库”、“百链云资源”，对2000年至2013年的硕博士毕业论文做过初步统计。十四年之间的硕博士毕业论文数量至少有4553篇，年均325篇，其中有170篇为博士学位论文。② 从近30年来广告系统性知识的主要载体——书籍和论文来看，这些知识无论是数量还是质量都比以往有了相当大的提升，显著促进了中国广告知识体系的形成和发展。

随着中国经济的持续走强和广告/文创产业日渐升温，由业界、学界分别或共同发起的各种广告会议也不断增多，2017年在中国境内举办的全国性及国际性的相关会议、展览等超过70场，其中既有业界的重量级会议如第24届中国国际广告节、第17届国际广告“四新”展览会、第16届中国广告与品牌大会、第13届中国广告论坛、第12届中国国际会展文化节、第9届广告主峰会、第5届广告技术峰会等，也有学界的重要会议如第8届中国广告教育论坛、2017中广协学术研讨会、

① 曾琼，卢梦琪．中国广告学知识生产的成长轨迹及其现实状况基于期刊论文的文献计量学分析[J]．广告大观(理论版)，2016(10)：71-76. 此研究以CNKI-CCD为数据源，选取了基础科学、哲学与人文科学、信息科技、经济与管理科学等学科领域的各类期刊，但排除了硕士博士论文、报刊论文、会议综述、人物访谈、相关报道、编辑评论和书评。研究者同时认为，从2013年起中国广告学的知识生产已经进入“前科学”时期的后期，但尚未进入学科发展的“常规科学”期。

② 笔者根据教育部颁布的《普通高等学校本科专业目录(2012年)》对博士论文进行了分类，但因为多数文章具有学科综合特征，所以这种分类只是大致上的，未必准确。这些整理后的资料由于篇幅过大而无法在本书中全部呈现，详见拙文《作为知识创新组织的当代中国广告企业生产力研究》附录部分。

2017 中国新闻史学会学术年会、2017 中国认知传播学会学术年会、2017 中国传播学论坛、第 10 届中国新闻学年会、第 10 届中国青年传播学者论坛、第 9 届跨文化传播国际学术会议、中国第 14 届中国营销科学学术年会等。近年来，由于数字营销不断发展，业内出现了不少的新办会议/展览，这些会议/展览的举办也为广告知识的广泛交流提供了平台。

4.2.4　由生涩到成熟：当代中国的广告知识体系

20 世纪末至 21 世纪前十年中国“广告知识”的分类，基本上可以从专业课程设置、论文及其他文献的关注研究方向、书籍出版三个方面进行考察。其中论文及其他文献的关注研究方向是最能够反映时代特征和业界实践需要的，专业课程的设置则面向业界实践但通常落后于实践，书籍的出版使知识得以系统化。因此，笔者主要通过对以往广告知识分类研究的再研究，尝试对当代中国的“广告知识”作大致分类并重新确认其体系。

我国现当代广告学学者在继承了 20 世纪初国内对“广告知识”的分类方法后，于 21 世纪开始，结合国外的分类方法，对广告知识的分类及广告学学科体系进行了大量研究。这些研究大多依托于学者自身的学科背景，分类方式各不相同甚至可能失于偏颇、过度强调某些知识的重要程度。除以上提及的张金海、吴予敏、刘泓等人的知识分类外，还有很多学者在论文、专著和教材中涉及这项内容，部分可见表 4-3。

客观来说，这些对于广告知识的分类和体系建构，都由学者自身的学科知识背景和历史社会条件所决定，各有各的道理，也各有各的不足。笔者在此不多加以具体评判，只是尝试建立一种新时期、新状态下的观察视角。这种视角未必精确，还需要进一步证实或证伪：

表 4-3 **现当代学者对广告知识的分类及学科体系认识(部分)**

姓名	时间	文献名	文献来源	分类	
				一级	二级
赵育冀	1987	浅谈广告学科体系及研究方法	北京商学院学报，1987 年增刊	基础理论广告学	广告哲学、广告经济学、广告社会学、广告文化学、广告美学、广告心理学、广告创作学、广告传播学、广告史学
				应用理论广告学	商业广告学、外贸广告学、社会广告学、文化广告学、企业广告学、新闻广告学、广告经营学、广告管理学、广告媒体学、广告设计学
				应用技术广告学	广告预测学、广告决策学、广告统计学、广告电子计算机学、广告文案学、广告插图学、广告摄影学、广告广播学、广告印刷学
吕尚彬、兰霞	2002	关于广告学专业人才基本知识与素质及能力结构的思考	华中农业大学学报(社会科学版)，2002(2)	核心知识板块	广告历史学、广告理论、广告操作技术、广告管理
				交叉综合性知识	广告心理学、广告美学、广告文化学、广告法学、广告社会学、广告语言学、广告专业外语、广告经济学、广告媒介学、广告统计学
				广告基础知识	文学、传播学、艺术学、经济学、管理学、社会学、心理学、数学等
杨海军	2003	论广告学的学科体系	《2002 中国广告年鉴》，北京：新华出版社	广告学基本原理	广告的概念、性质、功能、类别、结构关系、构成要素、广告原则
				广告发展史	广告的起源、国内外不同时期的广告表现形式、广告的作用和地位、各国广告发展概况与特点、广告发展趋势及方向
				广告运作实务	广告技术、广告战略、广告战术

续表

姓名	时间	文献名	文献来源	分类	
				一级	二级
颜景毅	2005		《广告学》，郑州：郑州大学出版社	广告传播研究	广告主的广告观念、广告决策、广告管理、产品、服务等；广告对象的需求、购买决策、广告观念、广告接触、广告信息处理等；广告策划的内容与方法；广告创意表现；广告媒介策略与发布计划；相关营销手段与广告的整合；广告效果的测定、总结与分析等
				广告产业研究	广告产业与广告市场；广告公司的经营与管理；新闻传媒的广告经营与管理；政府对广告传播的监督管理和对广告产业的计划管理；社会对广告传播的监督；广告行业的自我规范
				广告理论研究	广告学学科建构的逻辑起点；广告基本特征；广告基本职能与作用；广告专业主义精神与广告伦理；广告学说评析
				广告历史研究	中外广告发展历史规律；推动和影响广告发展的历史因素；阻碍广告发展的经验教训；未来发展趋势

续表

姓名	时间	文献名	文献来源	分类	
				一级	二级
张树庭	2005		《广告教育定位与品牌塑造》，北京：中国传媒大学出版社	广告活动本体研究	广告发布者研究；广告受众研究；广告本体研究；广告媒介研究；广告效果研究
				广告宏观环境研究	未详述
				广告支撑理论研究	未详述
				广告基本理论研究	未详述
				广告历史研究	未详述

(1)以往对广告知识的分类大多集中于应用层面，这种分类源自实践要求，详细而且利于课程设置/知识传授，所以被大多数学者在教科书中采用至今，这是具有很大合理性的。但问题在于，一方面，越是详尽地划分，越会割裂知识与知识之间的联系；另一方面，广告学当中的知识从内部来讲也往往是“你中有我、我中有你”，很难被完全分开。例如，假使我们把“广告活动本体研究”划分为广告发布者研究、广告受众研究、广告本体研究、广告媒介研究、广告效果研究五个部分，那么广告效果研究必然在很大程度上与广告媒介研究、广告受众研究、广告本体研究相重合；如果我们把“广告历史研究”单独划出，则如吴予敏指出的，广告的历史研究同时存在于广告管理、广告科学和广告文化这三个范畴当中，这很值得商榷。① 同样，“广告理论研究”与“广告产

① 吴予敏．广告学研究专题导引[M]．北京：高等教育出版社，2015：I-V．

业研究”“广告传播研究”之间的重合度也很大。因此，过度细分、强制归并、多处重合都是不妥当的。

(2)“广告的基础理论”与“广告的理论基础”、“广告的自系统”与“广告与营销传播的整合系统”，其边界到底在哪里？尤其是当我们已经将“广告”视作整合营销传播当中的一环时，还有没有必要特别强调其边界以示“广告”必须存在(担忧丧失“广告学”的学科“合法性”)？

(3)由于时代局限，大多数分类法并没有将广告技术或新媒体技术提升到当前应有的高度。而正如我们所知，从20世纪末开始到现在，主要由美国开发的互联网广告技术已经极大地改变了广告行业本身的生存方式，产生出多种商业模式，进而改变了商业社会的运行规则。进入21世纪后，中国的广告经济规模在短短十余年内即从全球第四位跃升至仅次于美国的全球第二位，这与中国对新型广告技术的大规模快速使用有着极为密切的联系。在这种情况下，我们必须将代表着先进生产力的广告技术提升到一个新的认知高度，重新从生产力、生产关系的角度来思考广告知识在新时代的新变化，并在广告知识体系中给予广告技术以与其作用相称的位置(同时也要避免“唯技术论”)。

(4)基于以上分析，笔者试图从本书第三部分提出的“当代广告业的生产力体系及生产循环”的视角出发，对当代广告业的知识体系进行如下归类：其一，能够直接提升广告业生产力及生产效率的知识大类。这其中既包括前述学者所言的“广告自系统理论”“广告活动本体研究”等，也包括“广告运作实务”“广告传播研究”等。如果要再进一步指出分属的话(笔者再次强调，广告学本身即是极为复杂的、互相涉及互相干扰的综合体，对其进行过于细致的知识分类既无必要也无可能)，这个知识大类当中主要涉及广告技术、广告心理学、广告设计、广告受众研究、广告本体研究、广告媒介研究、广告效果研究、广告策略、广告经营、广告主的广告管理、营销整合等，其共同特点是这些知识绝大多数在广告主体(广告主、广告公司、媒体)内和广告主体之间流转，可以被直接利用进行广告生产和广告主体的管理工作，能够直接产生经济收益或避免经济损失。其二，间接提升广告业生产力及生产效率的知识大类。此类知识绝大多数是外部环境/社会与广告主体之间的交流，往往显示出外部的强制性、规范性和条件制约，不一定能直接利用进行广告生产和广告主体的管理工作，不能够直接产生经济收益，但可避免经济损失。其中大致包括广告法律法规、政府的广告管理、广告哲学、广告经济学、广告社会学、广告文化学、广告美学、广告史、广告伦理以及其他的跨学科基础知识。因此，这种分类法的关键在于是否能产生直接经济收益。当然，广告学的知识体系是错综复杂的，过于简单化也会出现一些问题。而无论何种分类体系，其重点都是要寻找到一种适当的分类范式和分类的理论工具，否则就会陷入无法自圆其说的泥淖。

有学者指出，美国学者以广告效果为核心展开的相关实证研究，欧洲学者建构了广告文化批判研究范式，中国学者至今皆未能实现对他们的超越。但相对于欧美学者，中国学者有关广告产业的相关研究是一种“未曾超越的超越”，应视为中国学者对世界广告研究的贡献。① 在这里笔者无意挑战这个判断，但要说明的是，以前我国的广告产业研究实际上大多直指制度创新、系统创新与国家创新，对另一层面的技术创新有着明显的缺失，而近年来兴起的数字营销传播研究则弥补了这个不足。因此，从知识生产力的角度来看，我国在世界范围内也堪称领先的数字营销传播研究，亦可被视为中国学者对世界广告研究的一大贡献。

① 张金海，陈玥．未曾超越的超越：中国广告研究的整体回顾——基于期刊论文的实证分析[J]．现代传播(中国传媒大学学报)，2012(11)：97-100.

第5章　作为当代广告商业过程核心的知识创新：中、微观层面的知识生产

在本章中，笔者将基于当代广告业的生产力体系和知识体系，进一步分析说明当代广告业的生产力为何以知识为基础，以及“知识”如何在广告产业的中微观层面形成和保持。

5.1　与当代中国广告产业密切相关的知识创新理论点

1995年，牛津大学出版社出版了野中郁次郎和竹内弘高(Hirotaka Takeuchi)的《创造知识的企业》。两位作者在书中提出了“知识创造”的视角，构建了一个新的知识管理理论体系。20余年来，野中郁次郎参著的《创造知识的企业》《知识的螺旋》《创新的本质》以及他的其他原创性文献已成为知识管理类被引用次数最多的文献来源。知识创造理论充分考虑到东西方在文化上的差异，批判性地结合了西方的知识管理思想和日、美两国的管理实际，在如何创造一个动态的创新过程上形成了辩证的、从实践到理论再到实践的完整闭环。虽然亨廷顿(Samuel P. Huntington)在《文明的冲突与世界秩序的重建》一书中将中国文化与日本文化视为同等级别的两种不同文化体系，但野中郁次郎本人认为，“在中国加速向知识经济社会转型方面，(我的)这些著作特别适合中国的情况，因为中日两国都很重视知识的暗哑方面。虽然外资的进入提高了增长的加速度，但是知识创造将是推动中国经济持续增长的最大可持

续力量”。① 事实上也正是如此(而且亨廷顿的文明冲突理论本身存在较大缺陷)。中日两国都将儒学看作本国传统文化中的主体部分，千余年来儒家文化已经渗入社会的每个角落，至少在对于“知识”的认知上，两种文化之间的相似之处要远大于不同之处。我国学者则指出(李萌、高飞，2006)，“对于我国一些处于低成本组装业的企业来讲，知识创造理论的精髓也许尚难以被充分理解和利用，它们依然在产品制造成本和功能维度上进行激烈的竞争。然而，对于技术基础逐渐稳固、开始从‘成本/功能竞争’进入‘价值竞争’阶段的业界领导型企业来说，毫无疑问，知识创造理论提供了一个不同以往的全新战略思考方法。它们可以借助全新视角以及相应行动方式和组织结构设计原则来洞悉市场经纬，改变游戏规则”。② 对于当代中国的广告业而言，其服务属性和知识产品属性即已决定了知识创造理论的适用性。所以，本书此部分主要选用了这种理论作为研究工具，将知识创新视为主核，对当前中国广告业的创新问题进行分析。

每种新的人文社科理论之所以被人们承认，必然是这种理论具有其自身的认知论或是存在论，抑或两者兼备。野中郁次郎认为，知识创造理论是两者兼备的，它的认知论立论基础是暗默知识与形式知识的划分，③ 其存在论主要考虑各个层级的创造知识主体(个人、小组、组织

① [日]野中郁次郎，竹内弘高．创造知识的企业——日美企业持续创新的动力[M]．李萌，高飞，译．北京：知识产权出版社，2006：中文版序．

② [日]野中郁次郎，竹内弘高．创造知识的企业——日美企业持续创新的动力[M]．李萌，高飞，译．北京：知识产权出版社，2006：译者序．

③ 野中郁次郎及其合作者继承了波兰尼的分析思路，将知识在认知论层面划分为形式知识(或称显性知识、外显知识、明示知识)和暗默知识(或称内隐知识、隐含知识、默然知识)两种。形式知识可以用正式的语言表述，包括语法陈述、数学表达式、技术规范、手册等，能够在个体和组织之间正式地且方便地传播。暗默知识属于根植于个体体验的个人知识、涉及个人信念、经验、情感、视角、认知图式、范式、价值观体系、观点、主观洞察力、直觉、预感之类的无形要素，难以用正式语言表述。更准确地说，暗默知识还可以被分为两个部分：第一个部分是技术维度，包括非正式和难以确切描述的、体现在“秘诀”(know-how)上的技能或技艺；另一个部分是由心理图式、心智模型、信念和知觉构成的，反映了我们对现实世界的意象(是什么)和我们对未来的憧憬(应该是什么)。

和组织间）。组织内部以新产品、服务或系统的形式创造新知识的动态过程是创新活动的基石，这种创新产生了两种“知识螺旋”。第一种螺旋是在认识论维度上的四种知识模式的变换，第二螺旋发生在存在论维度，知识由个体层面向团队和组织层面转换。两种螺旋在时空的更移下产生立体式的相互作用，为创新提供动力。知识创造理论的主要概念与逻辑大致可归结如下。

1. 知识与信息

正如麦克鲁普（Fritz Machlup，1983）以及德莱茨（Fred Dretske，1981）所言，信息是悟出知识的必要媒介或素材，它通过添加或重构一些内容对知识产生影响。① “信息是能够产生知识的商品，并且一个信号所携带的信息正是我们从中可以学习的内容。……知识可以被认为是产生（或支撑）信息的信念。”②因此在知识创造理论中，知识与信息有不同之处：“第一，与信息不同，知识与信念、承诺有密切关联，知识所反映的是一种特定的立场、视角或意图；第二，与信息不同，知识是关于行动的概念，知识总是为了某种目的而存在的；第三，知识与信息均和含意（meaning）有关，知识具有依照特定情境而定的特征，而且显示有关联的属性。”③野中郁次郎将“知识”定义为“验证个人信念接近于‘真实’的人际动态过程”。④

---

① Machlup, F. Semantic Quirks in Studies of information [M]//The Study of Information, ed. F. Machlup AND U. Mansfield. New York: John Wiley & Sons, 1983: 641-671.

② Dretske, F. Knowledge and the Flow of Information[M]. Cambridge, MA: MIT Press, 1981: 44-86.

③ [日]野中郁次郎，竹内弘高．创造知识的企业——日美企业持续创新的动力[M]．李萌，高飞，译．北京：知识产权出版社，2006：65.

④ [日]野中郁次郎，竹内弘高．创造知识的企业——日美企业持续创新的动力[M]．李萌，高飞，译．北京：知识产权出版社，2006：65.

2. 喑默知识与形式知识

暗默知识与形式知识之分是野中郁次郎知识创造理论当中的逻辑原点。野中郁次郎及其合作者继承了波兰尼的“寓居”①(indwelling)概念，将其哲学层面对暗默知识与形式知识的区分延伸到了相对应用的层面，并认为暗默知识与形式知识在人类的创造性活动中相互补充、彼此转换。根据以往学者如波兰尼、莱尔德(Johnson-Laird)、柏特森(Gregory Bateson)等人的观点，野中郁次郎归纳对比了两种知识的不同之处(见表5-1)。

表5-1　　**暗默知识与形式知识的对比②**

暗默知识 (主观)	形式知识 (客观)
经验知识 (身体)	理性知识 (精神)
同步知识 (此时此地)	顺序知识 (彼时彼处)
模拟知识 (实践)	数字知识 (理论)

3. 知识转换的四种模式

野中郁次郎等人认为，新知识是通过暗默知识与形式知识之间的相互作用创造出来的。这两种知识的转换有四种模式：(1)从暗默知识到

① 即人类通过自我包含(self-involvement)和投入，成为客体的一部分进而创造了知识。

② [日]野中郁次郎，竹内弘高．创造知识的企业——日美企业持续创新的动力[M]．李萌，高飞，译．北京：知识产权出版社，2006：69.

暗默知识，称为“共同化”(或称为“社会化”)，产生“共感知识”；(2)从暗默知识到形式知识，称为“表出化”(或称为“外在化”“外化”)，产生“概念知识”；(3)从形式知识到形式知识，称为“联结化”(或称为“组合化”“连结化”)，产生“操作知识”；(4)从形式知识到暗默知识，称为“内在化”(或称为“内化”)，产生“系统知识”。

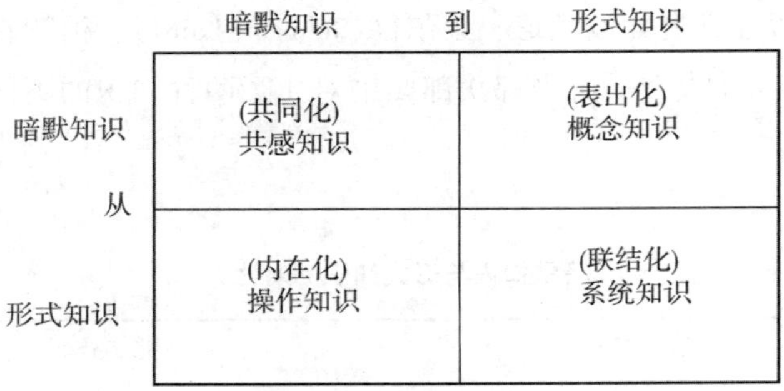

图 5-1　知识转换的四种模式以及由四种模式创造的知识内容①

4. 知识螺旋

在认知论维度，共同化模式需要在互动的“场”中进行，表出化模式由有意义的“对话或集体反思”触发，联结化模式由新创造的知识与组织内其他部门的现有知识形成的“网络”所激发，“做中学”则触发了内在化模式。

无论是从认知论维度还是从存在论维度来看，组织本身都不能创造知识，个体的暗默知识是组织知识创造的基础。组织需调动由个体创造并积累的暗默知识，通过知识转换的四种模式在组织层面上加以放大，

① ［日］野中郁次郎，竹内弘高．创造知识的企业——日美企业持续创新的动力［M］．李萌，高飞，译．北京：知识产权出版社，2006：82，84.

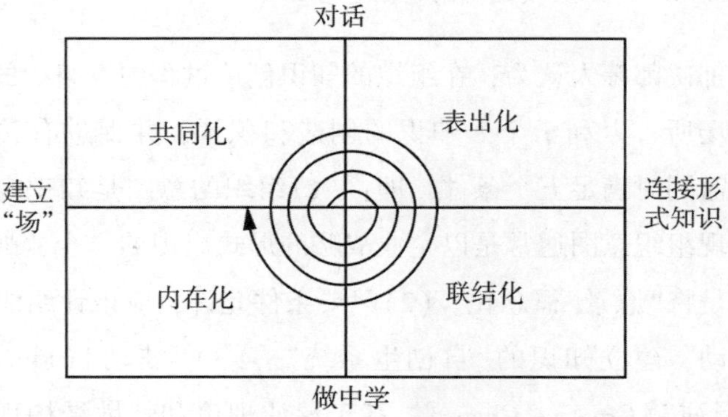

图 5-2 认知论维度的“知识螺旋”①

并在存在论维度上将其“结晶”。知识源自个体，随着互动社群的扩大不断超越群体边界，形成螺旋上升的知识创造形态。

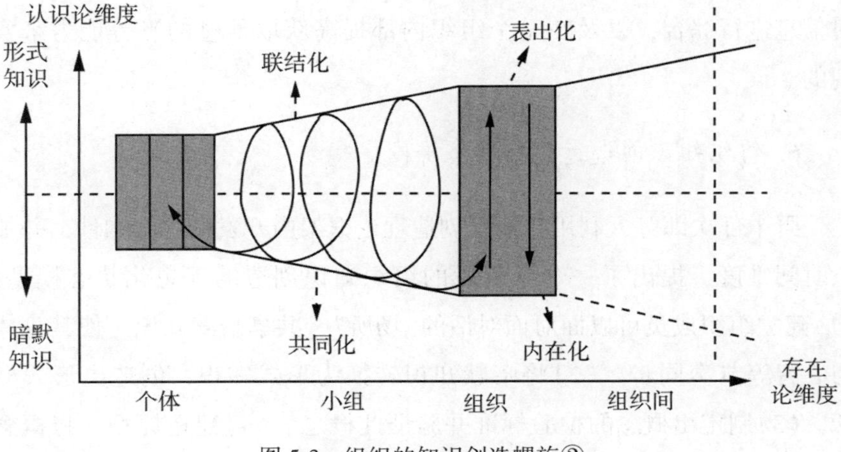

图 5-3 组织的知识创造螺旋②

① [日]野中郁次郎，竹内弘高．创造知识的企业——日美企业持续创新的动力[M]．李萌，高飞，译．北京：知识产权出版社，2006：83.

② [日]野中郁次郎，竹内弘高．创造知识的企业——日美企业持续创新的动力[M]．李萌，高飞，译．北京：知识产权出版社，2006：85.

5. 在组织层面上促进知识螺旋的五个条件

野中郁次郎等人认为，在组织的知识创造过程中，组织的作用是提供适当的场所，以利于个人知识的创造和积累，并促进有关的团体活动。为此需同时满足五个条件，即：(1)组织的意图是知识螺旋的驱动因素，实现组织意图通常是以企业战略的形式出现的，企业战略中最关键的要素是将“愿景”概念化。(2)只要条件允许，应该让组织的所有成员自主行动，建立知识的“自创生系统”。(3)“波动”(Fluctuation)与“创造性混沌”(Creative Chaos)。基于混沌理论和耗散结构理论，在组织导入波动时，可能会瓦解组织成员在例行程序、习惯或认知上的模式，借此可以帮助创造出各种新的概念，也能够增强组织内部的张力。(4)冗余。这里的“冗余”是指在商业组织中有关业务活动、管理职责和整个企业方面的信息的有意重叠。(5)必要多样性。组织成员需拥有必要多样性以应对各种不测。这是通过利用不同的信息联结方式、敏捷地对信息进行综合，以及在整个组织内部提高获取信息的平等能力来实现的。

6. 组织知识创造过程的五个阶段

野中郁次郎等人利用在知识创造理论框架内开发的基本构件，并加入时间维度，提出了一个五阶段的组织知识创造的理想化状态模型：(1)建立组织成员可以面对面对话的“场所”，共享暗默知识，使其身体与心智等节奏同步。(2)将暗默知识转换为形式知识，创造出形式概念。(3)制定出概念的检验标准并验证此概念。(4)建造原型，将概念转换为某种实在之物。(5)在组织内部和组织之间转移知识，进入新的知识创造循环。

在野中郁次郎与其合作者的认知中，“化合”或者“超越”东西方的管理学认知论分歧是创立知识型组织的关键点，即从暗默知识与形式知识、身体与精神、个体与组织、“由上至下”与“由下至上”的管理模式、官僚制与任务团队、项目实施的“接力”与“叠起”等的互补整合中，寻求建立具有可持续竞争能力的“超转型”知识企业。

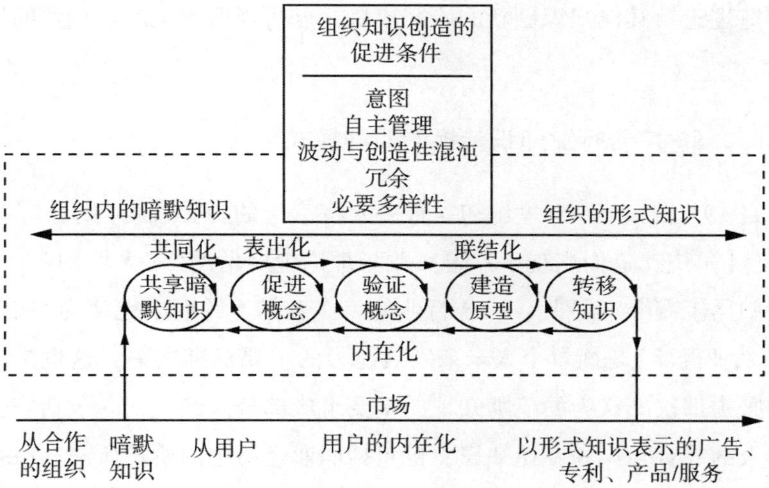

图 5-4 组织知识创造过程的五阶段模型①

5.2 广告行业当中的“知识螺旋”与知识创新生成

野中郁次郎等人的知识创造理论是基于西方的知识管理理论以及对东西方企业组织行为（主要是日本和美国）的实践对比中得出的，因此就广告行业而言，东西方知识创新的同异，基本相当于知识创造理论中所提及的东西方企业组织在知识管理方面的同异。但正如野中郁次郎所说，由于经济全球化和文化交流融合的程度加深，这些以往看起来会产生截然不同效果的“异”，现在已经在逐渐趋同。而当代中国广告业的知识形成过程，正是美、日两种知识体系嫁接在中国社会和中国文化主

① ［日］野中郁次郎，竹内弘高．创造知识的企业——日美企业持续创新的动力[M]．李萌，高飞，译．北京：知识产权出版社，2006：100.

干上的典型案例。另外，也正是由于广告行业的服务属性和精神产品属性，广告业的知识运行情况与其他行业略有不同。

本节将通过对美、日广告企业知识管理在历史维度的对比，结合知识创造理论及其他知识创新的研究成果，分析当前中国广告行业的知识运行。

5.2.1　广告行业知识转换的四种模式

自 19 世纪末至 20 世纪初，很多人将广告的历史视为“创意”与“科学”的斗争史，进而出现了广告实践与理论中所谓的“三大派别”。但无论是归属于哪个“派别”，广告行业的工作者都不约而同地认为“实践经验”(从业经验)是衡量个人未来发展能力的重要标准之一，这也是波兰尼和野中郁次郎认为的暗默知识的重要组成部分。经验，既包括广告从业个人的综合知识和专业知识，也包括职业经历中的所见所闻。一张广告图片中的结构比例和配色、与客户的对接往来、对消费者的理解洞察等，都难以用正式语言表述，或是难以用具象的符号完全表达。与经验相类似的还有个人对现实世界的认识和对未来世界的预期，这又源自信仰、信念、情感、认知范式、直觉，以及价值观体系。一般而言，技术维度的暗默知识是可以通过个别师徒之间较为短期的“传帮带”来传递的，但心智维度的暗默知识需要较长期的价值观同化过程，需要将个人的意志和观点上升为组织的意志和愿景。

在早期的广告行业发展中，与手工业一样，业内互授的暗默知识占了非常大的比例，具有客观、理性、顺序、理论性质的形式知识不仅晚于暗默知识，而且不成体系。一些堪称大师级别的广告人甚至终身不著书立说。例如，艾尔父子公司在很长一段时间内都是美国最大的广告公司，但现在已经没有什么有价值的文字化知识存留；罗必凯被认为 20 世纪的“广告通才”，其创造思想和经营理念也是被后人总结的；葛里宾(George Gribbin)是最早一批进入“纽约广告文案名人堂”的五人之一，也是罗必凯的继任者，其广告创作原则和文案写作方法未经过任何的系统整理。而且在回忆罗必凯对他的帮助时，是“一遍一遍地看、一遍一遍地提意见”；“创意革命三大旗手”之一的伯恩巴克，只留下了零散的见解和“语录”，另一人李奥贝纳的思想是在退休之后由李奥贝纳的员工将其日常便条、警句汇集成册的；开创现代广告六巨擘之一的雷索(Stanley Resor)①甚至没有留下只言片语；吉田秀雄只有“鬼十则”经常被提起。这也就意味着，在早期的广告业当中，知识很难被完整复制并传承下去，知识的效用能否发挥基本上依附于传者和受者的个人能力和交流深度。而依靠“师徒”之间的频繁交流必然会限制交流者的数量，这是阻挡生产规模扩大的重要障碍。

但是，早期暗默知识占了非常大的比例并不意味着形式知识完全不存在，或者说暗默知识没有被转化为形式知识，至少霍普金斯、奥格威、瑞夫斯、扬、路易斯(George Lois)的著作至今仍能被后人看到，而且上述一些著名广告人的暗默知识已经被商业文章、公司内部操作手册改造为形式知识。尤其是扬和奥格威，扬一生写就数十本著作并终生致力于广告专业教育，奥格威则以其惊人的充沛精力、旺盛的斗志四处演讲并以多部从业心得总结闻名于世。不过，这些被转化为形式知识的暗默知识只是冰山一角，百余年来数千万甚至以亿计的广告人、营销人的知识已经化散为信息片段，又从信息片段化为乌有。这样的情况直到20世纪70年代之后才发生了根本性的变化。

广告行业的暗默知识比例大于形式知识、形式知识的数量又少于其他行业或学科是有其内在原因的，这既与广告行业的职业性质有关，也与行业自身所处的发展阶段、知识本身的“价值含量”有关。

(1)广告行业从“媒体掮客”的角色演化为独立职业，其根源来自工业革命后工商业快速发展而引发的又一次大规模职业分工。这种分工是在服务业中出现的，与基于自然科学的工业不同的是，它不需要以知识

① 一般认为开创现代广告的六巨擘是：霍普金斯、拉斯科尔、雷索、罗必凯、李奥贝纳、伯恩巴克。

的提前“分裂”和学科的分野为前提，而是以一种大规模的“商业模式创新”建立行业的生存逻辑。因此，在广告行业自身的知识体系未形成之前(20 世纪 70 年代之前)，知识创新本身并非行业发展的内在动力，媒介买卖或是以创意和策划等来带动“以量制价”的媒介买卖才是广告组织的命脉。而这些媒介买卖与其说是像信息业，不如说是像批发零售业，重在销售经验而非实践外的知识积累。并且，这些实践必然产生大量的暗默知识，在无法构成明显且不可复制的竞争优势时，贸然将暗默知识转化为形式知识会严重影响广告企业的生存，即“教会徒弟、饿死师傅”。所以，这时组织内的知识会呈现点状、线状分布，但离真正的聚合态很远，无法形成规模化的生产力，知识本身的价值和知识带来的价值都很低。

(2)从总体来看，广告行业中从暗默知识到暗默知识的共同化、从暗默知识到形式知识的表出化经历了较长的时间，其转化过程与企业自身的发展程度密切相关。为了保证日常运转的顺利进行，广告企业的资深员工必须与初入行的员工进行“以老带新”的暗默知识传递，让后来者在跟随学习的过程中逐渐提高实践工作能力，以经验、信念、情感、价值观和认知图式来影响后来者，使其形成组织内的共同话语表达范式，尽快融入企业文化。共同化的过程既发生在经常性的公司内部的“头脑风暴”当中，也会发生在广告人与客户和普通消费者之间。共同的“体验”是获得暗默知识的关键，也是组织生存的最基本信息需要，如果缺乏大大小小范围内的共同“体验”，组织中的运转形态马上会出现不适，这从广告企业极少在业务岗位聘用其他行业的“职业经理人”中便可看出。但是，仅仅依靠暗默知识来运行企业显然是不够的，一旦一个关键性的知识拥有者离职，组织就会马上面临分崩离析的危险，这种情况在广告行业里比比皆是。因此，成功的广告企业的领导者往往会自上而下地发动暗默知识的表出化进程，即通过比喻、类比、假设或者模型的形式，并用归纳法和演绎法，把暗默知识形式化以创造出各种对内和对外传播的概念。①

（3）在行业内组织密度不大、竞争压力尚低的情况下，绝大多数的个人或组织难以获得向组织外部有序扩散知识的动力。在这个阶段，广告企业对于知识的管理基本上是共同化和表出化。但在行业出现饱和、竞争日趋激烈甚至开始企业兼并“抱团取暖”的时候，知识的联结化与内在化就变得非常活跃。首先，组织中的个人会通过会议、文件、共同学习、交谈和计算机网络等交流彼此的知识，当这些知识以某种具象的形式被整理、增补、分类、结合后，再将其重新构造，从而产生新的知识。这些新知识在20世纪末达到了信息社会初期的最高阶段——含有较严密逻辑的模型。概念和命题假设被系统化的语言和图形串接起来，类似于化学反应方程式一般，用以概括性地表示一家企业对广告业内某些问题的认知。同时，企业的中层管理人员开始着手把企业愿景、经营理念、产品概念、项目运作流程及方法等进行细化，并使其成为能够按部就班的工作步骤。可随时大规模调用的信息库的建立，在知识的联结化中发挥着极为关键的作用。其次，经过共同化、表出化和联结化之后，组织中的知识会以共有心智模式或者技术“秘诀”的形式内化到个人的暗默知识当中，如果这些暗默知识被进一步档案化并且与他人分享，就有可能激发新一轮的知识创新，扩大实际体验的范围则是内在化的关键。② 广告行业知识的大规模表出化、联结化与内在化大致是从20世纪60年代开始的，即随着美国、欧洲、日本大型广告公司的出

① 蓝色光标董事长赵文权先生对数字营销时代企业自身的发展有过有趣的比喻：在飞行中换引擎。这即是创造概念的知识表出化过程[万木春，胡振宇，编著. 数字营销再造——“互联网+”与“+互联网”浪潮中的企业营销新思维(服务篇)[M]. 北京：机械工业出版社，2016：198]。

② 知识的内在化与“做中学”有着密切的联系，这正是广告行业非常突出的知识创造特征。例如，华邑品牌数字营销集团的总裁杜卫就经常对自己的合作者说：“让我们来看看这次能不能做一些很牛的事情。”[万木春，胡振宇. 数字营销再造——“互联网+”与“+互联网”浪潮中的企业营销新思维(服务篇)[M]. 北京：机械工业出版社，2016：194]。

现。这些大型广告公司对外需要扩充商业影响力、吸引更多更优质的客户资源，对内则需要使工作方法正规化，形成更多更平稳的生产力输出。其成熟期大致从 20 世纪 80 年代至今，标志是跨国超大型广告集团(传媒集团)建立，知识的传播速度、范围、数量以及所起到的作用成指数倍增强。

5.2.2　广告行业中的“知识螺旋”

如果把知识转换的前三种模式分开来看，它们虽然在组织发展的各个阶段会凸显出各自的重要作用，但单一的知识创造模式毕竟功能有限且弊端明显。例如，仅进行共同化，则生产力难以得到大幅度提升，且企业会因为核心成员的离去而从此一蹶不振；仅进行表出化，则容易因为知识快速溢出而招致竞争对手的模仿甚至抄袭；仅进行联结化，比如各部门的信息被收集起来，并不必然带来整个企业既有知识基础的扩大。因此，组织的知识创造始终是也必须是一个暗默知识与形式知识持续作用、循环往复的动态过程，只有知识模式不断发生转换，原有的知识才能被利用，新的知识才能被生成。“场”(Bar)、对话、形式知识连接、“做中学”是这个动态过程得以发生的四个诱导性因素(见图 5-2)。

首先，共同化起始于一个能够产生互动的“场”，这个“场”可以是现实存在的，如广告公司的小酒吧、游戏室、会议、拓展训练、集体出游、早餐会、年会等，也可以是虚拟的，如邮件群、通信工具群等成员间能够分享彼此经历和心智的场所。其次，表出化模式由“对话或集体反思”触发，如“头脑风暴”、定期学习培训、内部“大学”等，难以沟通的暗默知识将会被适当的比喻、类比所表述。再次，组织内原有的知识会在知识网络中虚拟存在(如案例库)并与外部的新知识连接激发(如：怎样基于原有的数据技术、在什么方向及何种程度上发展人工智能)，这些知识将会体现在新产品、新营销模式或者新盈利模式、新管理体系上。最后，“做中学”触发了内在化过程，并带动进入下一轮的知识螺旋。

个体的暗默知识是组织知识创造的基础。就知识创新的角度而言，组织的使命是调动个体所创造的暗默知识，通过知识转换的四种模式使其在组织层面放大并“结晶”。当知识的互动社群不断扩大时，知识将跨越个人、团队、部门的边界而溢出(见图 5-3)，对广告业内的其他个人、组织甚至跨行业、跨学科、跨时空产生作用(如日本博报堂的“生活者”概念、日本电通的 AISAS 模型、由美国发展而来的程序化购买技术等)。

5.2.3　广告行业中知识创造的促进条件

“场”的存在为个体的知识转化提供了条件，但在组织的知识层面，仅有“场”并不足以保证知识螺旋的正常运转。组织还需同时具备意图、自主管理、波动(创造性混沌)、冗余、必要多样性这五种基础条件，以求在有利于个人知识创造积累的同时促进团体的知识创造。

1. 意图

组织利用知识来提升生产力和生产效率是知识螺旋出现的最根本原因。从知识管理理论的角度来看，组织获取知识的意图会展现为一种对其自我目标实现的强烈渴望、一种自我实现式的“预言”，企业战略的实质就是获取、集聚、利用并且创新知识的组织能力战术集簇的总合性定向设计。企业的愿景和理念是其中的关键要素，因为只有将愿景和理念进行概念化的提炼，企业才能清楚地了解自身需要在何时、何地开发何种知识，并且选择以何种方式、在哪个环节将其嵌入生产体系，从而形成自己的核心竞争能力。

企业的愿景大致回答了企业“向何处去”的问题，其中蕴含着企业领导者对行业未来发展趋势的判断，清晰地表明了企业在行业中的位置，同时也是用来评估知识价值的标杆。是否具有愿景以及是否正确地向相关利益者表述愿景，是一般企业与优秀企业之间的主要差异之一。这种差异在普通情况下尚不明显，但在社会/行业转型期或是行业发展遭遇普遍困难的时期，缺乏愿景的企业的弱点将会成倍放大，最终面临退出竞争的命运。例如，当某媒介代理公司从传统媒介代理向互联网媒介转型时，假如把互联网广告技术视为一个知识体系，就必须在组织的各个层级上开发出企业知识创造的战略意图，并将其统一表述为新的企业愿景。这时，不但原有的媒介代理知识需要被洗涤、清理，而且需要在更高的层次体会互联网广告技术的本质，并撷取其中的某个片段作为核心技术，调用企业的大量物质资源和智力资源，持续加大对核心技术的研发力度。因此，核心技术的出现实际上就是企业愿景的具化和延伸。如果缺乏这个步骤，则转型成功的概率就会大大降低。

相对于工业生产企业，广告业对企业愿景、企业使命的完整表述至少在20世纪中期前是不太看重的，因为其中介的服务属性决定了它不必面对直接消费者而只向广告客户负责，而且缺少大量利益相关者的广泛关注(例如进入二级金融市场)，所以广告公司的愿景和使命描述只是被用于塑造内部企业文化，培育员工的从业素质。当然，不可否认的是，在比较早的时候，美国、日本和欧洲的一些优秀广告企业已经能够把员工的注意力吸引到具有基本价值观的愿景上面去，思考广告的真实性、广告从业者人生的目的、广告与社会的作用等。随着企业规模和市场的快速扩大，能够清晰表述企业愿景的广告公司也越来越多。而相较于这些企业，中国本土的广告公司则较少、较晚注意到企业愿景、企业使命表述的重要性。在1995—2005年之间，国内曾对世贸协议生效后跨国广告公司的扩张非常担忧，其中一个原因即为跨国广告公司的知识优势。在当时，本土广告公司基本上没有真正管理学意义上的企业愿景和企业使命设计，因而也就不可能具有值得一提的知识资产组合和知识创新成果。

(2)自主管理。野中郁次郎等人认为，促进知识螺旋的第二个条件是自主管理，即只要条件允许，应该让组织的所有成员自主行动，以增加个人创造新知识、组织获取意外机会的可能性。如果源于自主个体的想法能够被组织采纳，个人也可以在自主管理中实现自我激励，获得自信和成就感。他们得出这样的结论并不奇怪，因为赫茨伯格（Fredrick Herzberg）、麦克利兰（David C. McClelland）、斯金纳（Burrhus F. Skinner）等学者在20世纪五六十年代提出管理学中的各种激励理论时便已作出了相同甚至更为庞杂和精致的证明。不过，野中郁次郎等人将自主性的知识创造企业比喻为一个“自创生系统”，提出自主性团队是企业进行自主知识管理的精髓，这至少在知识创新管理层面上比原有的管理理论前进了一大步。

表5-2 **部分知名广告公司对企业愿景/企业使命/价值观的表述**

（笔者根据网络资料整理）

公司名称	企业愿景/企业使命/价值观
电通安吉斯	敏捷、开拓、雄心、担当、合作
奥美	致力于建设优势品牌，并使之传承百世
DDB	我们以平庸为敌，不是为了标新立异，而是为了寻找更好的解决之道
盛世长城	成为备受尊崇的创意热店，用能改变世界的创意提升客户的生意、品牌及美誉
灵狮	利用创意使客户的品牌受到不平等的关注
阳狮	引领变革，成为客户所倾向的创意伙伴，帮助客户成就自身的市场转型
博报堂	与生活者一起，共创未来
旭通	激活消费者
李奥贝纳	伸手摘星，即使徒劳无功，亦不致满手污泥
麦肯	巧传真实

实际上，广告行业从一开始，个人就享有较高的自主性，这也是由暗默知识占据绝大多数比例所造成的。虽然有一段时间也有公司试行一

些出于精细化管理目的的管理措施，① 但广告人的职业是“在时间‘镣铐’中跳舞”，只要在期限内完成工作任务，其他人也约定俗成地尽量尊重个人自由，有的公司甚至没有对上下班时间作出硬性规定。个人也可以在自主行动范围内非正式地建立自组织团队，共同开发一些团队成员都感兴趣的项目。在激励理论的启发下，部分广告公司早在二三十年前就已将非正式的自组织团队正式化，变为一种矩阵式的日常运营架构（见图 5-5）。更多的则是在“比稿”时选择具有自组织性质的团队，“比稿”结束后或项目完成后团队成员回归原部门，产生的知识也将在个人、自组织、原部门当中流动。这种自组织形态在进入 21 世纪后又有了新的发展，其成员范围已不再局限于企业内部。相应地，知识的流动范围更大、异质性更强。

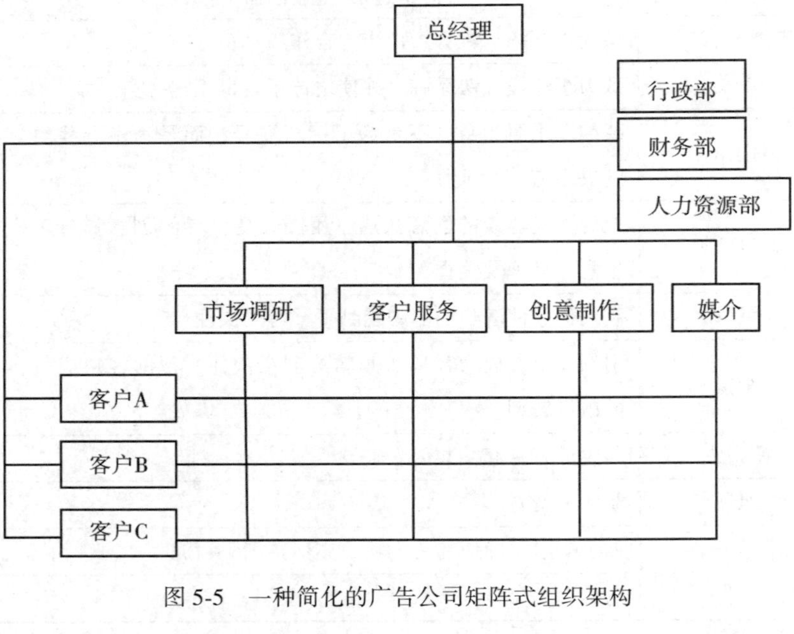

图 5-5　一种简化的广告公司矩阵式组织架构

① 如奥格威在奥美公司曾试图采用“计时卡”制度与客户方和雇员结算薪酬，但这种做法显然不切实际。

（3）波动（创造性混沌）。良好状态下的企业组织应如同细胞一样，通过可渗透的细胞膜（组织的外部信息边界①）与外界环境交换信息以适应各种变化。组织的外部信息边界具有半通过性和动态稳定性，“实践证明，开放的组织信息边界有利于帮助组织发现机会、规避风险，主动获取外部信息并对外部信息进行分析，吸收对组织发展、增强活性有益的信息，回避不利信息的侵袭，持久保持组织的稳定发展。而适度稳定的信息边界可保证组织获取信息的内在一致性和连续性，否则信息边界频繁变化将会使组织及其个体对信息的知觉产生较大的不确定性，导致组织行为标准的分化。……组织在与环境相互作用的过程中还要使自己的信息边界适度稳定，在适应环境的同时促进组织信息感知的成熟，否则会导致信息边界扩张和收缩的弹性下降，甚至丧失组织活性。比如，组织表现出明显的‘排外’情绪，抵制新成员的加入或外界信息的入侵等”。②

对于组织的信息边界研究极其少见，但它对于理解并实现波动和创

① 胡广伟（2010）认为，组织的信息边界可分为两种：一种是组织的行为标准，成为个体自我认同的基础和前提，表现为组织成员与组织信息交互的契约，形成组织作为人的集合所表现出的组织的内部信息边界。它是组织内部个体之间以及个体与组织之间信息边界的抽象与集合；第二种是组织的外部信息边界，这是组织与外部环境的关系，产生了组织独特的、一直的知觉和行为，形成社会认同，成为组织同其他组织等利益相关者定义和描述自己的主要方式和前提，也是其形成组织形象或声誉的主要方式。组织主要通过内部信息边界对个体的信息获取产生影响，体现在个体与他人和信息环境互动过程的行为和情感反应中，表现为个体与他人、信息环境的独特性和关联性。组织主要通过外部信息边界对组织的信息获取产生影响，它是组织所属成员形成的共同信息或行为边界的总和，是组织拥有的文化、行为标准、价值观、结构的固有模式，被组织成员普遍认同。组织外部信息边界对内是组织成员的规范性准则，要求组织成员按一套准则、价值观行事，表现为组织内的相似性以及组织成员与组织的契合关系；对外表现为组织的独特性并表达组织信念，接受组织外部成员的检验和评价，形成组织的形象、声望和地位，表现为组织与环境的互动关系［胡广伟．组织信息边界超越模型研究及案例分析［J］．中国科技资源导刊，2010，42（6）］。

② 胡广伟．组织信息边界超越模型研究及案例分析［J］．中国科技资源导刊，2010，42（6）：30.

造性混沌有着非常特殊的意义，因为组织的信息边界与组织的暗默知识在很大程度上是重合的。佛尔斯特(Von Foerster)、温诺格雷德(Terry Allen Winograd)、弗洛雷斯(Fernando Flores)、格雷克(James Gleick)、沃德罗普(Mitchell M. Waldrop)、野中郁次郎、齐默曼(Brenda J. Zimmerman)等人通过耗散结构理论或混沌理论证明，如果组织(主要是领导者)能够适度地掌握信息的外部边界，则可以利用外部传来的信息冗余和噪音，打破组织成员所习惯的认知存在状态，给个人和组织的基本思维方式和视角带来重新研讨的机会。当组织成员对当前的假设前提进行质疑和重新思考时，往往会触发组织内部的知识结构动荡，新的"有序"知识便从"混沌"中涌现。而且就信息的外部边界来说，当组织面临真正的危机时，组织内也自然会出现混沌现象，领导者需要对此进行迅速地引导。并且，有的领导者会一直保持对社会和市场的高度警惕，用刻意制造的"混沌"来不断唤起组织成员的危机感。例如，李奥贝纳就在其告别演讲中指出："当你们失去那种永远都觉得不够完美的感觉的时候……当你们只知道追求大规模，而对好的、困难的、新奇的工作反而不感兴趣时……当你们不在意强烈又鲜活的创意，只埋头于例行作业时……当你们开始相信基于效率，可以将创作精神及创作动力委托代工并且加以支配，而忘记创作精神及创作动力只能培养、激发和鼓励时……到那时候，我会坚持你们把我的名字从门上拿掉。即使我得找一天晚上显灵来亲自动手擦掉我的名字。"①刻意制造"混沌"不是简单地对外部信息的处理过程，而是对未知问题的明确定义以及对解决这些问题的知识进行主动的评估选择。

与信息边界的保持类似，组织的领导者也需要对"波动"和"混沌"的程度予以控制，这经常反映在企业愿景和企业使命描述上。如果我们依照表 5-2 的索引进入这些广告公司的网站便可看到，一些公司对企业愿景和企业使命的描述很简单也很模糊，而另外一些则很复杂但很明

① 引自李奥贝纳的告别演讲，1967 年 12 月 1 日，芝加哥保德信大楼礼堂。

确。然而，当高层管理者自己都对愿景和使命模糊不清时，信息的模糊和噪音就会逐层放大，导致执行人员无法形成一致认知。而且，“混沌”实际上也是德鲁克所言的“创造性破坏”，它的益处只有在组织成员具有对自身和组织行为进行反思的能力时才会出现，如果这种能力不是普遍具备的，则混乱将会变成风暴。同样地，过于详尽的表述也会限制反思和质疑的空间，束缚组织成员的知识创新意愿。因此在企业的宏观层面，领导者从一开始就对组织知识的塑造起着非常关键的作用、负有根本性的重要责任，这对当代广告企业领导者的个人能力从知识管理的方向上提出了新的挑战。

(4)冗余。野中郁次郎在这里提出的“冗余”，是指“商业组织里有关业务活动、管理职责和整个企业方面的信息的有意图重叠”。① 这些“冗余”并非组织成员在工作中马上就需要的，但为了弥补层级制度管理的信息“截流”缺陷，以及帮助个体了解自己在组织中所处的位置，冗余信息的适当引入是必要的。这不仅可以促进内部暗默知识的共享，还将外部的新概念带到组织当中。

在广告组织的日常运营中经常会发现对“冗余”的应用。其一是内部培训，“技术团队要告诉受训者公司架构网站的开发语言是 Java、Script 还是别的什么，不同部门的同事都必须具备这些最基本的概念。EPR 的同事也要做一些 EPR 方面的常规知识培训，我们还会有一些分享，比如做得比较好的一些客服同事，可能会分享他在服务客户过程中碰到过的最痛苦的经历是什么，当时他是怎样去克服的。……培训基本上是定期的……其他部门也会在差不多一个月到一个半月的时间里给大家做新案例、新知识培训，频率还蛮高的。……每天我都能看到一些很认真的小朋友们在学习。其实认真的人也不在少数，大家知道这个行业

① [日]野中郁次郎，竹内弘高．创造知识的企业——日美企业持续创新的动力[M]．李萌，高飞，译．北京：知识产权出版社，2006：95.

竞争比较激烈，有主动学习的动力”。① 其二是不同部门在一种信息冗余的状态下进行内部竞争，即针对某项目召集不同团队，每个团队就同一问题提出不同的解决方案(内部比稿)。其三是策略性的人事对调、职位轮换，从多角度帮助组织成员加深对业务和企业的了解，这不仅发生在新入职员工身上，一些资深员工也会将跨部门的冗余信息带到新部门。其四是公司内的多部门会议以及其他各种内部交流，例如邀请知名人士为不同岗位的员工开办讲座，或是由内部讲师讲解新技术、新动向、新思维。“我们的内网里有很多可以提供学习的场景，例如小题库、小知识、关键词解释等，有一个大的知识平台叫‘阿里学习’。‘阿里学习’不只是一套学习培训系统，也是一个知识库，留存了高层管理者、讲师们过往几乎所有的演讲内容供线上学习和分享。阿里内部这种知识分享氛围很浓厚。”②其五是参与行业活动例如行业大会、奖项评选、建立组织联盟等，以此获取外部的冗余信息。

过度的冗余信息会使组织需要处理的信息数量大大增加，导致员工注意力分散、知识创新的成本升高、组织的经营目标分散。冗余信息的引入程度以及对冗余信息的存放、传递频率、流转范围将会是广告企业中层管理人员在近未来必须考虑的重要课题。

(5)必要多样性。控制论大师艾什比(William Ross Ashby)认为，如果组织想要迎接环境所带来的各种挑战，其内部多样性必须配得上环境的多样性及复杂性，也就是说，组织成员需要拥有必要多样性以应对不测事件。而“提高必要多样性可以通过利用不同的信息联结方式，敏捷地对信息进行综合以及在整个组织内部提高信息的平等能力来实现。为了让多样性达到最大化，组织应该确保各个成员以最快的方式、通过最

① 万木春，胡振宇．数字营销再造——“互联网+”与“+互联网”浪潮中的企业营销新思维(服务篇)[M]．北京：机械工业出版社，2016：110.

② 2017 年 1 月 13 日对时任阿里妈妈市场部市场总监张成成先生的访问，部分内容已发表于《数据为心、智能为魂》(《声屏世界·广告人》2017 年第 5 期)。

便捷的途径，获取最广泛的必要信息”。①

随着信息技术的广泛采用，中国广告行业在本世纪已经基本解决了必要多样性的问题。在权限允许的情况下，广告企业的员工可以随时随地调用本企业、关联企业、消费者甚至客户方信息。一些跨国公司的中国分公司更是以“拿来主义”的方式，依靠母公司的全球信息网络将国外已完成方案迅速移植到国内，这既减少了生产成本、压缩了生产时间，同时也扩充了本企业的知识容量。这些信息与中国社会的具体事件相结合后，很可能在下次的类似业务中创造出具有中国特色的新知识。

5.3 当代中国广告行业的知识生产：比较、反思与生产力体系的再次检验

在这一章中，笔者虽然以野中郁次郎的知识创造理论作为主要的研究工具，但此理论还不足以解答当代中国广告行业的知识生产问题，也不足以完整预断知识创新在中国广告行业未来发展中所能起到的作用。就当代中国广告行业的知识生产而言，知识创造理论的局限性大致有以下四个方面：

第一，知识创造理论是在20世纪后期诞生的，进入21世纪之后，全球的经济、技术、社会环境都发生了非常大的变化。例如，信息通信技术的快速扩大使得信息的“量、质、速”与20世纪末相比有了天壤之别，“必要多样性”已经由促进条件转化为基础条件，由此而来的“协同创新”也成为常态。因此，该理论与其他产生于上世纪的社科理论一样，不可避免地出现了时代局限。如果仍然硬性套用，则难以勾勒出当代中国广告行业知识生产的真实轮廓。

第二，知识创造理论将研究的目光主要集中于组织内部，甚少涉及

① ［日］野中郁次郎，竹内弘高．创造知识的企业——日美企业持续创新的动力［M］．李萌，高飞，译．北京：知识产权出版社，2006：97.

企业信息外部边界发生的现象，这从管理实践的角度没有太大问题。但除了合作企业的知识共享之外，全社会的知识创新还会带来技术创新、技术创新又会给企业带来新的知识创新，制度创新、国家创新也同样如此。这就如同分析全球的饮水问题，知识创造理论只注意到了河流中的水，却没有把地下水、海洋水、地球水循环圈包括在内。这也就意味着，分析当代中国广告行业的知识生产，既不能只观察广告组织自身，也不能只观察学术文献，而是应当把广告企业、广告主企业、广告媒体、消费者、学术界、法规与产业政策、其他产业等宏观和中微观纵向打通、横向联通，这样方能较为完整地展示出知识生产的系统立体全貌。

第三，当代中国广告行业的知识生产基本上是由技术创新和营销创新这两部分构成的，知识创造理论偏重于管理，但对营销部分着墨不多。对于中国的服务业尤其是广告业而言，往往是以营销带动技术，或者是营销与技术并重。更重要的是，在广告行业中无论是暗默知识还是形式知识，其产生的源泉大多是营销或是应营销需要而生，甚至连技术也不例外。

第四，通过图 3-1 可知，当代广告业的生产力体系是一个整体，知识渗透于五大部分之中，又与分工协作形成二维坐标，单独地考察某个部分并不具有实际意义。

因此，笔者在本节中将只借用知识创造理论当中的有效部分来研究当代中国广告行业的知识生产与知识创新。希望通过理论与中国实际的比较和反思，阐述现今中国广告业在知识生产上的不足和突破，并试图从中国广告业知识创新的分析中再次确认当代广告业生产力体系成立与否。

5.3.1　以技术突破为龙头的组织内知识创新

在中国第一次“互联网泡沫”破裂前后，国内的早期互联网广告创业者直接调用了美国互联网广告的技术知识，使旗帜广告以一种全新的广告方式呈现在互联网使用者面前。虽然受外部环境和技术水平的限制，此时的互联网广告并未如人们所期望的那样为各利益相关方带来巨大的回报，但毕竟让新浪、搜狐、网易、腾讯、百度、好耶等获得了持续的资金流，留下了互联网广告爆发的火种。

在2005年到2010年之间，中国广告业的格局开始发生质变，最显著的特征是互联网广告市场份额的迅速增大，至2016年时已占据全年营业额的半壁江山。① 这其中既有社会、经济等因素的共同作用，同时也缘于由传播技术变化而诱发的广告业自身的技术变化。“大部分的传统营销是利用传统媒体，如电视、户外、平面、零售店广告，这些形式对从业人员把握目标消费者的要求并不高，但是新媒体的出现，尤其是在互联网营销成为整合各个媒体的润滑剂的现在，对各方面的市场营销传播人员的水平要求都越来越高。”②“中国网民的参与度、热情度、活跃度、表现力与其他国家相比都胜一筹。如此一来，我们不了解用户的需求，不投其所好，便不会得到任何回音。这就要求从业人员要了解最新的网络事物，明白什么是潮流、什么是老土。”③在这种情况下，以往广告公司的最高知识形式——传统媒体背景的策略工具，其作用和说服力已经大幅下降。取而代之的则是以互联网技术(尤其是移动互联网技术)为主导的、更偏向于理工科路径的知识创新方式，以及以这种知识创新方式为前提的、数字营销策略工具的构造。正如利奥塔指出的，

① 根据2017年中国广告协会会长张国华的介绍，2016年中国广告市场规模已突破6000亿元，其中互联网广告市场份额超过50%。而CNNIC(中国互联网络信息中心)的数据则显示，2017年中国互联网广告市场规模为2957亿元。这些数据之间的相差并不大，有可能是统计口径不同而产生的。

② 原文见沈虹在2010年5月对美国Goose Island啤酒公司副总裁Marty Kohr的访谈，转引自：陈刚，沈虹，马澈，孙美玲．创意传播管理——数字时代的营销革命[M]．北京：机械工业出版社，2015：30.

③ 原文见沈虹在2010年10月对中粮创新食品总经理赵平原的访谈，转引自：陈刚，沈虹，马澈，孙美玲．创意传播管理——数字时代的营销革命[M]．北京：机械工业出版社，2015：30.

“无论是现在还是将来，知识的生产者和使用者都必须具备把他们试图发明或试图学习的东西转译到机器语言中去的手段……信息学霸权带来某种必然的逻辑，由此制定出一整套规则，它们涉及的是那些被人当作‘知识’而接受的陈述”。① 一大批新锐公司在数字广告媒介技术和应用技术的助力下，已迅速成长为年营业额破千万甚至破亿的企业，这在十年之前不可想象。仅就互联网广告的程序化平台而言，2015—2017 年的最繁盛期有两三百家公司宣称自建了系统，个别公司的日处理数据请求甚至超过 200 亿次，达到 PB 量级。② 自然，信息量并不等于知识量，但在知识时代的广告业态中，没有信息量也就意味着在很大程度上失去了知识创新的基础和主动权，只能利用营销创新做“单腿跳”。因此，有学者认为，“现代广告活动知识权力结构是现代知识权力结构的一种新形态，它是由广告资源、广告技术、资本及其拥有者设计的，由普通大众参与构建的信息传播活动的资源控制形式和财富分配关系。广告业本身是一个智力资本行业，拥有广告资源、技术、资本的广告知识精英居于主导地位，他们是现代广告活动规则和政策的主要制定者”。③ 技术与市场——或者说隐于其后的技术知识与市场知识成为当前广告市场进化的主导性力量，二者共同塑造了当代的广告知识，同时也颠覆了以往的广告业权力结构，并改变了其内部的经济结构和运行机制。不过，基于技术的内容知识与创意知识仍然发挥着举足轻重的作用，它们适应着技术，也反过来改造技术、刺激新技术的出现。这些都是“以人为本”的，因为“人”位于现代广告业权力结构的另一端，与技术形成了互相制衡的两极（见表 5-3）。

---

① 让·弗朗索瓦·利奥塔．后现代形态——关于知识的报告[M]．车槿山，译．北京：生活·读书·新知三联书店，1997：2.

② 1PB＝1024ZB，大约是 4000 亿页文本。

③ 崔书颖．技术与市场：塑造现代广告的知识权力结构[J]．当代传播，2013(1)：96.

表5-3 国内部分技术驱动型广告公司的技术工具/平台
（笔者据网络整理，以公司关键词汉语拼音排名）

公司名称	技术工具/平台/产品
阿里妈妈	Uni Desk/淘宝直通车/淘宝客/智钻/品销宝/达摩盘
爱点击	MoTV/MoSocial/MoFeeds/OTV
璧合科技	赢效宝 SaaS/招财宝/数据宝 DSP
点入移动	积分墙/DSP/ASO/ASM
多盟	RTB/PMP/PD/PDB
集奥聚合	方舟/易获客
精硕科技	TrackMaster/SiteMaster/SocialMaster/CSRMaster/SEI/问答箱子
力美科技	RTB/力美 ADN/力美小区通/ADXING
利欧集团	Ad Platform/DMP/DSP/SEM/SEO/ASO/SNS/AdKey/Oghma/JoyPlus CMS
秒针	Admonitor Lite/X-Reach/MixReach/CurveTool/DMP/SDK/UserPulse/UserGraph
美数科技	ATD+/DSP/DMP/SSP/PMP/AdVision
耐特康赛	SEO/SEM/ORM/ASO/Webinsights
品友互动	DAAT/优驰引擎/营销方案实验算法平台/福尔摩斯数据云/擎天柱/CMP/DMP
瑞意恒动	EM-KOL/ EM-SHOP/EM-SCRM/EM-Social
时趣互动	SCRM/SDMP/GRAPHIC
舜飞科技	DSP/DMP/PMP/PDB/DNA/DCO/TagManager/ABTester/BiddingX/AdMax/SCRM
TalkingData	智能营销云/灵动分析/移动观象台/TD DMP/智能数据服务商城
新意互动	AutoDSP/DMP/Ad Exchange/SEM/SEO/SCRM/UED/CIG/J10
易传媒	DMP/AD Netwok/MDSP/SSP
友盟+	U-App/Dplus/Adplus/广效宝/Oplus
悠易互通	YOYI PLUS/DataBank/DNA/悠+
珍岛集团	SEM/SEO/T-OBS/SCRM/来电宝/TFS/TrueLand/IDC

广告技术从根本上来说是一种应用型技术，其出现和大规模采用必然是为了因应商业社会中的新需要、适应社会自身发展中的新变化。陈刚等人(2015)指出，以互联网为基础的新的传播形态创造了一种新型的数字生活空间。在这个空间里，企业也是以信息实体的方式存在的，媒体逐渐消融为一个超级的互联网平台，用户参与上传、分享内容成为数字生活空间的典型特征，消费者群体以“兴趣”为纽带不断细化、分化直至需要点对点的传播并从“消费者”进化为“生活者”……①因此，为了解决面临的新问题，以技术为主体的广告知识创新具有非常明确的指向性与功利性。例如，为了研究碎片化状态下的消费者，出现了数百个标签集合而成的个人画像；为了有效追踪并衡量转化效果，出现了自动化营销管理平台；为了选择良好的数字空间代言人，出现了 KOL (Key Opinion Leader，关键意见领袖)分析系统；为了发展更好的表现形式，出现了社交媒体长图文、直播、H5、轻 APP(Application，应用程序)制作技术；为了提升消费者的美誉度、忠诚度，出现了 SCRM (Social Customer Relationship Management，社会化客户管理)；为了进行“千人千面”的广告投放，出现了 DMP/DSP 以及 SEM/SEO；为了解决数据存储和调用，出现了数据云；为了让中小型客户进入传播领域，出现了自动化创意平台和 CMP(Content Management Platform，内容管理平台)；为了实现跨媒体传播，出现了跨屏管理系统；为了准确衡量效果，出现了 CPA (Cost Per Action，每行为成本)、CPE (Cost Per Engagement，每互动成本)、CPS(Cost Per Sale，以实际销售产品数量换算广告费用)等技术性的结算方式；为了强化体验，出现了 AR(增强现实)/VR(虚拟现实)/MR(混合现实)应用(甚至是希望将三者合一的 XR 扩展现实)及与程序化广告投放的对接，等等。

以技术为龙头的广告公司知识创新在企业内部是一种循环影响的过

---

① 陈刚，沈虹，马澈，孙美玲．创意传播管理——数字时代的营销革命[M]．北京：机械工业出版社，2015：1-23.

程，这首先会体现在人力资源的结构和比例上。一般而言，目前已经在美国或中国沪深港股市上市的广告公司，或者是进入上市孵化期的广告公司，其主要负责人已由上一代的文科背景转变为理工科背景，其中不乏计算机、信息技术专业的博士甚至博士后、副教授、教授。不少公司创始人直接将自己的学生纳入工作团队，而这正好促进了暗默知识和形式知识的同时形成。这也就意味着，新锐公司在知识层面看待“广告”的出发点与原来大不一样。有的企业理工科背景的雇员占到一半，甚至超过 80%；企业少则投入 2%的技术研发费用，多则超过年支出成本的 10%甚至接近 30%。① 当技术的力量使得企业优势凸显时，企业领导者又会进一步扩大理工科人员的雇用。此时，理工科的逻辑、语言、符号成为“场”当中的知识交流基础，整个企业的知识随着企业成长而积累、沉淀、融合、转化、扩散。当其他的生产要素也处于良好的运行状态时，数据、算法、算力共同构建的技术优势会带动企业整体竞争优势的快速形成。

5.3.2 以知识创新带动的组织内创新集合

依据波特(1985)的价值链理论，任何企业都具有基础设施、人力资源管理、技术开发、采购、运入物流、生产、运出物流、营销与销售、服务九项价值创造活动。② 企业的成功不仅取决于在这九项价值创造活动的绩效，还取决于不同价值链环节之间的协调情况。优秀的企业可能会在一个或几个价值链环节上体现出比较优势，但在一般情况下，其他价值链环节的表现要至少不低于行业平均水平。而这意味着，即使未来的广告产业将以技术创新为龙头，其他的创新方式也必须同时存在，在互为补充、相互促进的关系中协同提升企业的运营绩效。实际

① 源自笔者 2016—2017 年对全国部分代表性数字营销企业的调研数据。

② 应该说，波特的价值链理论在工业社会时期是非常适用的，但在知识经济时代，这个理论需要得到修正。例如，现在无形产品/精神产品的企业几乎没有运入物流与运出物流这两个价值链环节。

上，组织内部对于创新系统完整性和创新多元协作的要求，也是广告业新型生产力体系的明显特征之一。这个内部的创新系统至少包括技术创新、制度/管理(组织与人力资源)创新、项目/营销创新、资本运营创新等。这些创新首先要求企业领导者对如上领域的知识具有一定的了解，因此，从根本上讲，内部创新系统是源于企业全员(特别是企业领导者)的知识集合体——类似于一个镂空球体。球体的边缘是组织的外部信息边界，球体内部则充满了立体化的网状知识节点。

1. 由知识创新引发的人力资源与组织文化管理

哈默尔和普拉哈拉德在提出核心竞争能力理论时，认为任何企业的成功都要归功于优化、利用和发展核心竞争能力，而不仅仅是它的产品、服务或市场。核心竞争能力包括一系列的无形资产，在一定的文化环境中快速发展。从20世纪末开始，管理学界逐渐用“智力资本”取代了会计术语中的“无形资产”，认为其更能反映出非物质资产在信息时代企业运营中起到的作用。例如，艾德文森和马龙(Leif Edvinsson & Michael S. Malone，1993，见图5-6)首次用智力资本框架计算了斯堪迪亚公司的隐性智力资产；① 基于帕特拉什(Gordon Petrash，1996)的研究，陶氏化学公司与斯堪迪亚公司合作，对智力资本给出了“智力资本=人力资本+组织资本+客户资本”的定义；② 勒文达尔(Bente R. Lowendahl，1997，见图5-7)基于竞争和关系资源提出了智力资本框架；③ 沙利文(Patrick H. Sullivan，1998)将人力资本看作员工、承包人、供应商解决客户问题的能力，这种能力基于组织经验、隐性知识和

① Edvinsson，L，and Malone，M. S.. Intellectual Capital：Realizing Your Company's True Value by Finding its Hidden Brainpower [M]. London：Judy Piatkus (Publishers) Ltd，1997：1-10.

② Petrash，G.. Dow's journey to a knowledge value management culture [J]. European Management journal，1996，14(4)：365-373.

③ Lowendahl，B.. Stategic Management of Professional Service Firms [M]. Copenhagen：Handelshojskolens Forlag，1997：1-10.

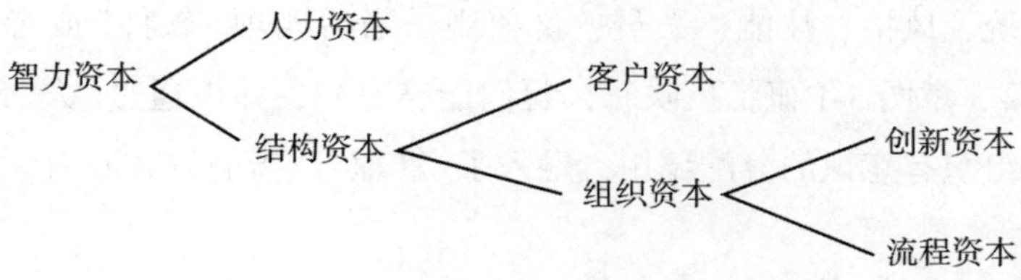

图 5-6 艾德文森和马龙的智力资本框架

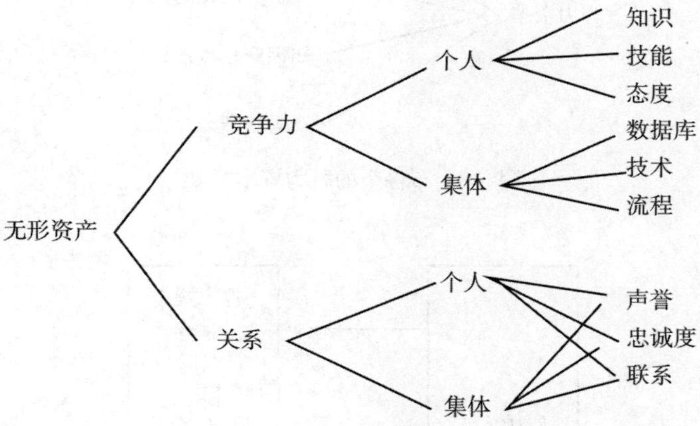

图 5-7 勒文达尔的智力资本框架

雇员能力；① 布鲁金(Annie Brooking，1996，见图 5-8)提出，智力资本包括市场资产、以人为中心的资产、知识产权资产、架构资产四个方面。在这些智力资本(无形资产)框架和分解指标中，无论是人力资本、社会资本还是组织资本，都直接指向员工的知识或是与组织内知识的创新具有极为紧密的关系。② 因此，在知识经济时代，企业对于人力资源和组织文化的管理，实质上就是对企业员工的知识管理活动。与之可以

① Sullivan，P. H.. Profiting from Intellectual Capital：Extracting Value from Innovation[M]. London：Wiley，1998：1-5.

② Brooking，A.. Intellectual Capital [M]. London：Thomson Business Press，1996.

相互印证的，则是麦肯锡咨询公司提出的企业成功七要素：战略、结构、系统、风格、技能、人员、价值观。当后四项“软件”或者“软实力”被第 3 章图 3-1 概括反映时，我们能够看到，知识通过“人”的主观能动和组织有意识的分配调用，融入了“管理”泛指的方方面面。

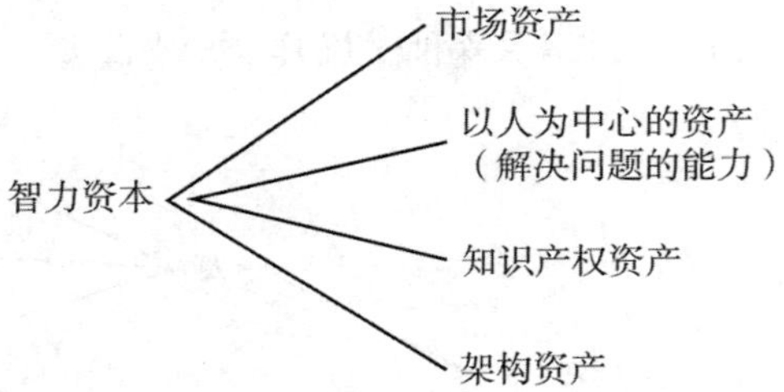

图 5-8 布鲁金的智力资本框架

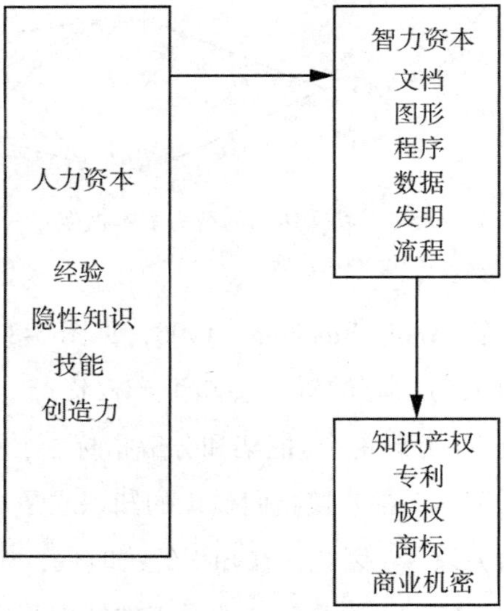

图 5-9 沙利文的智力资本框架

在以上智力资本框架中，艾德文森、马龙以及沙利文的智力资本框架非常适合用于分析中国第一代、第二代广告公司与当前第三代广告公司的人力资源管理模式变迁。① 如果从知识管理的角度来看，这三代公司之间有着非常大的差异。

其一，第一代广告公司几乎不存在无形资产/智力资本，基本上是依靠公司开创者个人的隐性知识和技能，因而也产生了数量极多的小型企业。这些小型企业更类似于"作坊"，低语境、知而不能言、无法抽离普遍性以及对"人性本恶"的防范使得知识即便在组织内也难以传播。在人力招聘上，第一代广告公司因为业务单调而不太考虑员工知识的异质性，而且招聘标准的弹性极大，也没有严格的录用考核、工作绩效考核、晋升评定等。这时，企业内部的文化氛围是个人主义的。

其二，第二代广告公司具有一定的无形资产/智力资本，当中主要包括重要雇员的知识、经验、技能、态度、声誉、忠诚度、个人对外关系，以及组织的流程、经验、文化、技能、声誉、企业对外关系、专利、发明、商标、商业机密等。第二代广告公司具有较为复杂的业务系统，因此比较重视员工知识的异质性，但由于分工明确，工作时多出现纵向的知识交流，不太重视内部横向的知识传递，而且仍然以隐性知识居多。录用考核、工作绩效考核、薪酬设计、晋升评定等比较完善，这些基本上是按照从业年限和经验而设定的。第二代广告公司的人数已经从几人上升为几十人至几百人，产生了集体主义的文化氛围，而"在相异的文化背景下传递复杂的、隐性的、系统的知识是最没效果的"，②因此，从第一代顺利转型为第二代的广告公司也为数极少。"集体主义文化团队在关系导向上强调人性本善、关系、社会福利、等级、集体主义。他们相信对方提供的隐性知识是出于善意，容易接受对方的隐性知

① 第一代、第二代、第三代的中国广告公司并没有正式的提法，笔者的这种划分是为了说明广告业恢复以来广告公司在人力资源和组织文化等方面因时代变化而产生的思维变迁。如果进行大致的时间区分，笔者认为从 1980 年到 1995 年是"点子"+垄断资源，从 1995 年到 2005 年是群体技能+媒介资源，2005 年之后是知识资源与商业性资源集合。

② 刘永强，赵曙明．跨国公司组织文化与人力资源管理协同研究：知识创新视角[J]．中国工业经济，2005(6)：92.

识。同时，由于集体主义团队强调等级，只要提供隐性知识的人在组织层级结构中处于较高的地位也会容易接受对方的隐性知识。”①

其三，第三代广告公司具有大量的无形资产/智力资本，除拥有第二代广告公司的无形资产/智力资本且在数量上大幅超过之外，第三代广告公司还拥有关键性的数据库/数据技术、程序、版权。如前所述，这些新增加的智力资本已经使第三代广告公司比以往有了质的改变。与此同时，业务种类的繁杂交错使得员工知识的异质性、互补性受到了很高的重视，因为“没有哪个专家是万能的。比如说，这位专家懂搜索，那你懂社媒吗？你懂社媒、懂搜索，那你懂 UI 吗？你能做平台构建，那你懂运营吗？懂 PR 吗？”②而且，“技术人员里面要有懂业务的，业务人员里面要有懂技术产品的，沟通起来效率会比较高”。③ 在分工和人力配置层面，传统的层级模式虽然被保留，但已发生较大程度的变化——层级简化、部门和部门之间的界限模糊、人员会在不同的部门和项目之间快速流动，大量的业务被外包，只留下核心业务，而这些核心业务往往是由数据技术支撑的核心竞争能力的外化形式。隐性知识的传递大为减少并且方式改变，显性知识以技术手册、程序、系统、平台等形态大量增加，信息和知识的沟通在全方位进行全覆盖。④ 这种公司的内部文化必然是集体主义的，因为哪怕个人的能力再强，也无法完全了解一个业务解决系统的所有来龙去脉，大数据搬不走、源代码搬不走、系统搬不走，业务随个人离职而流失的情况就会很少发生。此类公司经

---

① 刘永强，赵曙明．跨国公司组织文化与人力资源管理协同研究：知识创新视角[J]．中国工业经济，2005(6)：92.

② 万木春，胡振宇．数字营销再造——“互联网+”与“+互联网”浪潮中的企业营销新思维(服务篇)[M]．北京：机械工业出版社，2016：70.

③ 万木春，胡振宇．数字营销再造——“互联网+”与“+互联网”浪潮中的企业营销新思维(服务篇)[M]．北京：机械工业出版社，2016：58.

④ 一个例子是，在以往，广告公司的实习生会由一位前辈带领进行业务学习；而现在则是将部门的所有实习生集合为小组，不指定专门的指导者，在实际业务的各项活动中由多位指导者对其进行培养和观察。

常将自己的对标公司设定为互联网公司，或者自认为是互联网公司，因此也愿意给出比传统广告公司更高的薪酬，同时还要求团队更为年轻化，具备更专业的知识与技能。①

但是，隐性知识占比减少，并不等于隐性知识越少越好，因为隐性知识在传递技能与经验的同时，也承载着企业的愿景、理念、价值观。这些企业文化是企业“软实力”的重要组成部分，在“混沌”的要求下，隐性知识必须存在。这些隐性知识不属于业务层面而属于企业的战略层面，一般情况下要经由非符号化的态度、行事方式进行传递，而显性知识则主要是在业务层面发生作用，确实无法尽显企业文化的全部内涵。特别是当企业发生大规模的扩张时，隐性知识必然会受到外来文化和外部文化的不断冲击，这就要求企业文化本身保持开放、包容的态度和多元化视角，领导者要创造各种的“场”让不同的文化和知识体系进行沟通交流，在保证核心价值观相对稳定的情况下防止团队成员出现思维模式趋同。值得肯定的是，目前以数字营销公司为代表的第三代广告公司大多具有这类的“基因”②，这也决定了中层领导轮岗加速以及在对知识型员工进行考核时更注重知识创新的结果而非过程。

此外，一些数字营销公司已经出现了国际化扩张趋势，员工数量增长包括外籍员工在内的数百甚至数千人，势必会遇到更为复杂、更加多元的文化情境，可能面临个人主义和集体主义之间的冲突。坏消息是，个人主义对隐性知识和企业文化具有一定的破坏性；好消息是，“个人主义文化的员工在显性知识的整合、传递和编辑过程中比集体主义文化

---

① 根据笔者的非普遍性调查，目前在第三代广告公司中的典型代表——数字营销公司中，初级员工薪酬水平大约比传统广告公司高出10%～20%，中级和高级职员的薪酬因为分配体系不同(例如上市公司股权)，个别员工比传统公司的对应职位薪酬高出几十倍甚至上百倍。在团队平均年龄上，数字营销公司的初级员工与传统广告公司基本相同，但中高层平均年龄比传统广告公司小5～10岁。在成员的学科分布上，数字营销公司比传统广告公司更为集中。在成员学历上，数字营销公司的平均学历较高，尤其体现在领导层和技术群体。

② 有不少受访者将此特征视为“互联网基因”当中的一个重要“碱基”，但实际上这应该是知识经济时代或者信息社会背景下企业的发展通则之一。

的员工更为有效率和有效果”。① 在这种情况下，走出国门的数字营销公司不仅要平衡隐性知识与显性知识之间的关系，还应加强知识绩效考评，规则化地安排知识产权制度，将员工的专利、版权等知识产权贡献记录在案，以期权、股权、职务晋升等各种物质及非物质激励手段来制定知识型员工的激励制度。不过，管理层面的努力仍然会受到现实的限制，即使在国内，此类问题也还远远谈不上得到解决——有的是外部原因，比如专利认定的过程很复杂、周期很长，或是对知识产权的保护乏力、维权困难；有的是内部原因，比如能够形成专利的显性知识不足，或是激励制度设置不合理，或是认为在当前形势下客户更看重效果提升和效益提高而不看重乙方的知识产权保有量。毋庸置疑的是，知识产权问题如果得不到妥善的处理，其结果不但会影响知识创新的数量和质量，也会影响到人力资源管理和业务开展。这不仅是目前广告行业的短板，也是整个文创产业的短板。

企业文化是企业“软实力”的重要组成部分，而企业“软实力”主要是由知识创新引发的。因此，笔者特别对当代数字营销公司的“软实力”及其与知识创新的关系进行了研究。本书将就此问题另辟一章专门进行阐述。

2. 由知识创新引发的营销创新与运营创新

对于乙方角色的第三代广告公司而言，知识创新的最终目的与其他任何一种行业的任何一个企业并无根本性的不同，即都是通过创造、传递和传播优质的客户价值，获得、保持和发展客户，为自身的营销管理服务。但从企业运营的价值链环节来看，属于第三产业服务业的广告行业明显省略了一些属于第二产业的企业价值链环节。而且，第三代广告公司的营销对象、营销产品、营销范围等发生了很大变化，这些不同之处也正是其被称为“数字营销公司”的主要原因。在变化的过程中，企

① 刘永强，赵曙明．跨国公司组织文化与人力资源管理协同研究：知识创新视角[J]．中国工业经济，2005(6)：95.

业不仅要利用知识及由知识产生的技术进行营销创新，而且随着外部环境的变迁和价值链的不断重塑，企业的运营层面也会出现相应的大规模调整(见图 5-10)。

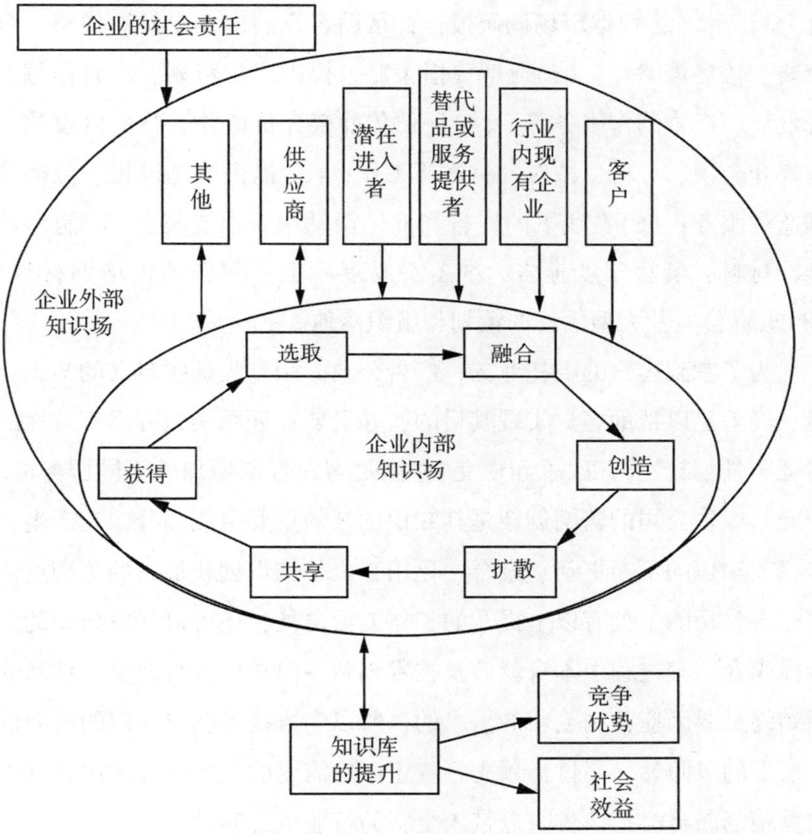

图 5-10 基于波特五力模型的四维动态知识创新模型①

第一，由知识创新引发的营销创新。

广告行业一直是以广告主的营销中介角色出现的，在有形商品、无

① 张少杰，汤中彬．基于波特五力模型的四维动态企业知识创新模式研究[J]．情报杂志，2007(8)：27.

形服务、体验、人物、地点、财产权、组织、信息和观念的流转/传递/传播中起到渠道和桥梁作用。具体来说，主要是对 4P① 中的“促销”、4C② 中的“传播”进行工作分解，承担以下职能：(1)进行市场调研，为委托方提供企业分析、市场环境分析、产品分析、消费者分析、竞争者分析等；(2)根据市场调研报告，帮助客户制定企业发展战略、营销策略、传播策略等；(3)分解传播策略，提供广告策划、广告创意、广告设计、广告制作服务等；(4)评估传播媒介价值并进行广告投放，代理媒介会谈、分析、核对、付账等工作；(5)提供市场销售、传播等数据监测服务；(6)在线下的广告和促销活动中予以支持；(7)制作销售推广材料、撰写年度报告、准备交易展示会、制作销售培训材料等；(8)负责公关及大型活动的策划与组织落地。

为了拿到客户的委托业务，广告公司必须首先证明自己的知识、技能、经验足以帮助客户实现其目的，并且要在证明实施方案有效性的同时证明其创新性，以“求新求变”来满足客户日渐增加的不同服务需求。因此，广告公司的营销创新是其知识创新的重要组成部分，它产生于广告相关知识的不断更新、融合、化用，也是知识创新最后的落脚点。一些广告公司除了拥有以上提及的工作能力之外，还可以开发新型的广告传播媒介，其过程中本身就涉及技术创新。但在广告行业里，技术的创新始终是要因应营销创新的需求的，所以广告技术会有一定的时滞性和开发上的风险性。不过，领先且真正回应需要的技术一经采用，其引发的营销创新将会把广告企业带入全新的行业生态领域。

从营销学的角度来看，21 世纪中国的广告行业在营销创新层面发生了如下显著变化，它们主要产生在以数字营销公司为代表的第三代广

① 4P：最早于 20 世纪 60 年代由麦肯锡(Jerry McCarthy)提出，包括 Product(产品)、Place(渠道)、Price(价格)、Promotion(促销)。

② 4C：于 20 世纪 90 年代由劳特朋(Robert F. Lauterborn)和舒尔兹(Don E. Schultz)提出，包括 Consumer(消费者)、Convenience(便利性)、Cost(成本)、Communication(传播)。

告企业当中。这些变化也主要是由知识创新引发的，或是导致了新一轮的知识创新。

(1)营销市场发生变化。在以前，广告公司的主要客户市场是以客户存在的地理空间为基本划分标准并进行匹配的，例如本地型、区域型、全国型、国际型等，而且，广告公司一般服务于在这些地理空间中商务活动活跃的大型客户，将时间和精力放置在中小型客户是不经济的。但是，大型企业毕竟数量有限，由此决定了甲乙双方的不对等地位及业务成交频次低、同行竞争激烈等情况出现。而在信息社会逐渐成形后，第三代的广告公司借助技术不仅突破了地理限制(理论上客户可以来自全球任何一个地方)，并且客户群体快速“长尾”化，大量的中小型客户进入了数字营销公司的服务范围。因此，第三代广告公司不但要了解中小型客户的所需所欲和它们所处行业的各类知识，还要将这些需求在定制化与批量化的矛盾中尽量完成。这些都促使广告公司在很短的时间内进行知识扩充和技能升级。

(2)客户需求与业务范围发生变化。上文指出了广告公司的八项主要工作职能，这八项职能是在20世纪中叶逐渐明晰的，并且由于分工的细化而集中于传播领域，基本抛弃了早期广告行业兼顾承担的销售促进职能，只把自身定位在“促销”的一个分支。尤其是当品牌理论和定位理论成为广告界的主流指导理论后，广告更是将力量聚焦在传播层面的创意、设计、媒介发布上，把品牌形象塑造和心智阶梯占位当做主要服务内容。在这种情形下，虽然广告公司可以借助第三方监测企业为客户提供广告的传播效果，但几乎无法把传播效果与现实的销售效果相联系，而且一些广告公司还试图说服客户相信，广告传播效果与企业产品/服务的现实销售效果之间的干扰因素过多，所以其联系不可验证；或者是，品牌的树立是长期的，追求短期的销售量必然会损伤品牌形象。不过，这样的说服往往是苍白无力的，因为客户需要在最大限度上保证自己的广告经费起到销售的拉动作用，如果不能够快速回笼资金，再好的品牌形象也毫无意义。当广告公司把这两种效果割裂时，客户就会自然而然地对代理方产生不信任。

进入21世纪后，一部分的广告主开始感知到广告技术的突破，因此将"品效合一"划定为考核广告代理公司的重要标准，即在信息传播中更多地加入了直接的、即时的、明显的销售效果提升要求，这有时会直接体现在与代理方签订的各种协议当中。除此之外，如果我们观察近年来的各种业界奖项评选，"品效合一"获奖项目的比例也越来越大。实际上，"品效合一"正是整合营销传播从理论到实践的必然结果，而在以前，由于技术手段的缺失，只有极少数的企业才能够建立整合营销传播的基础——数据库，遑论进一步的具体实施。因此，客户需求的变化即是在信息时代下营销方式从大众到细分再到精准的集体进化，也可以说，它最终指向了消费者需求的变化。

消费者需求的变化不仅要求代理公司与客户一起了解新环境、学习新知识、联结过去与现在，而且也迫使客户不停地反思在数字化的社会环境下自身的业务内容、顾客价值甚至企业使命等终极性问题，进而制定新的目标和采取新的措施。这些措施往往会落实在给代理方的任务当中，使得代理方的经营范围或扩张或改变，例如会新增以下工作：智能设备数据收集、线下线上打通及跨屏互动整合、社会化媒体运营、互联网公关及舆情监测、程序化购买、自动化创意、网站建设与维护、电商策略定制、虚拟化体验、数字交互设计等，其后都隐含着知识的汇合更迭。这些客户需求的变化和代理方新工作的出现，也象征着整合营销传播时代的真正来临。

(3)消费者和消费者研究方法发生变化。消费者的属性、欲望及需求也是不断变化的，而这种变化在社会的转折期尤为明显。近20年来，中国社会和中国消费者已与工业时代有了很大的不同，这些差异直接导致了广告主与代理公司的快速演进。消费者认知以及基于消费者认知的新营销方法研发成为代理公司知识体系的重要组成部分。当代中国消费者的变化包括但不仅限于以下几点：①消费水平广泛提高，对产品和服务的需求日益分化；②年龄结构向老龄化发展，老年人和儿童的需求多样化；③工作性质、收入方式和消费观念有很大变化；④城镇化加速，人口迁移频繁；⑤教育水平上升明显；⑥结婚及生育年龄推迟，家庭结构小型化；⑦次文化和价值观多元化；⑧消费者储蓄减少，债务和信贷增加，电子支付成为常态；⑨对精神类产品和电子类产品(尤其是智能产品)的需求大幅增加，等等。

无论是短期的风潮还是长期的趋势，广告主和广告代理公司都必须对消费者的各种变化进行全面和深入的研究，其中产生了大量的信息和营销知识，有的知识甚至会渗入基础理论领域。同时，物质的基本满足和消费者“碎片化”的需求形态使得原有的流水线规模化生产、多层级固定地点销售、无差别促销方式在很大程度上失去效果，大众化订制乃至完全个性化订制、利用互联网的去层级化销售、差异化精准化营销已经成为现实。这些变化也要求代理公司与时俱进地更新自己的市场调研方法，以“蛮力法”(穷举法)形成的数以百计的、大多集中在兴趣和行为的个人电子标签代替以往基于抽样统计的、群体特征和心理特征的市场细分和目标市场聚类。这种研究方法和探测技术所产生的影响不仅仅是停留在消费者洞察和利益相关者分析层面的，而是会对所有企业的所有价值链构建和竞争力构建的过程产生影响。例如，对消费者行为特征进行蛮力列举的终极结果之一就可能是，在未来只存在企业品牌而产品品牌完全消失。

(4)竞争对手及行业壁垒发生变化。广告行业的边界是随着“广告”一词的内涵和外延变迁而不断伸展的。在当今时代，广告业虽仍然以广告的创意、表现、媒介使用为突出特征并与其他行业相区隔，但其承担的经济职能和社会职能已和其他行业形成了你中有我、我中有你的复杂交融。这种交融既有企业主动的利益追求，也有相对被动的社会协作所提出的要求，也是其他行业与广告行业知识溢出的结果。它必然带来竞争对手、行业壁垒等种种较为宏观的变化，由此也产生了进一步的广告行业对知识的需求。

首先是竞争对手的淘汰、转移及增加。进入 21 世纪后，大部分的第二代广告企业或由于缺乏使命和愿景，或由于创意老化、没有策略工具，或因为不能适应社会变化未能及时接入互联网媒体资源，或因为自身经营不善、人员流失、创始人离去，纷纷退出了竞争舞台。有幸转型为第三代广告公司的企业则发现，即使一些公司消失不见、一些公司实力严重受损，但面临的竞争态势比以往更加严峻，因为“纯正的”第三代广告公司的思维是“互联网+广告”，而转型的广告公司则是“广告+互联网”，这种差异会直接导致运营模式、营销模式、作业模式的很大不同，进而产生不同的企业绩效。更何况，由广告业和互联网通信业发展而来的数字营销行业原本就是新生行业，具有行业初期的市场扩张利润，一些互联网公司、软件公司、管理咨询公司甚至是国际知名的会计公司也抱着各种各样的目的而大举进入。

在这种情形之下，一方面，原来很低的行业壁垒逐渐增高(特别是技术壁垒和资金壁垒提高)，一些其他行业的思维、技术、工具被注入广告行业，迫使所有从业者持续性地学习更多的跨行业知识。另一方面，广告行业也不得不与其他行业在最关键的资源——富含技术能力的人力资源上展开竞争，这更是提高了行业的进入门槛、加重了企业的生存压力。从这个角度来讲，附着于技术的知识是数字营销行业最为坚固的屏障。

第二，由知识创新引发的运营创新。

(1)集中于内部的运营创新。无论知识产生于内部还是汲取于外部，对知识的学习都会在个人、团队和企业三个层次出现，这三个层次之间会发生反馈循环，即通过相互调整达成共识，并使得所有成员采取统一的程序化行动。“随着时间的推移，成功的行动往往嵌入组织惯例，这些惯例对组织的体制、结构和战略都会产生影响。”①由知识创新引发的企业运营创新在企业内部会主要体现为对惯例进行扬弃的组织创新，这主要是由企业的最高层管理者发动的。而根据笔者所做的前期调

① [英]阿肖克·贾夏帕拉．知识管理——一种集成方法[M]．安小米，等译．北京：中国人民大学出版社，2013：130.

查，目前中国第三代广告公司的最高层管理者与第一代、第二代的广告界前辈具有明显的不同之处，这些不同之处基本上决定了能否将知识利用于组织创新之中。

①对广告行业本体的认知差异。虽然在20世纪五六十年代广告业内曾有过艺术与科学之争，但这毕竟是属于广告的生产方法论问题，其下还有更深层次的文化与商业之争。而中国自广告业复苏之后，第一代、第二代的广告公司创始人常常是以“艺术工作者”“文化创造者”自居(甚至中国台湾地区和香港地区的广告人也是如此)，强调创意、文案和“点子”，认为优秀的广告自身便能够带动商业过程的完成，即将广告的艺术属性/文化属性放在首位，而把广告的商业属性放在次要地位。因此，领导者的主要精力是集中在具体的业务领域。与第一代、第二代的广告公司创始人相比，第三代广告公司的创始人大多认为广告就是一个“Business”，领导者的主要精力应该集中在管理领域。在这种认知下，是不是具有突出的传统广告业技能、是不是具有长期的业界经验并不是最主要的，更加重要的是要具有商业思维和开放的、有伸缩性和渗透性的知识体系。这既是领导者对自身知识的要求，也是对组织其他成员的判断标准——“传统营销传播企业更多侧重于想法、创意，围绕这些来编织整个营销方案，但是缺乏技术DNA。而技术型数字营销公司无论是创意、策略还是销售，对产品技术的了解必须很深刻，否则很难做出既符合客户需求、又充分挖掘程序化购买潜力的方案。……(这方面的)人才不好找。所以很多人都是入行之后才转型，有转型成功的，也有不成功的。这里面有很多的影响因素，公司是一个大环境，但转型成功与否最终还是取决于个人，要看他是不是对转型抱有积极的心态，是不是对学习新东西怀有饥饿感”。① 因此，不少的高层管理人员大量进修MBA和EMBA课程，也将商业课程的进修当做雇员奖励的一个部分——“我特别强调管理，也比较推崇德鲁克，他那本《管理的实

① 万木春，胡振宇．数字营销再造——“互联网+”与“+互联网”浪潮中的企业营销新思维(服务篇)[M]．北京：机械工业出版社，2016：58.

践》我读了好几遍。我们每个公司模型都不一样，组织结构也不一样，人员、层次、素质、区域、文化什么都不一样”。① 于是，我们就看到了当代广告业中更多地在组织层面的商业运作行为——“我们有机制性措施，比如用创作基金去支持、鼓励自己的员工进行内部创业。我们可以成立一个分公司，利欧占 80%的股份，你占 20%的股份，你来做。做得好，利欧愿意择机收购回来”。② 这种行为由管理类的知识引发，并在组织的机制和结构中体现出来。

②教育和专业差异。在笔者的调查对象中，数字营销公司高层管理人员已经很少来自为传统广告业提供人力资源的艺术、文学、新闻传播学一类的社科人文专业，而是来自营销、经济、管理、法律、信息技术、计算机技术、机电自动化、制造工程等更注重于理性思维的专业（曾有过传统广告业务相关专业学习经历的人占比不到 20%；几乎所有受访者都具有本科及以上学历，并且有国外留学经历的人占比也相当大）。他们从一开始就没有受到广告业界传统经验和专业理论的束缚，不少人甚至从来不看与广告创意、策划、文案等相关的书籍。这种差异至少产生了三个结果：一是在设计企业组织结构和机制时尽量向互联网企业靠拢，全部采取强调结果导向的、分布式的松散管理方式，最大限度地减少企业内部层级。二是更为重视在文科和理工科之间转换的可塑性，设置了具备可操作性的知识交流、转换的平台，在组织学习水平、学习速率、沟通水平、沟通渠道、学习绩效上较之以往有很大的提高。三是具有清晰战略表述的企业占比较大，有意识地根据总体构想来选择各项创新的发展方向，能够清醒地抓住核心业务，不求大而全而求少而精：“我们还是相信专业化分工，能外包的就外包，并不见得所有的环节都要自己做……比如研发，我们以前也走过弯路，找了一些特别大的

① 万木春，胡振宇．数字营销再造——“互联网+”与“+互联网”浪潮中的企业营销新思维（服务篇）[M]．北京：机械工业出版社，2016：80.

② 万木春，胡振宇．数字营销再造——“互联网+”与“+互联网”浪潮中的企业营销新思维（服务篇）[M]．北京：机械工业出版社，2016：93.

团队来开发自己的SEO系统，就是觉得我们是做SEO的，那自己的SEO系统也要自己做。后来发现投入不小，但是结果并不明显。这是因为从系统研发来讲的话，我们做SEO是专业的，但我们做SEO系统研发又不是最专业的。所以我们就把这事外包了，核心的产品设计还是自己做，很多更底层的代码问题交给更专业的研发公司。这个事情外包出去之后，我们的团队精简了、效率提高了，总体算下来节省了不少的成本。”①

(2)体现在外部的资本创新。近十年以来，由于货币充裕、二级金融市场发展迅速、资本运作和风险投资日渐活跃等原因，在中国当代，数字营销公司大多将资本运作当成企业日常运营的一个部分，这与第一代、第二代广告公司有着较大的区别。第一代、第二代广告公司的存在时期不仅缺乏以上的客观因素，而且公司的发展主要强调内生性，除了少数媒介公司需要大量资金进行周转之外，一般企业对资金的需求并不高。公司领导者也缺少金融、财会方面的知识，不愿轻易涉足资本领域，并且通常情况下只有在国外广告公司合资参股、控股本土广告公司或极少量的企业合并之时才会涉及资本事务，这是局限在行业内部的，基本上没有大规模的社会资本进入。

英国著名经济学家希克斯(John Hicks)在《经济史理论》中曾指出，英国的工业革命不是技术创新的结果，而是金融革命的结果，因为工业革命中使用的技术在之前就已经出现，只有在出现金融革命后，工业革命才真正发生了。所以，在金融以及与之配套的制度体系没有发生根本转变的情况下，无论在技术层面如何努力，“广告行业”都不可能发展成为真正的“广告产业”。② 只有在产权、科学理性主义、资本市场以

① 万木春，胡振宇．数字营销再造——“互联网+”与“+互联网”浪潮中的企业营销新思维(服务篇)[M]．北京：机械工业出版社，2016：14.

② 创新理论的开创者熊彼特在谈及他的创新理论时，也特别强调两个群体的作用：一是具有冒险精神的企业家，二是愿意提供资金的资本家，但他实际上很少强调技术的作用。

及交通和通信技术的改善这四大条件全部具备时，工商业的各项创新活动才能持续进行，创新成果才能持续产生，当代的数字营销公司领导者在实践中对此体会颇深。而且，十余年间随着数字经济的兴起，不少的沪、深、港、美上市企业也需要寻找新的发展机遇，双方一拍即合，深度的资本合作屡见不鲜，其结果是 2014 年、2015 年两年内发生 50 多起 A 股公司参与投资或并购数字营销企业的案例，总金额超过 200 亿元，部分数字营销企业被外资跨国公司并购或控股（如科思世通、艾德思奇等等），目前已经几乎找不到年营业额 3000 万以上的、独立的数字营销公司。由于数字营销契合了当前的经济形态和政策扶持方向，一大批企业进入了“新三板”的孵化期并谋求在“科创板”上市。至 2017 年上半年，数字营销领域的新三板挂牌公司已达 159 家，其中包括易点天下、优蜜科技、力美科技、品友互动、哇棒传媒、银橙传媒、易简集团、点点客、灵狐科技、汇量科技、木瓜移动、美通互动、钛铂新媒体、剧星传媒、亿玛在线、氢互动、璧合科技、飞拓无限等一大批第三代广告公司，形成了庞大的产业集群（见表 5-4）。

表 5-4　**当前中国广告第三方代理业务的上市公司（部分）简表**

（笔者根据网络信息整理，以母公司在 2018 年 5 月 1 日的市值进行排名）

归属母公司股票简称	股票代码	总市值（人民币：亿元）	母公司下属的广告代理及相关业务公司
蓝色光标	300058. SZ	155. 6	各地分公司、蓝色方略、蓝色印象、上海品牌、智扬唯美、上海互动、智扬唯隽、博思瀚扬、双成互动、多盟、亿动、精硕科技（参股）、晶赞科技（参股）等 20 家
智度股份	000676. SZ	143. 3	猎鹰网络、亦复信息、掌汇天下、SPIGOT、范特西 5 家

续表

归属母公司股票简称	股票代码	总市值（人民币：亿元）	母公司下属的广告代理及相关业务公司
利欧股份	002131. SZ	141. 9	琥珀传播、俊珀传播、氩氪互动、氩氪维他命、人工智能、聚胜万合、万圣伟业、智趣广告、利欧聚合、碧橙网络、世纪鲲鹏、秀视智能等 17 家
科达股份	600986. SH	103. 9	百孚思、华邑、雨林木风、派瑞威行、同立传播、爱创天杰、智阅网络、数字100 8 家
久其软件	002279. SZ	92. 6	亿起联科技、瑞意恒动、久其智通、PandaMobo、上海移通 5 家
易车网	NYSE：BITA	92. 1	新意互动
省广集团	002400. SZ	71. 0	120 家成员企业
联创互联	300343. SZ	70. 1	新合传播、激创广告、麟动数字
思美传媒	002712. SZ	69. 9	爱德康赛、掌维科技及分公司等 9 家
麦达数字	002137. SZ	59. 4	顺为互动、奇思国际、利宣广告、奇异果(参股)、赢销通(参股)、六度人和(参股)6 家
华扬联众	603825. SH	58. 1	各地分公司、华扬创想、派择网络、旗帜创想、捷报指向、数行营销等 22 家
华谊嘉信	300071. SZ	52. 9	华氏行、华谊伽信、精锐传动、波释广告、东汐广告、美意互通、迪思公关、新好耶、新七天(参股)、快友世纪(参股)、YOKA、Smaato 等 17 家
浙江富润	600070. SH	49. 0	泰一指尚
宣亚国际	300612. SZ	46. 9	宣亚互动营销、宣亚国际广告、宣亚国际公关、培恩国际公关、宣亚行动营销等 6 家

续表

归属母公司股票简称	股票代码	总市值（人民币：亿元）	母公司下属的广告代理及相关业务公司
明家联合	300242. SZ	42. 9	金源互动、云时空、微盈互动 3 家
爱点击	NASDAQ：ICLK	24. 4	—

注：此表中不含自有媒介平台广告投放类型的公司，如百度、腾讯、阿里巴巴、新浪、网易、搜狐、分众传媒、光线传媒、北巴传媒等，但区分未必严格；新三板公司数量众多且股票没有进入流通，故未列示；在美上市公司的市值已根据当日外汇牌价转为人民币计算。

这些第三代广告公司利用时代发展契机，在内生基础上借助资本创新方式，使近年来的营业收入和盈利能力持续大幅增加，实现了加速超越。中信证券研究部的分析显示，2016 年发布年报的 144 家新三板数字营销公司总收入 226 亿元、总净利润 15 亿元，收入同比增长 68%、净利润同比增长 37%。发布年报的 21 家主板 A 股涉及数字营销的公司中，营业收入前十名之和为 707 亿元、净利润前十名之和为 82 亿元(见图 5-11～5-14)。

但是，资本创新始终是一把双刃剑，资本市场只是成功的充分条件而非必要条件。它能为企业发展注入活力，增强企业的抗风险能力，快速展开业务布局，赢得发展时间。“我们内部达成了一个共识，肯定要有资本运作，还是希望做一些更大的事情，没有资本是不行的。以前不成熟，那时资本进来可能会被压死。现在不会了。”①“OMG、WPP 这些大型集团，同样是通过近二三十年来的资本并购才壮大起来的。利欧也

① 万木春，胡振宇．数字营销再造——“互联网+”与“+互联网”浪潮中的企业营销新思维(服务篇)[M]．北京：机械工业出版社，2016：9.

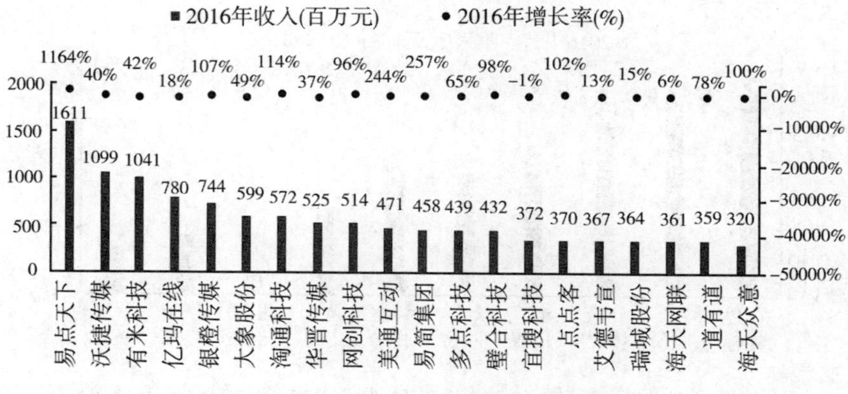

图 5-11　新三板数字营销企业 2016 年营业收入前 20 名及其增长率①

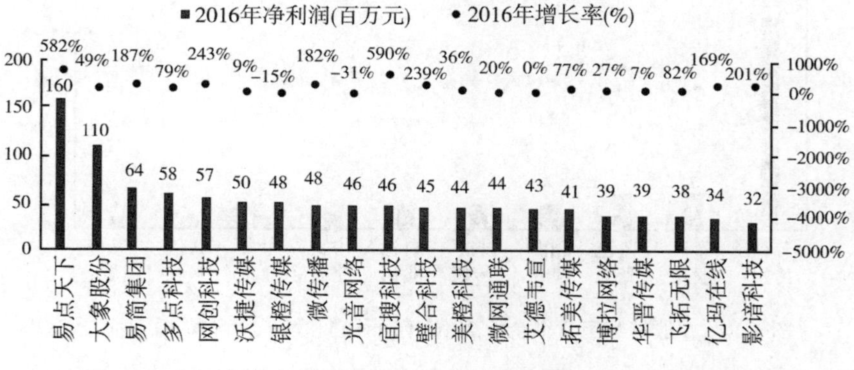

图 5-12　新三板数字营销企业 2016 年净利润前 20 名及其增长率②

有一个先天性的优势，我们一开始就是基于资本平台做整合工作。在现阶段的中国，企业拥有资本平台之后的外延增长速度会非常快，过去两年内，我们的运作幅度可能已经超过国内所有 4A 集团行动总和，而且

① 中信年报解码 6——跨市场数字营销行业 2016 年报分析[EB/OL].[2017-05-18]. http://www.sohu.com/a/141546244_611262.

② 中信年报解码 6——跨市场数字营销行业 2016 年报分析[EB/OL].[2017-05-18]. http://www.sohu.com/a/141546244_611262.

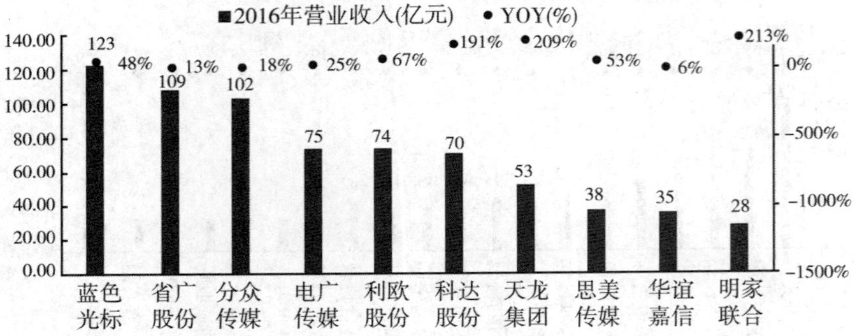

图 5-13　A 股涉数字营销企业 2016 年营业收入和增长情况前 10 名企业①

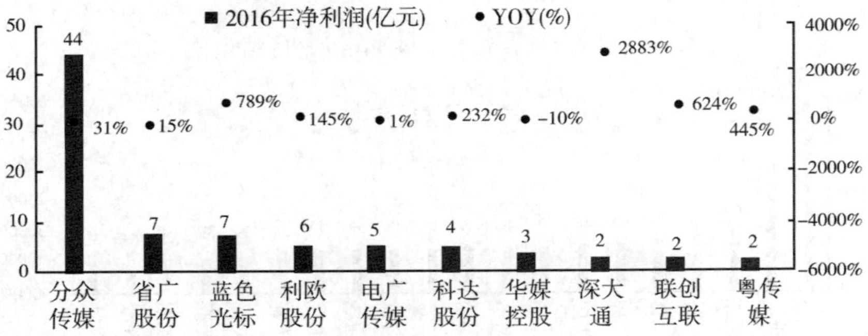

图 5-14　A 股涉数字营销企业 2016 年净利润和增长情况前 10 名企业②

我们的动作会越来越快。这种资本运作的概念，毫无疑问要比二三十年前的发展逻辑先进很多。在牛顿第二定律 $F=ma$ 中，m 是我们从资本市场中获得的体量，a 是策略、创意、媒体的加速占据，当这两个数值都很大的时候，我们数字营销平台的整合能力 F 就能飞速提升。5 年内

① 中信年报解码 6——跨市场数字营销行业 2016 年报分析[EB/OL].[2017-05-18]. http://www.sohu.com/a/141546244_611262.

② 中信年报解码 6——跨市场数字营销行业 2016 年报分析[EB/OL].[2017-05-18]. http://www.sohu.com/a/141546244_611262.

成为国内龙头并且具备跟4A集团一较长短的竞争力，我认为这不是没有机会的。”①它也可能会使企业偏离既定的发展轨迹，迎合资本而不是迎合客户，例如为了保证对赌协议的实施而弄虚作假甚至违法犯罪。②如果内外条件不具备或是不匹配，就会对企业的发展甚至行业的进步产生不利的影响。“公司的估值——尤其像4A公司——比如WPP的估值只有市值的十五六倍，而现在国内的一些上市广告公司，即使利润率很差，估值也有市值的60多倍。这就是互联网加上资本化产生的不良后果。你会发现，在广告公司里同样做一件事情，产出价值、公司的利润率等，比以往都是在整体性下滑。”③

从新三板和A股数字营销公司的营业额和净利润比较可以看出，大多数数字营销公司在如何进行资本运作上还需要长时间的学习。至于是否利用社会资本和如何利用社会资本，则首先需要数字营销公司所有高层主管扩充有关知识，并将其融入战略思维，甚至将这些知识当做指导员工进行具体业务操作的一个重要参考维度(见图5-15)。

---

① 万木春，胡振宇．数字营销再造——“互联网+”与“+互联网”浪潮中的企业营销新思维(服务篇)[M]．北京：机械工业出版社，2016：87.

② 第三代广告公司的资本并购中几乎都采用了对赌方式，对赌双方都冒了很大的风险。例如，上市公司天威视讯(002338.SZ)曾与璧合科技签订对赌协议，预计收购璧合科技不低于51%的股份。璧合科技创始人刘竣丰、赵征承诺，公司2017年净利润不低于9000万元，2018年度和2019年度的净利润分别为在上一年度承诺净利润的基础上增加不低于20%。如未完成该业绩承诺，刘竣丰、赵征将向收购方支付相应的现金补偿。若实际净利润均超过承诺业绩，天威视讯与前海天和基金实际净利润之和超出承诺净利润之和部分的30%以奖金形式发给公司留任的管理层人员。但收购协议在2017年8月终止，天威视讯的公告称，“根据尽职调查结果及多次讨论分析，协议各方就重要合同条款未能达成一致意见，经公司审慎研究，从维护全体股东利益的角度出发，协议各方同意终止本次收购事宜”。这种收购中断的现象并不罕见。

③ 万木春，胡振宇．数字营销再造——“互联网+”与“+互联网”浪潮中的企业营销新思维(服务篇)[M]．北京：机械工业出版社，2016：258.

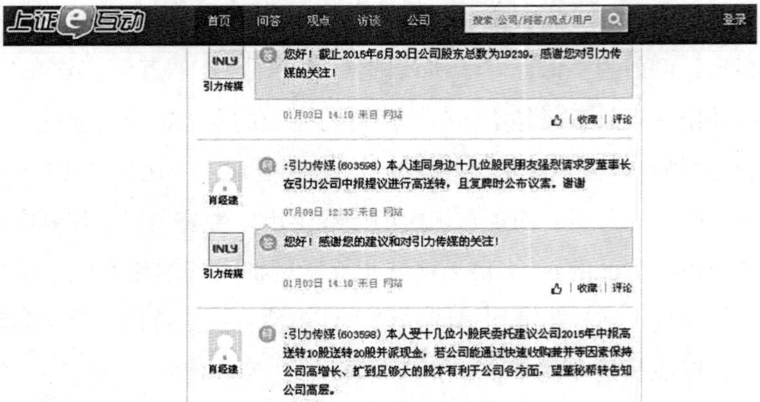

图 5-15　高层管理者在网络平台上与利益相关者关于资本运作的交流(截图)①

5.3.3　广告企业在组织层面的知识创新过程

在 30 年来知识创新理论的研究发展中，“虽然学者们从不同角度提出了组织知识创新的理论，但这些理论还存在着很大的不足。例如，在知识转化的 SECI 过程中，作者并没有说明每一子过程内部的具体情况。内部构成要素是什么，知识在其内部是如何转换的，其间存在哪些过程，这些我们都无从所知。基于愿景的知识创新理论没有深入组织创新的内部过程，我们无法了解组织知识创新的内部机制是什么。而实践团队的思想虽然可以进行知识的分享和创新，但实践团队不是由组织制度保障的，其内部的运行机制与影响因素也不甚清楚”。② 为了解决这些理论性问题，国内有学者提出了一种基于仿生学的、核心概念为“知识发酵”的知识管理理论，此理论实质上提供了知识“场”建立的框架和

① 截图来源：http：//sns. sseinfo. com/company. do？ uid=40172，2018 年 5 月 1 日。

② 和金生，熊德勇，刘洪伟 . 基于知识发酵的知识创新[J]. 科学学与科学技术管理，2005(2)：55.

流程。如果我们把“知识发酵”与贾夏帕拉(Ashok Jashapara)的知识集成方法相结合，则能够更为详细地对当今中国广告产业的知识生产力发展作出分析，并能够找出进行广告企业知识创新的具体路径。

1. “知识发酵”与广告企业的知识创新

和金生等学者认为，组织的知识获取、知识创新和知识传播等活动具有很多相同或相近的内在特征。① 在对这些特征的运行机理的分析基础上，他们借用生化理论中的“发酵”概念，解释了影响知识增长的外因和内因(见图 5-16)。

在经笔者修正过的模型中共包括 7 个可控变量、1 个环境变量(知识环境)和 1 个结果(更新知识)。组织的愿景、使命或战略相当于发酵中的菌株，它引起了组织学习的思想，提供了知识发酵的方向，在知识发酵过程中起到诱发、引导和控制的作用。“知识母体”是指知识型员工以及他们具备的相应知识和知识背景，还包括员工进行合作的愿望、要求、学习态度等。知识酶是促进组织学习的因素，它包括对知识发酵过程的催化作用和充当知识的中介，可以提升知识增长的速度，降低组织学习的成本。知识环境是环境变量，即进行知识创新的适宜经济条件、政策条件、社会文化等，也就是此前指出的企业信息边界的两侧。知识技术包括信息化技术工具、专家系统、知识库、知识地图等。知识发酵吧是指狭义的、企业内部分享知识的“场”，可以细分为创意吧、规范化发酵吧、系统化发酵吧、验证与扩散吧，知识在“场”中完成 SECI 循环(见表 5-5)。

① 这些相同或相近的特征主要是：(1)先有创意或动议；(2)参与者需具备一定的知识基础；(3)需要人的积极的思维创造活动；(4)有学习或创新的意愿和组织、领导者、协调者；(5)具体的环境和规则；(6)都有一定的设施、工具和手段；(7)最终都表现为某些局部的知识增长。

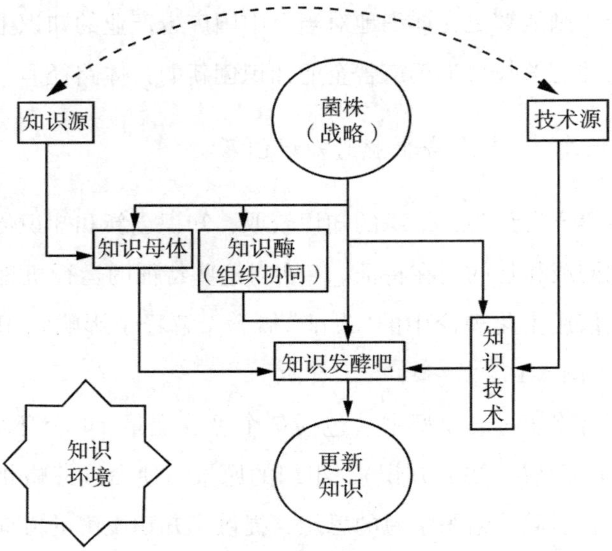

图 5-16　“知识发酵”模型①

表 5-5　　　　知识发酵吧内的要素构成②

	创意吧	规范化发酵吧	系统化发酵吧	验证与扩散吧
知识菌株	知识菌株（战略、创意、生产经营过程中的问题等）	引起编码化的原因	需要解决的问题、创意等	更新知识、新的解决方案的应用要求等

① 刘洪伟，和金生，马丽丽．知识发酵——知识管理的仿生学理论初探[J]．科学学研究，2003，21(5)：517；和金生，熊德勇，刘洪伟．基于知识发酵的知识创新[J]．科学学与科学技术管理，2005(2)：56. 笔者依据他们提供的模型进行了改进。

② 和金生．知识管理与知识发酵[J]．科学学与科学技术管理，2002(3)：57.

续表

	创意吧	规范化发酵吧	系统化发酵吧	验证与扩散吧
知识母体	参与组织学习的组织成员的知识背景、组织成员合作愿望等	参与组织学习的组织成员的知识背景、外部知识、组织成员的学习动力与合作愿望等	参与组织学习的组织成员的知识、规范化的知识、组织成员的合作愿望等	方案实施人员的知识与背景、组织成员的合作愿望等
知识酶	领导、激励措施、组织的协调作用等	领导、协调机制、激励作用、中介等	领导、组织协调机制、组织的协调作用等	领导、组织协调机制、组织的评价体系的协调作用等
知识环境	组织文化、组织外部压力等	组织文化、外部竞争、社会文化等	组织文化、外部竞争、社会文化等	组织文化、外部竞争、社会文化等
知识工具	员工面对面交流、视频会议等	电子网络、共同体验、交流、相互学习、各种分析手段、知识地图等	电子网络、规范化知识学习、专家与决策支持系统等	各种评价手段与工具、电子网络等
更新的知识	知识菌株(隐性知识的扩散)	规范化知识	系统化的更新的知识、新的解决方案等	新知识的应用、问题的解决、新的模糊概念的产生等

以下将根据“知识发酵”理论和“知识发酵吧”的要素构成，结合知识集成方法，对中国当代广告企业的知识创新过程进行分析，这些分析同时也是对广告行业知识创新的强化建议。

2. 以“知识发酵”为框架的广告企业知识创新集成

广告企业的知识创新是企业在类似于“细胞膜”的组织的信息边界，对知识进行内部与外部双向促发的一种集成过程。当前的任何一种知识创新理论必须经由流程、手段、方法的实际施行，才能真正转化为现实的知识生产力。这主要是在知识创新理论的范围内，通过知识管理工具、知识管理系统、知识情景和网络等的激活，搜寻、获取、评估、选择、转移、转化知识而完成的。这些会涉及专业程度较高的理工科逻辑与技术，因此第一、第二代公司基本上没有能力进行真正意义上的知识创新工作。

(1)知识的搜索获取、评估选择、传递分享工具。广告企业需要的知识是以结构化、半结构化和非结构化的形式存在的。① 在以往，从业者用“知识地图”的模式对某类知识的内涵以及其中的相互关系进行概念化(例如“品牌”)。但是，这种“知识地图”会由于每个人对知识主题的理解不同而产生非常大的差异，而且费时费力，难以维护和更新。因此，当前一些数字营销公司在组建知识库时大量采用了相对成熟的技术(如通过词性标签、词义消歧、分词程序、模式匹配等作语义分析)，从基础数据中直接提取知识概念(例如“云图”)。很显然，当这些“知识”在算法、数据、算力层面进行横向比较时，能力越接近于互联网公司的广告企业将会拥有更多的知识资本和势能(例如阿里妈妈，这种方

① 结构化知识主要包括财务数据、销售数据、客户数据、市场数据等；半结构化的知识包括组织制度、政策、案例、流程、行动计划等；非结构化的知识包括文档、电子邮件、演示文件、视频文件等。安永公司的一份调查报告显示，最能帮助企业管理人员高效工作的知识类型是：关于客户的知识(97%)、关于最佳实践和有效的业务流程的知识(87%)、关于公司竞争力和能力的知识(86%)；企业中最常用的知识技术包括：构建内联网(47%)、构建数据库(33%)、实施决策支持工具(33%)、实施支持协作的群件工具(33%)[Smith，R. G. and Farquhar，A. The road ahead for knowledge management：An AI perspective[J]. American Association for Artificial Intelligence，2000(12)：17-40]。

式也已经被一些有实力的客户企业所采用，这也就意味着，广告行业原有的“知识权力”被分割）。当 AI 系统的深度学习功能不断增强时，它们可以通过接触大量数据提炼出更多的差异性知识特征，并通过可复制性技术快速应用于新领域从而减少知识生产的成本。不过，知识本体一直是在动态变化的，对知识本体的认知也始终是存在差异的，这需要更好的本体集成技术来处理语义的相似性、兼容性、相关性、差异性等问题。在未来，更多的本体编辑器和全球性的语义网络将有助于这些问题的解决。但其前提条件是，广告行业首先必须对数字营销背景下的相关知识概念及其相互关系进行标准化。

隐性知识是组织或个体竞争优势的重要来源，它与各种特定的背景有直接联系，组织的隐性知识也被视为组织惯例的一部分。AI 技术的开发可以有效地对显性知识作出呈现，但很难呈现出组织或个体的隐性知识。在通常情况下，我们可以在广告公司的会议中看到隐性知识的一种“因果图”的出现方式，即说明者以下图来解释自己的概念和逻辑，通过群体的对话和讨论，形成集体化的认知（见图 5-17）：

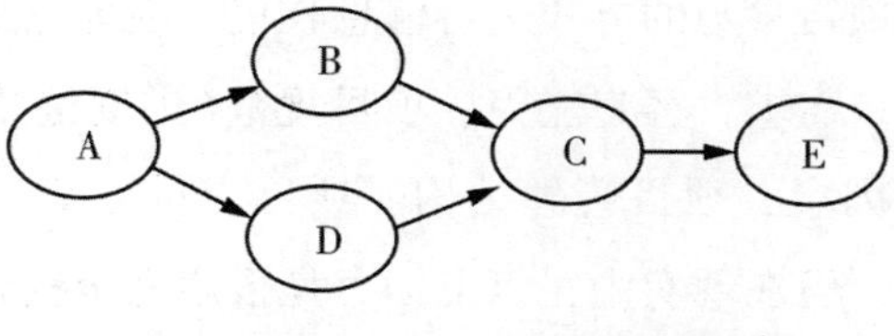

图 5-17　说明概念和逻辑的因果图

不过，就笔者的调查发现，这种隐性知识的传递目前基本上仅用于业务层面的探讨，极少用作企业发展战略的确定。在极少数的企业中，即使有过从隐性知识角度出发系统化地对企业价值观、信念、愿景和关注点进行分析，也不太使用规范化的讨论流程和技术性工具。而当使用技术性工具对因果图加以分析时，是能够从组织层面通盘考虑各战略和各战术之间的逻辑关系和连贯性的，并且能够寻找出企业最常用的知识概念以及加快单任务中的知识转化进程。

在知识的搜索与获取上，信息化时代诞生的第三代广告公司有着先天性优势。虽然成员非常年轻，但他们很早就接触了电脑和互联网，如果能够为其提供寻找信息的方向，一些人便可以在极短的时间内利用平行计算或是分布式计算完成资料搜索和收集工作。更何况，第三代广告公司当中有很多都侧重于技术，能够自我进行信息检索和抓取的工具开发。但是，很多公司对收集到的知识在归类管理上比较混乱，会造成重复收集、反复沟通和资料散失的情况发生。如果这些公司能够有意识地录用信息情报专业的雇员并使用标准行业分类法或杜威十进制分类法，则可以在很大程度上解决企业的知识数量问题。

在知识的评估和选择上，广告公司人员往往使用的是一种基于案例推理的逻辑，也就是说，他们首先希望在能够接触的知识系统中获知过去出现的各种案例和遇到的各类问题，其次希望知道这些问题的解决方案以及内在的逻辑、方法和技术，再次是从这些案例中获得对当前问题的启发。如果这些案例提供了帮助而且产生了新的解决方案，则将这些解决方案留档以供日后利用。因此，很多公司会建立自己的案例库，并让一些实习生以项目参与的方式进行信息收集。在理论上，这些方案的信息应该包括客户需求、客户能力、项目规范(进度偏差和预算偏差)、项目环境、风险因素、项目管理结构、项目交付方案、项目运营及服务、项目汇报等；但在现实中，以上信息是很难完全找到的，而且实习生也不具备相应的评估水平，这在很大程度上降低了外部显性知识的转化率和所能起到的作用。

与以往不同的是，对于数字营销公司而言，知识的获取和选择越来越依赖于自身日趋庞大的数据库，通过对数据的深度挖掘，其中的知识将会逐渐浮现。① 目前，有的数字营销公司能够做到分类器构建、数据

① 数据挖掘包括数据清理、数据分析、模型解释、综合结果等迭代过程，这与人类的知识创造过程是类似的，因此数据挖掘又被称为数据库知识发现(konwledge discovery in databases，KDD)。

聚类挖掘、数据可视化；有的则可以更进一步，以自行研发的数据挖掘套件来支撑其数据清理和其他的发现型任务；少数公司可以做到行业领域知识与新知识发现的紧密结合，利用各种工具和方法(如决策树、规则归纳、遗传算法、神经网络、关联存储调用、机器学习等)为客户提供数字营销解决方案。然而，哪怕是最优秀的数字营销公司，案例数量、维度、变量等的级数级增长也会对其知识发现造成很大的阻碍。

在知识的分享上，现在国内的中大型广告公司基本上都能够按照其知识菌株(战略)、知识母体、知识环境等综合性需要，有针对性地选择传播工具和途径，定期或不定期地发起知识分享活动。这些工具或途径主要包括：①内部：借助内联网或者互联网的公司内部群组，进行知识分享和学习探讨；线下的培训、会议、聚会、出游等。②外部：聘请专家授课、参与行业会议、客户会谈、市场调研等。部分公司还会对知识分享的效果进行较为正式的考评，考评的结果也会对薪酬产生影响。不过，无论是何种类型的广告公司，毕竟都是以市场为导向的，因而知识的分享会具有很强的功利性和障碍性——例如，一些人不愿意分享自己的知识和信息；一些员工会借口去客户单位躲避学习；一些员工认为外部专家不了解本公司的业务状况，不会提供真正“有用”的知识。另外，公司内部为了促进办公效率的群组支持系统虽然有着知识共享和学习的作用，[①] 但实际上这个系统会对知识共享产生负面影响，因为虚拟会议的增加也意味着面对面交流次数的减少，组织的凝聚力必将受到影响。

以上知识工具在“知识发酵吧”的四个部分中发挥着重要的作用，但同时也会给企业的知识创新带来不小的挑战。而且，单独的一个或几个工具无法形成整体的知识系统，也不可能使知识转化为生产力并持续

① 广告公司使用的群组支持系统其作用主要包括四个方面：沟通——内部邮件和视频系统；知识共享和学习——包括用于知识存储和检索的工具；合作——包括文件共享、文档协同处理、群体决策等；协调——团队日历、工作流工具等。国内有一些技术公司专门为广告公司研发定制的群组支持系统。

输出。企业内部的知识系统至少应包括文档管理系统、决策支持系统、群组支持系统、主管信息系统、工作流管理系统、客户关系管理系统等，这需要高层管理者对知识管理的功能和成本作出慎重权衡。

(2)知识情景和内部网络的激活。在“知识发酵吧”当中，知识工具属于“器物”，一般来说，只要资金和管理流程到位，任何一家企业都能够利用这些富含信息化手段的方法对内部的知识系统进行建设。但是，“许多信息管理系统或知识管理系统的失败源于文化因素而不是技术疏忽”，① 即使技术达到一定的要求，企业内的知识创新也在极大程度上依赖于组织内知识情景和知识网络的激活，依赖于能否提供激活可能的知识菌株、知识母体、知识酶、知识环境——贫瘠的土地上无法长出参天大树。而与知识工具相比，知识菌株、知识母体、知识酶、知识环境则是相对无形的、长期的和不易变化的，这些会最终汇合为组织文化，组织内知识情景和知识网络的激活在实质上是一种有利于组织知识创新的企业文化构建过程。阿吉利斯(Chris Argyris)曾指出，组织抵抗学习过程的防御机制存在于组织的文化和情感层面。② 因此，实现组织学习和知识创新首先应突破不合理的企业文化约束。

关于组织文化的定义有很多。其中的一种观点认为：“(组织)文化是指组织的深层结构，它植根于组织成员的价值观、信仰和设想。组织文化的意义形成于工作环境中汇聚的众多群体的交往之中。交往产生了一个符号的世界，既带给文化巨大的稳定性，也带给文化脆弱和不稳定的本质，这种不稳定性植根于其对个体认同和个体行为的依赖。”③“企业文化的核心是特定价值观(包括经营目标与经营理念)，这是企业中

① ［英］阿肖克·贾夏帕拉. 知识管理——一种集成方法［M］. 安小米，等译. 北京：中国人民大学出版社，2013：255.

② Chris Argyris. Overcoming Organizational Defenses：Facilitating Organizational Learning［M］. NJ：Prentice Hall Press，1990.

③ ［英］阿肖克·贾夏帕拉. 知识管理——一种集成方法［M］. 安小米，等译. 北京：中国人民大学出版社，2013：257.

最主要的难以复制的隐性知识，它不仅体现在文字标语上，也弥漫于日常的经营行为中……企业文化影响着对信息的储存与传播、知识的获取和保留、决策框架的构建以及人类学习的性质和程度。"①从表面上看，组织文化是由规范、人工制品和符号三部分构成的，第三代广告公司在这三部分中都有非常明显的表征。总体来说，这些表征支撑起了一个有利于组织内部创新的意识共同体(见图 5-18)。

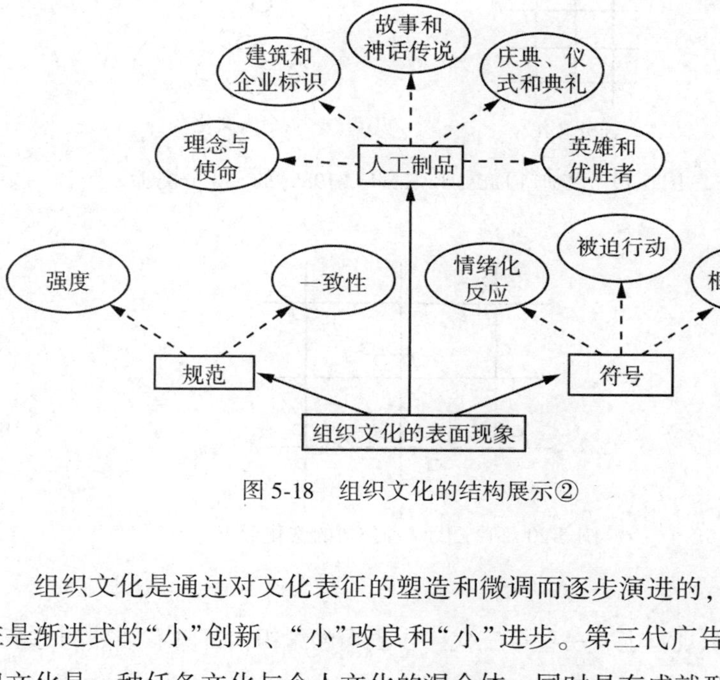

图 5-18 组织文化的结构展示②

组织文化是通过对文化表征的塑造和微调而逐步演进的，带来的往往是渐进式的"小"创新、"小"改良和"小"进步。第三代广告公司的组织文化是一种任务文化与个人文化的混合体，同时具有成就型、自我实现型、人文关怀型、群居型、赞同型、完美型的规范性特征。它既能够有效调动资源运营，为创新项目带来高效率，也能够让个体享有一定的

① 张志鹏．基于企业文化认同的组织学习与知识创新[J]．现代管理科学，2005(3)：91.

② [英]阿肖克·贾夏帕拉．知识管理——一种集成方法[M]．安小米，等译．北京：中国人民大学出版社，2013：257.

自治权，自行决定工作分配。在这种文化中，成员彼此之间的互认基础是能力而非职位或者年龄(见图 5-19、图 5-20)。

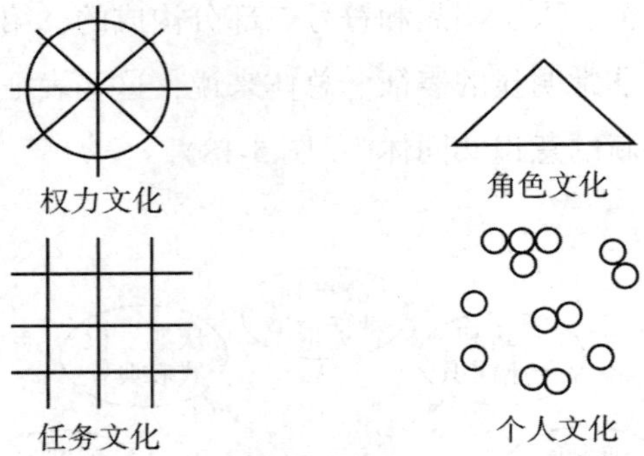

图 5-19　汉迪(Charles B. Handy，1985)的文化分类①

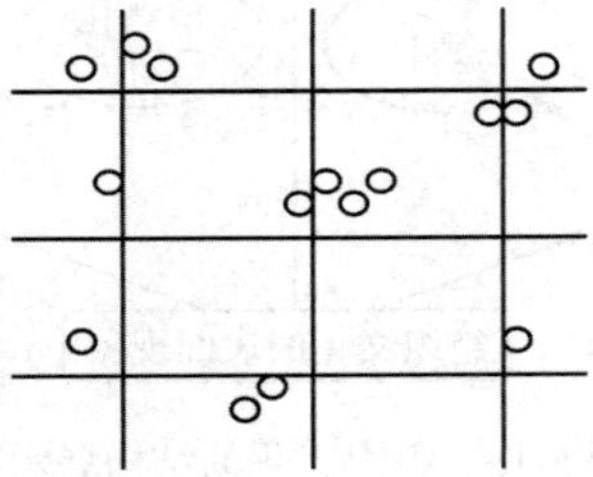

图 5-20　第三代广告公司的文化形态

在组织规范上，一些第三代广告公司的组织内部具有强烈的态度和一致性，这会产生强有力的文化氛围。“其实一个公司生存几年之后，就会有一种潜在的文化，而且公司的发展也是它的制度和文化不断完善的过程……我们这种公司也是倡导美式文化，简单、直接、有效，鼓励吵，吵了之后才知道谁对谁错。要是你很含蓄，上级有问题你不敢提，

① Handy，C. B. Understanding Organizations［M］. Penguin：Harmondsworth，1985. 转引自：［英］阿肖克·贾夏帕拉．知识管理——一种集成方法［M］. 安小米，等译．北京：中国人民大学出版社，2013：261.

那完了。全世界每个公司都有很多很多问题，包括微软、谷歌都有很多问题，问题暴露了发现了解决了，这个公司会更健康一点。”①而另外一些的第三代广告公司则多半由于“新时代”成员越来越多，组织内的文化较弱(强度低、一致性少)，产生出不少的亚文化：“90后的自我意识特别强。……我们70后80后的人更倾向于把个人的价值弱化一些，90后似乎不会这样。”②不过，只要亚文化的多样性不对总体的文化氛围形成大的干扰，第三代广告公司一般也会在规范上实施融合式的变革，将任务完成导向的规范和带来创造力的规范杂糅在一起，③ 因此组织内的文化强度总是相对的、适度的和有弹性的，而且也理应如此。“第一，我们实施极大程度上的扁平化管理。第二，公司现在越来越年轻化，官僚式的管理是无法控制这些年轻人的，中层甚至高层管理者自身就必须是那种活跃和具有多种思维方式的人。因此，别的我不管，只要能把项目做好就行。第三，集团有各种培训，激励培训、沟通培训、技能培训等，用知识提升来满足个人的职业需求。第四，提升员工的成就感。我们希望让每个人有所成长，当他创造了相应的内容、成功的案例时，他就会有成就感。在传统4A公司你可能熬了多少年才出一个亲自操刀的案例，别的都是辅助式地参与。而在我们这里，每个人都参与到项目一线。”④

第三代广告公司比较善于利用“人工制品”来构建组织的意义共享系统。“人工制品”包括实物、建筑/空间布局、技术、语言和行为模

---

① 万木春，胡振宇．数字营销再造——“互联网+”与“+互联网”浪潮中的企业营销新思维(服务篇)[M]．北京：机械工业出版社，2016：80.

② 万木春，胡振宇．数字营销再造——“互联网+”与“+互联网”浪潮中的企业营销新思维(服务篇)[M]．北京：机械工业出版社，2016：75.

③ 任务完成导向的规范主要包括消除混乱信息和建立认同的普通目标、行为自由和消除官僚主义影响的成员自制规范、关注时效性和渴望完成任务的行动理念；带来创造力的规范主要包括接受错误和不惩罚失败、高层管理者支持和关注创意变革、更好地倾听和鼓励横向思维。

④ 万木春，胡振宇．数字营销再造——“互联网+”与“+互联网”浪潮中的企业营销新思维(服务篇)[M]．北京：机械工业出版社，2016：121.

式、公司标识、使命宣言、故事、仪式、实践社区等。这是一个代表着多种含义的符号集合，其目的在于帮助成员联结和诠释情感，认识和接受一个共有的意义网络，并用意义网络来激活知识网络：公司的标识可以向员工传递象征含义以及暗藏的企业价值观；① 使命宣言说明了公司的目标和信念；建筑/空间布局的外观和内设传达了公司对职业和员工的态度，影响到员工之间的互动；语言和行为模式表现出地位与权限。② 公司领导者和资深员工的职业经验会以故事的方式在各种场合(尤其是仪式上)被多次介绍，它告诉新员工即将面临哪些问题以及问题的解决方案，同时也会不断强化全体组织成员的集体记忆和文化价值观。

一个致力于长远发展的企业对于组织价值观总是非常重视的，因为价值观的力量极为强大，它能够联系组织中的社会层面、认知层面和行为层面，增强个人与组织的相互理解，解释个人和组织应有的行为以及之间的相互作用。许多第三代广告公司的创始管理者从建立初期会投入很多精力，结合自身的业务特点和企业核心能力发展出较为成型的组织价值观："品友的使命是信息改变生活，希望通过大数据和技术，让人和(广告)信息之间的匹配变得更美好。"③"我们公司的价值观是四个词：第一个词是 passionate(有激情的、热烈的)，我们要热爱我们所做的事情；第二个词是 ambition(抱负、追求)，人总要有远大理想、雄心壮志；第三个词是 demanding(苛求的)，精益求精，做事情一定要死磕到极致；第四个词是 generous，慷慨大度。第四个词可能在其他公司的价值观里面出现得并不多，但是我们有。一方面是鼓励大家对同事要勇

① 类似于李奥贝纳公司的标志"摘星者"。

② 第三代广告公司与第二代广告公司在"人工制品"的某些方面有比较大的差别。例如，第三代广告公司基本采用开放式办公，领导者的大门也是全天敞开的；很多公司建有内部餐厅、休息室和娱乐室；公司内部设计和装饰由员工协商完成；员工一般不称领导者的职衔而是直呼其名。

③ 万木春，胡振宇．数字营销再造——"互联网+"与"+互联网"浪潮中的企业营销新思维(服务篇)[M]．北京：机械工业出版社，2016：27.

于帮助，另一方面也是我们对于行业的一种态度。”①不过，大多数管理者对于组织价值观的内涵区分并不清晰，因此也在一定程度上妨碍了价值观的提炼、传递和企业文化的塑造。② 相应地，组织内部的知识激活也就存在着短板。

(3)知识情景和外部网络的激活。以上分析大致可以证明，虽然知识分享型的组织文化未必在所有情境下有效，也未必不存在负面作用，但它至少在广告行业是非常有效的。这种“发展文化以促进知识创新”的理解主要是基于野中郁次郎的知识创造理论。不过，正如我们在前面所看到的，知识创造理论比较关注组织内部的知识流转，但对于跨越组织信息边界的知识双向渗透机制着墨不多。野中郁次郎自己也认为，如何实现知识创新与知识创新环境的联结是知识型企业面临的一大挑战。企业外部知识网络的激活与对组织边界的认知、组织知识空间的认知和由此产生的实践密切相关。桑托斯和艾森哈德(Santos & Eisenhardt)指出，关于组织边界目前有四种概念，即效率、能力、权力和身份认同。③ 第三代广告公司对于外部知识网络的激活主要是基于第一种和第二种考虑，将自身视为一个通过知识联网并进行创新的智能型组织，并以第三种和第四种作为辅助手段完成的。

激活外部知识网络往往伴随着知识产品和知识产权交易的发生，而交易是否真实发生，则取决于企业对知识生产成本最小化的衡量，即知

① 万木春，胡振宇．数字营销再造——“互联网+”与“+互联网”浪潮中的企业营销新思维(服务篇)[M]．北京：机械工业出版社，2016：17.

② 组织价值观实际上可分为四类。第一类是核心价值观，是指引公司行为的根深蒂固的原则。它们不会因为便利性或者经济盈利而妥协，并且常常反映公司创始人的价值观。第二类是目标价值观，是支持新策略的价值观，它们是组织目前暂不具备但将来必须拥有的价值观。第三类是基本价值观，是对组织员工的行为和社交的最低标准。第四类附属价值观，是随着时间的推移自然形成的，反映员工的共同爱好和个人性格；它们可能是积极的(例如包容)，也可能是消极的(例如对管理层的不信任)。

③ Santos, F. M. and Eisenhardt, K. M. Organizational boundaries and theories of organization[J]. Organization Science, 2005(16): 491-508.

识生产的效率问题。组织知识边界的能力概念则是"以提高创新效率为先导的知识创新要求对企业的知识空间进行优化配置，即对以任务为导向而划分的知识空间六层次(数据层、信息层、程序层、职能层、管理层和社会系统层)所包含的知识资源进行合理配置与优化",① 借此适应不同的动态环境。从现有的实践来看，第三代广告公司出于效率提升和能力选择的外部知识激活一般存在于埃茨科维兹(Henry Etzkowitz)所言及的创新"三螺旋"中的企业和大学(科研机构)这两极,② 其中主要包括：①产业链的上游，即技术/数据提供商。这些提供商有可能来自集团内部，也可能来自集团外部的信息/通信类企业。"我们内部达成了一个共识，肯定要有资本运作……2014 年年终，我们选择了一家国内的上市公司拓尔思。拓尔思本身是做大数据的，但它的大数据更多的是偏传统的数据，我们更多的是偏互联网，互相之间做的事情基本上是匹配的，因此我们迈开了这一步。接下来要做的还是给予我们熟悉的业务，然后加上拓尔思的资金、资源。他们的团队要比我们大得多，在大数据方面的积累也多。"③咨询管理公司下属的数字营销公司则获得了母公司的市场信息和营销管理类知识。②平层的企业与企业之间。这些知识的激活可能是在集团下的平级企业之间发生的，也可能是客户方与委托方之间发生的，也有可能发生在其他的知识"场"当中，例如行业内的某个聚会或是企业联盟。企业联盟的存在也会使知识发生溢出效果并有可能形成更高层面的通行规则。由于牵涉到知识产权的问题，对于这些知识的激活需要特别小心。③平层的螺旋两极之间，即企业与大学院校、科研机构的知识共享和知识创造。平心而论，这些合作现阶段更多的是出于"权力"和"身份认同"的考虑，侧重于宣

① 王良，杨乃定，姜继娇．知识联盟与知识型企业的知识创新战略[J]．软科学，2005，19(3)：80.

② [美]亨利·埃茨科维兹．三螺旋：大学·产业·政府三元一体的创新战略[M]．周春彦，译．北京：东方出版社，2005：1-10.

③ 万木春，胡振宇，编著．数字营销再造——"互联网+"与"+互联网"浪潮中的企业营销新思维(服务篇)[M]．北京：机械工业出版社，2016：9.

传而非知识的实际产出。① ④与含有媒介性质的互联网公司之间。这主要是通过合作成立类似于“研究院”一类的部门，对经由媒介回传的信息和知识进行激活。除此之外，UGC(User-Generated Content，用户生产内容)/PGC(Professional-Generated Content，专家生产内容)/OGC(Occupationally-generated Content，职业生产内容)的内容生产及分包、众包等合作形式也可在一定程度上激活外部知识。

以上这些做法都有可能形成某种知识联盟。“知识联盟是战略联盟的高级形式，是指企业为了能够获取其他组织的技术和能力，并且可供创新的知识而自愿达成的一种长期联盟方式。知识联盟的中心目标就是学习和创造知识，特别强调通过联盟从其他组织学习和吸收内隐知识，或者和其他组织合作创造内隐知识。知识联盟的建立主要是基于组织资源、知识和能力的互补性。”②产业联盟是一种基于产业链的联盟，与之相似，知识联盟也是一种基于知识供应链的联盟。知识联盟形成后能通过发挥知识媒介作用、生产协调作用、知识创新的导向和驱动作用进而建立起知识创新关系网络的动态调整机制、知识资源配置结构的平衡机制以及知识创新链的优化机制。“知识转移曲线呈现为S曲线，且这个曲线实际上是对数函数；知识转移速度和规模主要取决于知识特性、采用某项知识所期望获得盈利、知识转移等因素所引起的风险、知识转移所要求的追加投资等因素。”③三种机制的建立正是针对这些因素而设计的。

---

① 这种做法本来是应该属于一种重要的知识激活方式，但由于大专院校和科研院所在数字营销领域的涉入时间较短以及远离数字营销实务，所以一时还难以发挥其真正作用，其“激活”是小范围的个案，而且比较集中于对储备人才的知识激活。也因为如此，第三代的广告公司主要还是用这种合作来强调组织的影响力，使其能够对外部力量的战略控制最大化并保护其知识和市场地位。与哪些学术机构进行合作则反映出这些数字营销公司的身份认同。

② 王良，杨乃定，姜继娇．知识联盟与知识型企业的知识创新战略[J]．软科学，2005，19(3)：80.

③ 吴洁，刘思峰，施琴芬．基于知识供应链的知识创新与转移模型研究[J]．科技进步与对策，2006(12)：125.

由于当前中国广告产业正处于数字营销转型时期，在内外多种因素的限制下，产业的知识联盟还存在一些不可回避的缺陷，不能发挥其应有的作用。这些问题主要包括联盟参与各方的实力不对等，知识合作效率低、产出少；缺乏联盟运行的规范性和可操作性，合作流于形式，频次低；合作各方存在着组织文化差异和知识差异，沟通和协调困难；外部缺少对此行业的知识产权保护细则，极易引发分歧和争议。实际上，这些缺陷在其他行业当中也是存在的，而且在某些情境下导致了十分严重的负向效果(例如涉及跨国知识合作时的高科技产业)。国内有学者对知识联盟建立的有效运行条件曾作出过研究，这些研究结论也可为现阶段广告产业的知识联盟构建提供参照(见图 5-21、图 5-22、图5-23)。①

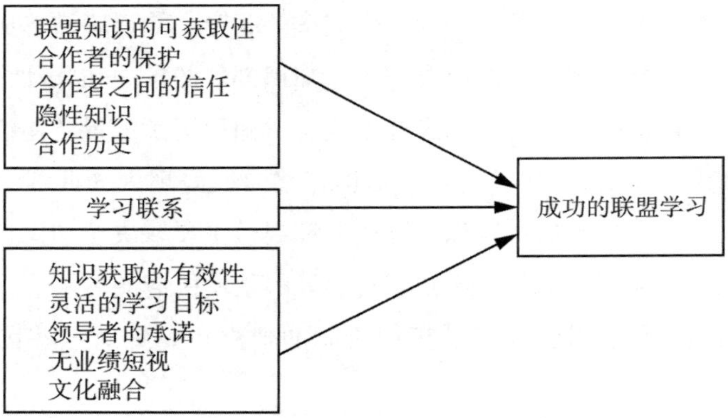

图 5-21　联盟知识的分析框架②

① 另有国内学者指出，影响知识创新联盟成功率的主要指标共有 6 个，分别是：创新战略的同一性、创新知识的互补性、知识共享与学习能力、创新文化的一致性、合作伙伴的可信任性、构建虚拟知识共享平台的能力。详见：林向义、张庆普，罗洪云．知识创新联盟合作伙伴选择研究[J]．中国管理科学，2008(16)：404-408.

② 宁钟，阐雄军．基于战略联盟的组织学习与知识创新研究[J]．研究与发展管理，2005，17(6)：38.

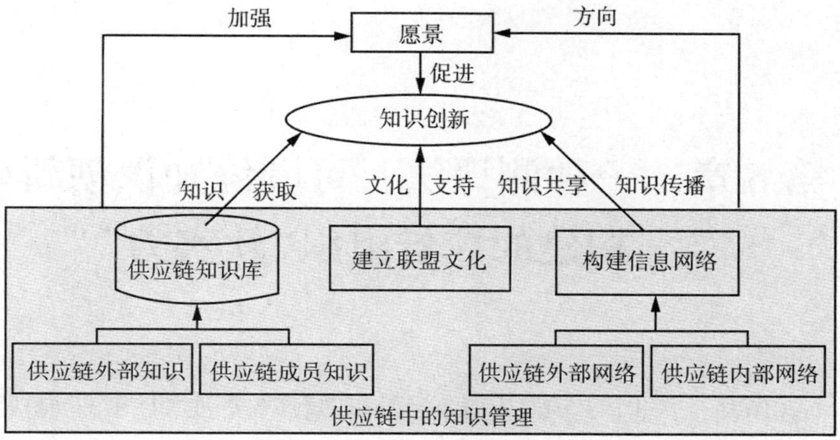

图 5-22　供应链中的知识管理与知识创新①

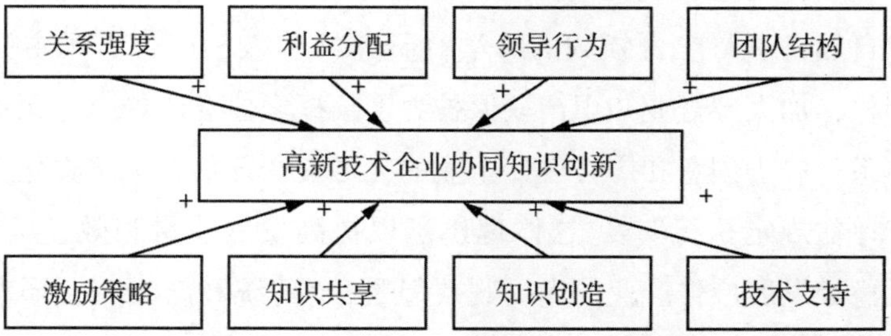

图 5-23　高新技术企业协同知识创新影响因素的概念模型②

① 吴冰，刘仲英．供应链协同的知识创新价值链模型[J]．软科学，2007(8)：105.

② 杜宝苍，李朝明．高新技术企业协同知识创新绩效影响因素实证研究[J]．科技管理研究，2013(12)：173.

第6章　一种测评法：可围绕知识创新构建的广告组织“软实力”[①]

2016年7月8日，国家工商总局发布的《广告产业“十三五”规划》公布，截至2015年年底，全国广告经营额5973亿元，跃升为世界第二大广告市场。在“硬实力”继续扩大的同时，对“软实力”也有着突出强调——“广告产业技术创新、管理创新、制度创新有新成果”，“鼓励软科学、自然科学与广告领域的跨学科研究”，“鼓励广告市场主体申请知识产权，加大广告业知识产权保护力度。探索建立广告企业无形资产评估体系，广告创意和广告设计企业的无形资产评估，按照文化企业无形资产评估规定执行”。[②] 这体现出了以提高发展质量和效益为中心，平衡、稳健发展广告产业的大局观。但是，“传统和新型产业形态缺乏标准引领，产业融合乏力。创新能力不强，拥有自主知识产权少，理论研究和成果应用滞后”。[③] 在“十三五”期间，“打造具有国际化服务能

---

① 本章的部分内容已发表，见万木春，星亮，胡振宇．中国数字营销传播企业“软实力”测评——以数字营销传播服务提供商为研究范畴[J]．现代传播，2017(3)：110-118.

② 中华人民共和国国家工商行政管理总局．广告产业发展“十三五”规划[EB/OL]．[2016-07-08]．http：//www.saic.gov.cn/zwgk/zyfb/zjwj/xxzx/201607/t20160708_169639.html.

③ 中华人民共和国国家工商行政管理总局．广告产业发展“十三五”规划[EB/OL]．[2016-07-08]．http：//www.saic.gov.cn/zwgk/zyfb/zjwj/xxzx/201607/t20160708_169639.html.

力的大型广告企业集团，服务国家自主品牌建设，提高对自主品牌传播的综合服务能力，争取能产生年广告经营额超千亿元的广告企业集团，20 个年广告经营额超 10 亿元、50 个年广告营业额超 20 亿元的广告企业”成为重点任务当中的首项，这也为未来五年的中国广告产业提出了明晰的量化目标。2015 年，以互联网广告、移动广告为代表的数字营销在广告产业当中的比例已位居第一，并延续了之前的高增长态势。因此，国家将“支持广告业与互联网产业融合发展，规范数字广告程序化交易管理，建立新的数字广告生态。鼓励广告业以‘互联网+广告’为核心，实现跨媒介、跨平台、跨终端整合服务”,① 未来中国广告产业的各项创新将主要落脚在数字营销领域，为数字经济的发展助力。

知识管理学者普遍认为，知识创新的主要目的是通过知识生产力的实际“变现”提升企业的核心竞争能力，进而提升企业的整体运营绩效。② 毫无疑问，一种核心能力要包含隐性知识与显性知识,③ 企业核心能力是使企业独具特色并为企业带来竞争优势的知识体系，主要包括员工的知识和技能、物理的技术系统、管理系统、价值及规范四个维度。④ 中国学者魏江(1999)也从核心竞争能力的表现形式和载体出发，对核心能力理论的五个流派进行了比较，认为知识才是核心竞争能力的

---

① 中华人民共和国国家工商行政管理总局. 广告产业发展“十三五”规划[EB/OL]. [2016-07-08]. http：//www.saic.gov.cn/zwgk/zyfb/zjwj/xxzx/201607/t20160708_169639.html.

② “核心竞争能力”概念的提出者普拉哈拉德和哈默尔指出，企业核心能力是指企业在专门技术和生产方面的专长，应具有三个特征：(1)它是一种具有竞争优势且能显著地创造消费者认知利益的资源；(2)市场应用上具有一定的宽广度；(3)竞争者要模仿的难度很高。可参见 Prahalad，C. K. & Harmel，G. The Core Competence of the Corporation[J]. Harvard Business Review，1990(5-6)：79-91.

③ Hamel，G.，Heene，A.，eds. Competence：based Competition[M]. New York：John Wiley & Sons Ltd，1994：Preface.

④ Dorothy Leonard-Barton. Core Campabilities and Core Rigidities：A Paradox in Managing New Product Development[J]. Strategic Management Journal，1992(13)：111-125.

本质(见表 6-1)。

表 6-1　**核心能力理论的各种流派**

流派	代表人物	载体	表现形式	内涵
知识观	巴顿凯文·科因、斯蒂芬·霍尔、帕特里夏·克里福德	人和操作工具	格式化知识(如图纸、文件等)和信息、技术、管理、价值观	企业核心能力是指具企业特性的、不易外泄的企业专有知识和信息
技术观	普拉哈拉德、哈默、梅约、厄特巴克	人、设备和组织等	企业的专长和能力	企业核心能力就是企业产品和技术的创新能力
组织与系统观	库姆斯	人、组织、资产和机制	企业的专有知识	核心能力是提供企业在特定经营中的竞争能力和竞争优势基础的多方面技能、互补性资产和运行机制的有机融合，体现在这种组织中的核心内涵是企业所专有的知识体系
文化观	拉法、佐罗	整个企业	文化	企业真正的核心能力不仅存在于企业操作子系统中，而且存在于企业文化子系统中
资源观	克里斯汀·奥利佛	整个企业	独特的资源和能力	企业的核心能力是企业获取和拥有战略性资源的能力

资料来源：张华．核心刚性、核心能力与企业知识创新[J]．科学管理研究，2002(10)：6.

张玲等人进一步梳理了知识创新与核心竞争优势之间的关系。她们指出，对知识进行持续的探索和思考，尽可能缩短知识明晰化进程，获得因知识扩散产生的收益倍放效应，降低重复创新成本，是企业持续增强竞争优势的关键。知识创新的作用主要是通过知识社会化来体现的，在知识社会化当中，企业成员在共享心智模式、知觉感知等方面互动，搭建经验、诀窍类知识共享平台，营造心理安全氛围，缩短知识分享的物理距离和心理距离，形成了难以模仿且具有内隐特质的经验性知识资产。① 显然，这些知识资产就是勒文达尔、布鲁金、沙利文等学者对企业无形资产定义的主体部分，而且这些能产生竞争优势的无形资产会在企业愿景、领导力、使命等企业文化层面出现凝结：“我们可以发现企业的核心竞争力实际上是与组织学习、知识创新联系在一起的。而组织学习和组织内部知识创新又是企业文化认同度提高的结果。由于企业文化不仅促进了资源的利用与结合，形成了静态的效率(消除了X低效率)，而且还促进了企业的持续创新，实现了动态的效率。从实质来说，企业的核心竞争力就是这种动态的基于持续创新的生产效率。这表明企业的核心竞争力根植于企业文化，企业的使命、愿景和核心价值观是企业核心竞争力中最基础也最具魅力的部分，所以定位核心竞争力首先要确立文化核心。从核心竞争力所具有的三个基本特征来看，企业文化恰好能够满足这一点，具备充分的用户价值、独特性和一定的延展性。”②

笔者认为，相对于企业的资金、设备等“硬实力”，“知识”主要是在形成企业“软实力”的过程中发挥作用。对于当代中国的广告行业而言，由于企业有形资产较少、无形资产较多，企业之间的竞争实质上是

---

① 张玲，马鸿佳，鞠晓伟．知识创新对集群竞争优势影响的实证研究[J]．图书情报工作，2011，55(10)：92-97.

② 张志鹏．基于企业文化认同的组织学习与知识创新[J]．现代管理科学，2005(3)：92.

由知识生产力和知识创新带来的“软实力”层面的竞争，这在一般情况下要比“硬实力”更为重要。基于以上考虑，笔者将在本章中运用定量分析方法，对国内数字营销公司的“软实力”进行测评体系的试构建，并以此来验证知识创新于何种程度上影响了当前环境下中国广告企业、广告产业的核心竞争能力以及“软实力”的形成。

6.1　中国广告企业和广告产业的“软实力”

“软实力”与“硬实力”是一组相对概念。“软实力”一词最早出现于 20 世纪 80 年代末期的政治研究领域，并逐渐扩散至文化研究、区域经济研究和与文化密切相关的行业产业研究。根据现有文献来看，国内外学者和新闻媒体大多根据美国政治学者奈(Joseph Nye)的权威界定来理解“软实力”(软权力)的含义，把软实力作为一种间接使用的文化战略，用这种新的竞争和“征服”方式弥补硬权力的不足：“在国际政治中，一个国家达到了它想达到的目的，可能是因为别的国家想追随它，崇尚它的价值观，学习它的榜样，渴望达到它所达到的繁荣和开放程度。在这个意义上，在国际政治中制定纲领计划和吸引其他国家，与通过威胁使用军事和经济手段迫使它们改变立场一样重要。”①“软力量是一种能力，它通过吸引力而非威逼利诱达到目的。这种吸引力来自一国的文化、政治价值观和外交政策。当一国的政策在别人的眼里是合法、正当时，国家的软力量就得到了提升。”②王沪宁也指出：“把文化看作一种软权力，是当今国际政治中的崭新概念。人们已经把政治体系、民族士气、民族文化、经济体制、历史发展、科学技术、意识形态等因素看作

① ［美］约瑟夫·奈．美国霸权的困惑［M］．郑志国，等译．北京：世界知识出版社，2002：9.

② Joseph Nye. Soft Powers：The Means to Success in World Politics［M］. NewYork：Public Affairs，2004：25.

是构成国家权力的属性。”①因此，“软实力”(软权力)的概念是被基本限定在国际政治和国内政策领域的，它是一个国家所具有的现实力量的一部分(其中包含意识形态、文化魅力、道德诉求等方面所表现出来的精神力量)，不过，“如果运用马克思主义哲学的矛盾普遍性理论来分析，我们便会发现，软实力其实普遍存在于各类竞争主体之中”,② 从国家与地区一直延伸至企业及个人。

西方专门对微观企业层面的“软实力”研究为数寥寥，一般将其等同于组织文化，但这是不够充分的。知识管理学者则从知识创新的角度把愿景、领导力、创新意愿、适合创新的组织结构、个体的创新活力、有效的团队合作、全员参与创新的水平、创造性的组织氛围、广泛的知识网络等归于组织文化当中，并尤为强调高层提出的愿景、价值观以及领导力和执行力，认为这些是核心竞争能力的“核心”，是组织力量得以展现的源泉。在企业和组织文化的判断上，管理学的各个流派之间的差异并不大，企业界和学术界对企业“硬实力”的看法也比较一致，即指企业用以直接支持其市场行为的、所有可量化的物质态要素。但在对企业“软实力”的定义上，却因逻辑起点的不同有着较大差异(特别是国内学者)。

6.1.1 企业层面的“软实力”内涵分歧

1. 形成或作用机理型定义

马庆国等指出，企业软实力是在国家、区域软实力的基础上，形成的以增强企业文化、企业精神和企业形象等方面的认同感，从而成倍增强企业竞争力为最终目的的学科概念;③ 李春艳、黄丽丽认为，“软实

---

① 王沪宁．作为国家实力的文化：软权力[J]．复旦学报(社会科学版)，1993(3)：91.

② 黄牧怡．关于“软实力”的哲学思考[J]．唯实，2004(12)：13.

③ 马庆国，楼阳生等．区域软实力的理论与实践[M]．北京：中国社会科学出版社，2007：8.

力”体现了一种价值认同，是对企业价值观、企业文化等方面的认同，最终表现是消费者对企业或品牌的忠诚；① 丁政、张光宇提出，企业软实力在很大程度上也可说是企业文化的正向影响力。②

2. 组成结构型定义

邓正红从企业未来生存的角度，以资源整合为落脚点，将企业“软实力”划分为五个层次，即趋势预见力、环境应变力、资源整合力、文化制导力和价值创新力；③ 朱玲琳将企业“软实力”划分为四个层次，即凝聚力、生命力、创新力和传播力；④ 于朝晖、史学嘉从企业公关战略的角度，将企业“软实力”归结于形象影响力、资源整合力、文化制导力和环境应变力；⑤ 郭德、梁娟红结合企业竞争力理论，认为企业“软实力”包括企业形象、企业文化、创新能力、管理能力和公共关系五个方面；⑥ 秦德智等人认为，软实力是综合实力和企业核心竞争力的重要组成部分，是企业文化、价值理念、学习能力、创新能力和可持续发展能力的集中体现。⑦

3. 建设流程型定义

黄国群、徐金发等人认为，“企业软实力是企业主体通过对企业特

① 李春艳，黄丽丽．基于组织认同的企业软实力模型构建[J]．学术交流，2010(8)：74-78.

② 丁政，张光宇．企业软实力结构模型的构建与解析[J]．科学学与科学技术管理，2007(7)：115-121.

③ 邓正红．企业生存准则[M]．北京：东方出版社，2006：2.

④ 朱玲琳．提升企业“软实力”的思考[J]．中国集体经济，2007(12)：54-55.

⑤ 于朝晖，史学嘉．提升企业“软实力”——战略公关模型构建与解析[J]．上海管理科学，2008(6)：92-96.

⑥ 郭德，梁娟红．基于 ANP 的企业软实力评价体系研究[J]．科学学与科学技术管理，2008(7)：184-188.

⑦ 秦德智，秦超，蒋成程．企业文化软实力与核心竞争力研究[J]．科技进步与对策，2013(7)：95-98.

定资源的占有、转化和传播，以吸引企业利益相关者等客体，获取他们的价值认同，使他们产生企业所预期的行为，最终达到企业目的的一种能力”;① 罗高峰认为，“企业软实力是企业具有核心竞争力的技术创新能力因素、资本沉淀因素和环境整合能力因素的集成，通过企业理念形成集成能力促进企业利益相关者等客体，获取他们价值认同，使他们产生企业所预期的行为，最终达到企业目的的一种能力”。②

由于社会学科自身的复杂性、局限性和演进性，任何的概念都只是从某种思维逻辑出发交由实践检验的近似定义，而且不同的实践过程也会导致不同的人文社科概念的诠释。以上定义虽各有侧重，但大部分只具有指导性或一般性意义，一些学者还把企业的“软实力”等同于企业文化、社会责任、企业形象等，出现了概念上的模糊与混乱(例如，合理设置组织架构以及个体的创新活力显然也是企业的“软实力”，但它们不同于一般意义上的企业文化)。就“软实力”的多种定义而言，其组成结构是解决理论和实践问题的关键部分。同时我们也应注意到，形成机理与建设流程这两大类定义均与传播学在传播模式的对象、目的、渠道、效果等方面存在天然的密切联系，是营销传播在价值传递上的具体实现。由此来看，黄国群、徐金发、罗高峰等人对“软实力”的定义是比较完整的，但这些定义仍然没有充分体现出知识创新对“软实力”形成的重要作用。因此，如果要分析中国现阶段广告产业和数字营销传播企业的“软实力”内涵，就必须融合邓正红、朱玲琳、郭德、梁娟红、秦德智等人对于“软实力”的定义思路，并且与数字营销传播行业的实际运行状态相结合、落足于业态内部，以知识创新的逻辑主线进行重新考察。

---

① 黄国群，徐金发，姜涛，郗河．企业软实力的内涵、形成过程及作用机理研究[J]．软科学，2008(2)：124.

② 罗高峰．基于价值认同视角的企业软实力作用机制研究[J]．管理世界，2010(3)：184.

6.1.2　当代中国广告企业构建“软实力”的重要性

美国营销学会（American Marketing Association，AMA）为营销所下的定义是：营销是一项有组织的活动，它包括创造“价值”，将“价值”沟通输送给顾客，以及维系管理公司与顾客间关系，从而使得公司及其相关者受益的一系列过程。① 从中不难看出，价值沟通与内外部关系维护等传播事项，即为营销的重要组成部分。“营销传播”是指促进交换的品牌营销组合的要素集合，而促进交换的途径是确定品牌的目标消费群、与竞争品牌区分定位以及与目标消费群分享品牌意义。② 营销即传播、传播即营销，二者密不可分。“营销传播”的内涵容纳了营销、传播与管理，三者可以被视为一种全新融合的企业—社会协同关系。

当数字化时代来临之后，“营销传播”的理论内涵虽然没有出现重大调整，但由于外部环境发生了巨变，“数字营销传播”已经成为商业社会发展的主要方向。笔者认为，所谓数字营销传播，是指以数字化社会情境中的全生产要素（劳动者、劳动对象、劳动资料、知识、管理、资本、协作）为基础、以数字化手段调动企业可触及的一切资源，通过创造、传递优质的顾客价值，对企业进行多层次、全方位的系统化运营。其涉及范围虽然主要集中于营销和传播层面，但实际上包含了波特所言的九大价值链环节和企业正常活动中的所有细节。而且，由于企业活动的溢出效应大幅增加，数字营销传播对社会生态系统循环产生了比以往任何时代都更为显著的正负反馈。从这个广泛的意义讲，在未来，几乎每个企业都会发展成为数字营销企业，而非目前狭义地指向第三代富含知识与技术成分的广告类企业。自然，数字营销未必是营销的终极

① ［美］菲利普·科特勒，凯文·莱恩·凯勒．营销管理［M］．梅清豪，译．上海：上海人民出版社，2006：6.

② ［美］特伦斯·A. 辛普．整合营销沟通［M］．廉晓红，等译．北京：北京大学出版社，2003：4.

形态，也未必是企业的终极形态。

毫无疑问，企业任何能力的形成与拓展必须经由全体员工的必要劳动实践方可实现转化。对于以数字营销企业为代表的第三代广告公司而言，一是由于硬性投入的规模只占所有支出的很少一部分；二是从工作性质来看，其工作流程主体都凭借自身的“软实力”并围绕着客户的“软实力”进行；三是从产出来看，一般均提供无形产品及服务；四是从目的来看，主要提供“价值观”来影响消费者心智和进行内外关系维护。因此，数字营销传播企业“软实力”构建的重要性要远大于第一、第二产业，每次“软实力”消耗与“软实力”弥补的闭环能否顺利完成，会对企业的收益和未来发展产生重大影响。

6.1.3 当代中国广告企业的“软实力”内涵

根据上述分析可以认为，当代中国广告企业的“软实力”，是指广告企业主体在对特定资源(主要是非物质资源)的占有、分享、转化过程中，以知识、技术、产品、制度、组织等方面的相对优势来吸引企业利益相关者，获取他们的价值认同，提升自身盈利能力，保证最终实现企业差异化竞争能力的绩效转化。企业软实力至少应具备三个显著特点：有价值、不具备物质实体、难以模仿。

在此内涵中，特定的非物质资源主要是指人的智力资本、技术积淀、信息资源，这三者不但是互联网经济的基石，也是各种创新模式的必要非充分条件。在知识型社会中，它们的获取与更新、使用与完善、交流与传承对任何组织和个人都将变得尤为重要，不但超越了组织本体，也在某些层面超越了企业赖以生存发展的物质性要素。这些特定的非物质资源由知识创新激发，也决定了知识创新的进一步发展；它们既是当代广告业生产力的重要基础，其占有、使用和获利也会反映出具体的生产关系。

6.2 当代广告组织“软实力”开发框架的量化构建过程

2005年之后，我国学者响应国家号召，在如何提升华夏文明影响力、提升国家形象、构建地区政治格局、振兴文化创意产业、发展区域经济等方面，对“软实力”展开了多层次的研究，其中也包括少量对企业形成“软实力”的研究。应该说，其研究范围和研究深度已经超过国外同期水平。尤其是在与中国文化的对接上，呈现出十分明显的本土化特点(见表6-2)。

表6-2　　我国自行构建的企业“软实力”模型和指标

时间	提出者	主要构建方法	指标体系
2007	丁　政 张光宇	文献归纳法(Document Induction Method，DIM)	4个一级指标、16个二级指标
2008	郭　德 梁娟红	网络层次分析法(Analytic Network Process，ANP)	5个一级指标、35个二级指标、94个三级指标
2008	于朝晖 史学嘉	文献归纳法	4个一级指标、16个二级指标
2008	徐双庆 徐金发	文献归纳法	3个一级指标、15个二级指标
2009	孙海刚	文献归纳法	7个一级指标、21个二级指标、58个三级指标
2010	李春艳 黄丽丽	文献归纳法	2个一级指标、5个二级指标、6个三级指标
2010	李　倩	数据包络分析法(Data Envelopment Analysis，DEA)	2个一级指标、8个二级指标
2010	王　蕾	模糊综合评价法(Fuzzy Comprehensive Evaluation，FCE)	3个一级指标、6个二级指标、23个三级指标

续表

时间	提出者	主要构建方法	指标体系
2010	李　杰	层次分析法(Analytic Hierarchy Process, AHP)	5个一级指标、15个二级指标、44个三级指标
2012	张菡姣	因子分析法(Factor Analysis Method, FAM)、层次分析法	5个一级指标、33个二级指标
2013	姜万勇	层次分析法	12个一级指标、44个二级指标
2013	秦德智 秦　超 蒋成程	文献归纳法	4个一级指标、12个二级指标
2013	刘德田	层次分析法	4个一级指标、9个二级指标、25个三级指标
2014	田炜巍	文献归纳法	3个一级指标、9个二级指标

由我国自行研发的企业“软实力”指标模型共有10余种，但其中仅有不到一半得到过实证检验，而且并未关注到广告产业/文创产业等基本以“软实力”发展出核心竞争能力的产业。从路径和方法上看，随着定性向定量的转移，研究者先以既有文献配合问卷列出一级指标，再以因子分析法获取下级指标，继以层次分析法、模糊综合评价法、德尔菲法(Delphi)确定各指标的权重，最后用模糊综合评价法、数据包络分析法结合其他方法得出各模块的效率评价值。就现有研究而言，郭德、梁娟红(2008)、孙海刚(2009)、王蕾(2010)、李杰(2010)、张菡姣(2012)、姜万勇(2013)、刘德田(2014)给出了比较完整的指标体系；王蕾、李杰、张菡姣对各自建立的指标体系进行了一定程度的数值检验。但在取得一定突破的同时，部分指标体系仍有以下缺陷：

(1)缺乏对一手资料的掌握，直接从二手文献入手，无法准确反映企业的现实状况，难以解决实际问题；可能是由于篇幅所限，未呈现问卷本体。

(2)受访者个人情况不明，德尔菲法未明确指出专家工作单位或更多的具体信息；权重赋值出现严重偏差，如选择在校学生对指标进行评判。

(3)一些一级指标的设定比较随意，未遵循“不重不漏”原则；部分二级、三级指标的划定存有疑问，在数据足量情况下未做主成分分析。

“软实力”评价属于多指标综合评价问题，目前使用的综合评价方法主要包括层次分析法、德尔菲法、因子分析法、模糊综合评价法、灰色关联评价法(Grey Relation Analysis，GRA)、神经网络法(Back Propagation，BP)、密切值法(Close-value Method，CVM)、秩和比法(Rank-sum Ratio，RSR)等。数字营销传播企业在组织文化、人才需求、知识创新、管理制度、公共关系等方面具有与其他行业明显不同的特征。因此必须在原有企业“软实力”模型的基础上，针对数字营销传播企业的特殊性，以兼容可扩展的原则建构“软实力”的评价指标体系。

2016 年 7 月至 2017 年 11 月，笔者依托所在单位资源，组建了小型团队，开展了全国首次面向数字营销行业的大型个人访谈项目。此访谈对北京、上海、广州、深圳、杭州、天津 6 座城市的 43 家数字营销行业、52 位标杆企业副总裁以上的管理者以及 28 位总监级业务一线人员进行了每次约 3 小时的个人深层面访和问卷调查，形成了约 130 万字的一手资料、访谈录音 1400 小时、20 篇公开发表文章和一部出版成书。①

① 其中主要单位包括：阿里妈妈、AdMaster、爱投数创、安索帕中国、奥美世纪、CCE、迪思传媒、点入互动、广东省广、互动通、互动派、琥珀传播、华邑数字、蓝色光标、力美科技、利欧数字、Netconcepts、欧安派、PandaMobo、品友互动、牵牛科技、时趣互动、钛铂新媒体、新网迈、Verawom、VML、瑞意恒动、舜飞科技、微播易、新意互动、因赛集团、宣亚国际、氩氪互动、映盛中国、悠易互通、珍岛集团、中国广告网等。

访谈通过典型调查配合问卷调查，从企业营销管理的角度切入，对国内数字营销传播现状进行了整体扫描和重点解读，以期发现既有问题、梳理行业脉络、呈现各种发展观点与路径，其中主要从知识生产力、企业理念、核心竞争能力、知识创新等方面，探索了国内数字营销传播行业的“软实力”构成问题。

6.2.1 当代广告组织“软实力”评测体系的研究步骤

(1)界定核心概念。研究的核心概念主要是软实力、数字营销传播、企业家精神、企业愿景、企业价值观、核心竞争能力、知识创新。另外还有一些非核心概念，包括营销、营销传播、跨界思维、差异化能力等。

(2)对访谈资料进行初步的内容分析，从中甄选出研究者认为属于“软实力”的各项显性内容和隐性内容作为指标，并返回受访者要求确认。之后，使用德尔菲法再次对指标加以评判。指标的选取方法是一种基于经验选择法之上的专家咨询法。

(3)结合因子分析法与层次分析法，将所有指标划分为5个一级指标、11个二级指标、50个三级指标和少量四级指标，对问卷进行定量分析。问卷主要从创新能力的角度反映“软实力”水平，确定了“软实力”当中各指标的权重。

(4)与一手资料相印证，分析其中的关键性指标。虽然受访企业均是标杆型企业，可以作为典型来搭建“软实力”评价体系，但它们在整个行业当中的所占比例很低，数据量仍不能满足严格的量化分析标准。另外，由于对“软实力”指标的选择过程具有一定的主观性和模糊性，所以在综合评价的过程中需要考虑如何降低这种不确定性，并充分考察各指标之间的相互作用关系。因此，本章选择了因子分析法和层次分析法进行指标综合构建。通过对以往文献的梳理，结合访谈内容，综合以往对于“软实力”的指标构建研究，将数字营销传播企业的“软实力”分为 5 个一级指标并据此向下延伸(详见表 6-3，其中一些三级指标还扩展出四级)。访谈共形成了有效问卷 90 份。问卷以重复检验法测量了信度，以专家逻辑检验法测量了效度。

表 6-3　**基于“软实力”视角的当代广告组织竞争力测评体系**

一级指标	二级指标	三级指标
A1 企业文化	B1 企业价值观	C1 企业精神
		C2 服务理念
		C3 凝聚力
		C4 企业愿景及使命
	B2 文化内现	C5 企业口号
		C6 礼仪规范
A2 企业管理	B3 管理制度	C7 发展规划
		C8 经营规范
		C9 运营流程
		C10 组织结构
		C11 风险控制
	B4 人力资源	C12 薪酬体系
		C13 招聘体系
		C14 晋升体系
		C15 个人能力开发
		C16 综合能力
		C17 员工学历

续表

一级指标	二级指标	三级指标
A3 创新体系	B5 知识创新	C18 知识获取
		C19 知识创造
		C20 知识传递
		C21 知识转化
		C22 知识溢出
	B6 创新能力	C23 技术水平
		C24 研发人员比重
		C25 研发费用比重
		C26 专利与知识产权
		C27 新产品(服务)产值率
		C28 创新频率
		C29 组织创新
		C30 营销创新
		C31 管理创新
	B7 差异化能力	C32 差异化水平
		C33 跨界整合能力
A4 企业形象	B8 外在形象	C34 企业场景
		C35 人员风貌
		C36 产品(服务)形象
	B9 企业声誉	C37 企业地位
		C38 企业知名度
		C39 企业美誉度
		C40 企业信用评级
		C41 企业获奖评级
		C42 企业号召力

续表

一级指标	二级指标	三级指标
A5 公共关系	B10 组织间关系	C43 政府及半官方组织关系
		C44 供应商关系
		C45 媒体关系
		C46 客户关系
		C47 其他战略性关系
		C48 外部宣传力度
	B11 社会责任	C49 经济责任
		C50 道德责任

6.2.2　当代广告组织“软实力”的综合评价方法

企业“软实力”的评价指标体系是一个多层次、多项的指标体系，在评价中需要确定各项指标在总体评价中的重要程度，并且要对其重要程度作量化描述，即确定指标权重。权重确定是否合理往往直接关系到评价体系的准确程度，因而是总体评价的关键性起始环节。

目前，国内外在类似研究当中所选用的确定权重方法可分为主观定性法和客观定量法两大类。主观定性法包括德尔菲法以及由其发展出来的专家调查权重法(Expert Investigation Weight Method，EIW)，是人们在总结分析已有成果的基础上，根据经验以及现有数据进行定性分析，对指标进行赋值。此类方法简单易操作，但是主观意识较强、说服力与科学性较弱，得到的结果往往会有较大偏差。客观定量法包括主成分分析法(Principal Component Analysis，PCA)、层次分析法、网络层次分析法等，需要通过数据计算得到结果。客观定量法也不是完美的，需要主观判断的辅助。本章在确定指标权重和进行体系构建时综合选用了德尔菲法和层次分析法。

1. 指标权重确定的流程和方法

根据笔者设计的当代广告组织"软实力"五力模型，在理论分析的基础上采用了经验选择法和专家咨询法，构建了"软实力"评价指标体系；然后使用德尔菲法进行评价指标权重的专家问卷调查，运用层次分析法确定了"软实力"评价指标的权重。最后，笔者将其作为研究工具用于当代广告组织"软实力"评价体系的现状研究(见图 6-1)。

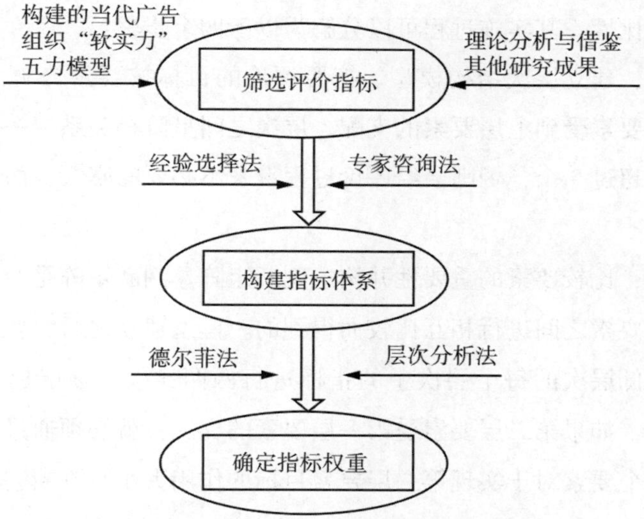

图 6-1　基于"软实力"视角的当代广告组织竞争力测评体系构建流程图

(1)德尔菲法。采用德尔菲法进行主观权重评价，可以避免因为受访者权威、受访表现、人数优势等原因影响权重的确定。具体操作办法是先制定指标权重咨询表请权威专家、数字营销企业管理人员等对指标权重咨询表中提出的指标进行赋权，然后将咨询表收回、进行数据处理，再反馈给各位被咨询者。各被咨询者根据自己的思考对反馈表进行修改，由研究者再交给其他被咨询者讨论。经过几轮的反馈后，被咨询者的意见将会趋于一致。

(2)层次分析法。层次分析法是用客观的方法来描述人们的主观判断，通过将复杂的问题分解成各个组成要素，并把各要素按照支配关系分解成有序的层次结构，通过两两对偶比较确定每一层次中各因素的重要性排列，然后计算判断矩阵的最大特征值所对应的特征向量，从而确定指标的权数值。这种分析方法既包含专家的丰富经验又结合了数理分析，总体而言比较科学。它的优势主要表现在：出发点是评价系统整体的最佳效益；通过对指标进行两两对偶比较，降低了人们进行指标比较排序过程中的主观性，提高了判断赋值的准确性，增强了在同一层次上赋值的可比性。其实施过程可以分解为以下四个步骤：

其一，建立层次结构模型。把要评价的目标按要素分解为几个层次，下层要素受到上层要素的支配。层次之间呈阶梯关系，一般层次的划分不要超过 9 个，否则会给评价过程带来不必要的麻烦，而且结果未必准确。

其二，比较要素的重要性并构造判断矩阵。判断矩阵是对同一层次中每两个要素之间进行相互比较而得到的。模型建立之后，要把从最高层次到最低层次的每个层次中的指标进行两两比较，逐层建立判断矩阵。例如，如果第二层要素受第一层要素的支配，就必须通过比较第二层中每两个要素对于实现第一层要素目标的作用大小来判断它们的重要性。要素两两比较的等级一般分为五个等级，包括同样重要、略微重要、比较重要、非常重要和绝对重要，分别用奇数数字(1、3、5、7、9)来表示，如 1 表示要素 i 与 j 同样重要；用偶数数字(2、4、6、8)来表示以上几个级别的重要性级数，例如用 2 来表示要素 i 与 j 介于“同样重要”和“略微重要”之间的级别。各个数字对应的等级如表 6-4 所示。

表 6-4　**要素重要性等级表**

数字	重要程度
1	要素 i 比 j 同样重要

续表

数字	重要程度
3	要素 i 比 j 略微重要
5	要素 i 与 j 相比，比较重要
7	要素 i 与 j 相比，非常重要
9	要素 i 与 j 相比，绝对重要
2、4、6、8	介于以上每两个相邻级别之间的等级
倒数	如果要素 i 与要素 j 的重要性之比为 a_{ij}，则要素 j 与要素 i 的重要性之比为 a_{ji}

被咨询者需要对每一层次的每两个要素之间的相互重要性做出判断，这些判断结果用数值表示并写成判断矩阵形式，比如 A 目标层支配着下一层次 B_1、B_2、B_n 等要素，则得到如下判断矩阵：

$$A=\begin{bmatrix} B_1/B_1 & B_1/B_2 & \cdots & B_1/B_n \\ B_2/B_1 & B_2/B_2 & \cdots & B_2/B_n \\ \vdots & \vdots & & \vdots \\ B_n/B_1 & B_n/B_2 & \cdots & B_n/B_n \end{bmatrix} \tag{6.1}$$

其三，计算权重并进行单层次排序。计算判断矩阵的最大特征值以及对应的特征向量，得出每一层各指标的权重值。在对各元素的重要性作两两比较得到判断矩阵后，再求出判断矩阵的最大特征根 λ_{max} 及其对应的特征向量 w，将特征向量归一化后所得到的特征向量的各个分量即为各个元素的权重。由于本章只需要求出下一级指标相对于上一级指标的权重，所以省去了层次总排序而只进行层次单排序。层次单排序是指计算所有元素相对重要性的排序权值。

其四，一致性检验。判断矩阵也存在着一定的主观因素，在综合比较结果时，其中难免包含一定程度的非一致性，因此就必须对判断矩阵进行一致性检验。我们可以在层次分析法当中利用判断矩阵特征根的变化(一致性指标 CI)来检验被咨询者判断的一致性(见公式 6-2)。

$$CI = \frac{\lambda_{max} - n}{n - 1} \tag{6.2}$$

CI 的数值大小与判断矩阵的完全一致性成反比。一般来说，判断矩阵阶数 n 越大，要素之间的关系越难达成一致性，因此需根据判断矩阵的阶数对一致性指标 CI 进行修正，这时需要查找相应的平均随机一致性指标 RI 并计算 CI 与 RI 的比率 CR。当 CR<0.10 时，可以认为判断矩阵的一致性能够接受，否则应重新赋值。层次分析法的提出者萨蒂((Thomas L. Saaty)给出了 n=1，2，…，9 的 RI 值，如表 6-5 所示。

表 6-5　**平均随机一致性指标 RI 值**

n	1	2	3	4	5	6	7	8	9
RI	0	0	0.58	0.90	1.12	1.24	1.32	1.41	1.45

(3)指标体系释义。在数据收集开始前，首先要对各项指标进行赋义，否则会由于咨询者和受访者的主观认知而使研究出现重大偏差(但赋义本身会带有研究者的主观性)。本书中研究的一、二、三级指标共有 66 个，限于篇幅，此处只对一级指标进行释义。①企业文化。企业文化是企业所有人遵循的价值观念以及由此引发的共同的行为方式；构成企业文化的二级要素包括企业核心价值观和文化内现。②企业管理。企业管理是对企业生产经营活动进行计划、组织、指挥、协调和控制等一系列活动的总称；构成企业管理的二级要素包括管理制度和人力资源。③创新体系。创新体系由以科学研究为先导的知识创新体系、以标准化为轴心的技术创新体系和以信息化为基础的管理创新体系构成。在知识社会新环境下，三个体系相互渗透、互为支撑、互为动力。构成创新体系的二级要素包括知识创新、创新能力、差异化能力。④企业形象。企业形象是指经由企业的各种符号表达而建立起来的、各利益相关者对企业的总体印象；构成企业形象的二级要素包括外在形象和企业声誉。⑤公共关系。公共关系是指组织机构与各利益相关者之间的沟通与

传播关系；构成企业公共关系的二级要素包括组织间关系和社会责任。

2. 指标权重确定的具体运算步骤

其一，因子分析检验。在指标体系正式构建之前，笔者先将预先设想的66个指标转为数值型并进行了因子分析，同时也再次测量了问卷的结构效度。首先，把量表总分前27%划分为高分位组，后27%划分为低分位组，然后对高低分组的每个指标的平均数进行T检验。结果显示在1%的水平下，有13项指标结果不显著，其余指标均通过了显著性检验，能够用于评价数字营销企业的"软实力"水平。其次，在进行因子分析前，笔者运用了kaiser-Meyer-Olkin(KMO)和Bartlett球形检验法，对变量可否进行因子分析实施了检验。结果显示，本量表KMO值为0.869，且Bartlett球形检验值达到了0.000显著水平，代表总体的相关矩阵间有共同因素存在，适合作因子分析(见表6-6)。

表6-6　**KMO和Bartlett的检验**

	取样足够的 Kaiser-Meyer-Olkin 度量	0.869
Bartlett 球形度检验	近似卡方	3672.579
	Df	1225
	Sig.	0.000

说明：使用SPSS17.0汉化版。最大方差法旋转，取消小系数，绝对值默认参数0.3，单变量描述。

在分析时，主成分分析共提取了9个特征值大于1的因子，累积方差解释量为77.001%，其中前三个因子对解释变量的贡献最大(见图6-2)。

其二，专家调查。虽然在因子分析检验后发现主成分因子有9个，但已有数据量并不足以保证这些因子为最优。因此，笔者进一步使用了

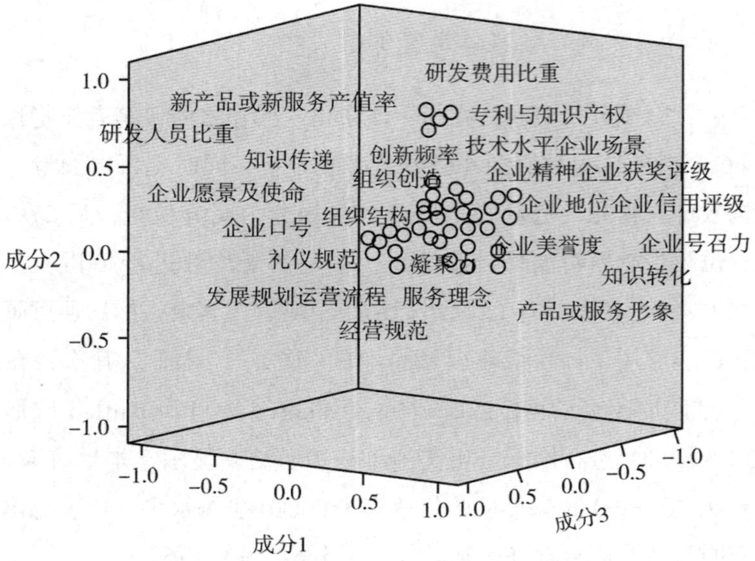

图6-2　旋转空间中的成分图

说明：使用SPSS17.0汉化版。最大方差法旋转，旋转在22次迭代后收敛。

层次分析法。首先，根据基于“软实力”视角的当代广告组织竞争力测评模型，运用德尔菲法进行了专家调查，请7位学者和业界专家对评价指标进行两两比较判断，并对判断结果赋值，对得到的量化判断数值进行加权求平均数，再反馈给各位专家直至判断数值趋于一致。

其三，求解指标权重。根据专家判断的最终结果综合建立指标重要性两两对比表，再由最高层到最底层，逐层建立同一层次的指标两两判断矩阵。根据判断矩阵用MATLAB7.0软件求解矩阵的特征值和特征向量，对最大特征值进行一致性检验，然后对特征向量进行归一化，得到指标的权重。

(1)MATLAB7.0参数说明：

①一致性检验CR：

step1：n阶正互反阵最大特征根λ，且$\lambda=n$时为一致阵；

step2：如果 $\lambda>n$，就要进行一致性检验，其指标为 $CI=(\lambda-n)/(n-1)$，值越小越好；

step3：再有 CI 的值，根据 saaty 结果，可以计算出 RI；

step4：再用 CI/RI 算得一致性比率 CR。

其中：CI 是一致性检验指标，程序中总用 ci1 表示，ci1 = (lambda-n)/(n-1)；RI 是平均随机一致性指标，根据不同的标准，RI 的值也会有微小的差异；cr 是一致性比率，程序中用 crA、crA1、crA2 等表示。

②最大特征值是 lambda，程序中总用 lambda 表示。理论上可以证明正互反矩阵的最大特征值必为正实数，其对应特征向量的所有分量均为正实数。实际数值计算出来特征值可能会带有小的复部，特征向量也可能是负的。因此程序中计算特征值的时候取了模，特征向量取了绝对值。

③权重是 w，也是最大特征值对应特征向量(为列向量)，程序中用 wA、wA1、wA2 等表示。

(2)各指标权重值：见表 6-7～表 6-23。

表 6-7 一级指标矩阵

指标	A1	A2	A3	A4	A5
A1	1	1	1/3	1/2	1/2
A2	1	1	1/2	1	3
A3	3	2	1	1	2
A4	2	1	1	1	2
A5	2	1/3	1/2	1/2	1

$$\begin{pmatrix} 1 & 1 & 1/3 & 1/2 & 1/2 \\ 1 & 1 & 1/2 & 1 & 3 \\ 3 & 2 & 1 & 1 & 2 \\ 2 & 1 & 1 & 1 & 2 \\ 2 & 1/3 & 1/2 & 1/2 & 1 \end{pmatrix}$$

lambda = 5.2695

wA = [0.1166;0.2122;0.2997;0.2373;0.1341]

cil = 0.0674

crA = 0.0602

表 6-8　　**二级指标 A1 矩阵**

指标	B1	B2
B1	1	7
B2	1/7	1

lambda = 2

$\begin{pmatrix} 1 & 7 \\ 1/7 & 1 \end{pmatrix}$ wA1 = [0.8750;0.1250]

cil = 0

2 阶矩阵总是一致阵，不用检验

表 6-9　　**二级指标 A2 矩阵**

指标	B3	B4
B3	1	1/3
B4	3	1

lambda = 2

$\begin{pmatrix} 1 & 1/3 \\ 3 & 1 \end{pmatrix}$ wA2 = [0.2500;0.7500]

cil = 0

2 阶矩阵总是一致阵，不用检验

表 6-10　　**二级指标 A3 矩阵**

指标	B5	B6	B7
B5	1	1	1/2
B6	1	1	1
B7	2	1	1

lambda = 3.0536

$\begin{pmatrix} 1 & 1 & 1/2 \\ 1 & 1 & 1 \\ 2 & 1 & 1 \end{pmatrix}$ wA3 = [0.2599;0.3275;0.4126]

cil = 0.0268

crA3 = 0.0462

表 6-11 **二级指标 A4 矩阵**

指标	B8	B9
B8	1	1/2
B9	2	1

lambda = 2

$$\begin{pmatrix} 1 & 1/2 \\ 2 & 1 \end{pmatrix}$$

wA4 = [0.3333;0.6667]

cil = 0

2 阶矩阵总是一致阵,不用检验

表 6-12 **二级指标 A5 矩阵**

指标	B10	B11
B10	1	1
B11	1	1

lambda = 2

$$\begin{pmatrix} 1 & 1 \\ 1 & 1 \end{pmatrix}$$

wA5 = [0.5000;0.5000]

cil = 0

2 阶矩阵总是一致阵,不用检验

表 6-13 **三级指标 B1 矩阵**

指标	C1	C2	C3	C4
C1	1	2	1	2
C2	1/2	1	1/2	1
C3	1	2	1	1
C4	1/2	1	1	1

$$\begin{pmatrix} 1 & 2 & 1 & 2 \\ 1/2 & 1 & 1/2 & 1 \\ 1 & 2 & 1 & 1 \\ 1/2 & 1 & 1 & 1 \end{pmatrix}$$

lambda = 4.0606

wB1 = [0.3383;0.01692;0.2879;0.2046]

cil = 0.0202

crB1 = 0.0225

表 6-14　　三级指标 **B2** 矩阵

指标	C5	C6
C5	1	3
C6	1/3	1

lambda = 2

$$\begin{pmatrix} 1 & 3 \\ 1/3 & 1 \end{pmatrix}$$

wB2 = [0.7500;0.2500]

cil = 0

2 阶矩阵总是一致阵,不用检验

表 6-15　　三级指标 **B3** 矩阵

指标	C7	C8	C9	C10	C11
C7	1	2	1/2	1/2	1/5
C8	1/2	1	1/3	1/3	1/7
C9	2	3	1	1	1/3
C10	2	3	1	1	1/3
C11	5	7	3	3	1

$$\begin{pmatrix} 1 & 2 & 1/2 & 1/2 & 1/5 \\ 1/2 & 1 & 1/3 & 1/3 & 1/7 \\ 2 & 3 & 1 & 1 & 1/3 \\ 2 & 3 & 1 & 1 & 1/3 \\ 5 & 7 & 3 & 3 & 1 \end{pmatrix}$$

lambda = 5.0195

wB3 = [0.0977;0.0589;0.1773;0.1773;0.4888]

cil = 0.0049

crB3 = 0.0043

表 6-16　　三级指标 **B4** 矩阵

指标	C12	C13	C14	C15	C16	C17
C12	1	1	2	1	2	5
C13	1	1	2	2	2	4
C14	1/2	1/2	1	2	2	5
C15	1	1/2	1/2	1	1	4

续表

指标	C12	C13	C14	C15	C16	C17
C16	1/2	1/2	1/2	1	1	3
C17	1/5	1/4	1/5	1/4	1/3	1

$$\begin{pmatrix} 1 & 1 & 2 & 1 & 2 & 5 \\ 1 & 1 & 2 & 2 & 2 & 4 \\ 1/2 & 1/2 & 1 & 2 & 2 & 5 \\ 1 & 1/2 & 1/2 & 1 & 1 & 4 \\ 1/2 & 1/2 & 1/2 & 1 & 1 & 3 \\ 1/5 & 1/4 & 1/5 & 1/4 & 1/3 & 1 \end{pmatrix} \begin{array}{l} \text{lambda} = 6.1918 \\ \text{wB4} = \begin{bmatrix} 0.2403;0.2569;0.1927;0.1464; \\ 0.1199;0.0438 \end{bmatrix} \\ \text{cil} = 0.0384 \\ \text{crB4} = 0.0309 \end{array}$$

表 6-17　　　　**三级指标 B5 矩阵**

指标	C18	C19	C20	C21	C22
C18	1	1/3	1/2	1/3	1
C19	3	1	1	1	2
C20	2	1	1	1/3	2
C21	3	1	3	1	2
C22	1	1/2	1/2	1/2	1

$$\begin{pmatrix} 1 & 1/3 & 1/2 & 1/3 & 1 \\ 3 & 1 & 1 & 1 & 2 \\ 2 & 1 & 1 & 1/3 & 2 \\ 3 & 1 & 3 & 1 & 2 \\ 1 & 1/2 & 1/2 & 1/2 & 1 \end{pmatrix} \begin{array}{l} \text{lambda} = 5.1392 \\ \text{wB5} = [0.0994;0.2563;0.1939;0.3318;0.1185] \\ \text{cil} = 0.0348 \\ \text{crB5} = 0.0311 \end{array}$$

表 6-18　　　　**三级指标 B6 矩阵**

指标	C23	C24	C25	C26	C27	C28	C29	C30	C31
C23	1	3	3	3	1/3	1/3	2	1/3	2
C24	1/3	1	1	1/3	1/3	1/3	1/2	1/3	1/2

续表

指标	C23	C24	C25	C26	C27	C28	C29	C30	C31
C25	1/3	1	1	1/3	1/3	1/3	1/2	1/3	1/2
C26	1/3	3	3	1	1/3	1/3	3	1	3
C27	3	3	3	3	1	1	3	1	3
C28	3	3	3	3	1	1	3	1	3
C29	1/2	2	2	1/3	1/3	1/3	1	1/3	1
C30	3	3	3	1	1	1	3	1	3
C31	1/2	2	2	1/3	1/3	1/3	1	1/3	1

$$\begin{pmatrix} 1 & 3 & 3 & 3 & 1/3 & 1/3 & 2 & 1/3 & 2 \\ 1/3 & 1 & 1 & 1/3 & 1/3 & 1/3 & 1/2 & 1/3 & 1/2 \\ 1/3 & 1 & 1 & 1/3 & 1/3 & 1/3 & 1/2 & 1/3 & 1/2 \\ 1/3 & 3 & 3 & 1 & 1/3 & 1/3 & 3 & 1 & 3 \\ 3 & 3 & 3 & 3 & 1 & 1 & 3 & 1 & 3 \\ 3 & 3 & 3 & 3 & 1 & 1 & 3 & 1 & 3 \\ 1/2 & 2 & 2 & 1/3 & 1/3 & 1/3 & 1 & 1/3 & 1 \\ 3 & 3 & 3 & 1 & 1 & 1 & 3 & 1 & 3 \\ 1/2 & 2 & 2 & 1/3 & 1/3 & 1/3 & 1 & 1/3 & 1 \end{pmatrix}$$

lambda = 9.5818

wB6 = [0.1190; 0.0428; 0.0428; 0.1119; 0.1955; 0.1955; 0.0601; 0.1722; 0.0601]

cil = 0.0727

crB5 = 0.0502

表 6-19　　**三级指标 B7 矩阵**

指标	C32	C33
C32	1	3
C33	1/3	1

$$\begin{pmatrix}1 & 3\\1/3 & 1\end{pmatrix}$$

lambda = 2

wB7 = [0.7500;0.2500]

cil = 0

2 阶矩阵总是一致阵,不用检验

表 6-20　　**三级指标 B8 矩阵**

指标	C34	C35	C36
C34	1	1/3	1/7
C35	3	1	1/3
C36	7	3	1

$$\begin{pmatrix}1 & 1/3 & 1/7\\3 & 1 & 1/3\\7 & 3 & 1\end{pmatrix}$$

lambda = 3.0070

wB8 = [0.0879;0.2426;0.6694]

cil = 0.0035

crB8 = 0.0061

表 6-21　　**三级指标 B9 矩阵**

指标	C37	C38	C39	C40	C41	C42
C37	1	5	2	2	3	1
C38	1/5	1	1/3	1/3	2	1/2
C39	1/2	3	1	1	3	3
C40	1/2	3	1	1	1	1
C41	1/3	1/2	1/3	1	1	1/3
C42	1	2	1/3	1	3	1

$$\begin{pmatrix}1 & 5 & 2 & 2 & 3 & 1\\1/5 & 1 & 1/3 & 1/3 & 2 & 1/2\\1/2 & 3 & 1 & 1 & 3 & 3\\1/2 & 3 & 1 & 1 & 1 & 1\\1/3 & 1/2 & 1/3 & 1 & 1 & 1/3\\1 & 2 & 1/3 & 1 & 3 & 1\end{pmatrix}$$

lambda = 6.4585

wB9 = [0.2876;0.0781;0.2326;0.1568;
0.0778;0.1670]

cil = 0.0917

crB9 = 0.0739

表 6-22　　　　三级指标 B10 矩阵

指标	C43	C44	C45	C46	C47	C48
C43	1	1/3	1/5	1/9	1/4	1/2
C44	3	1	1/2	1/3	1	1
C45	5	2	1	1/3	1	2
C46	9	3	3	1	3	5
C47	4	1	1	1/3	1	3
C48	2	1	1/2	1/5	1/3	1

$$\begin{pmatrix} 1 & 1/3 & 1/5 & 1/9 & 1/4 & 1/2 \\ 3 & 1 & 1/2 & 1/3 & 1 & 1 \\ 5 & 2 & 1 & 1/3 & 1 & 2 \\ 9 & 3 & 3 & 1 & 3 & 5 \\ 4 & 1 & 1 & 1/3 & 1 & 3 \\ 2 & 1 & 1/2 & 1/5 & 1/3 & 1 \end{pmatrix}$$

lambda = 6.1090

wB10 = [0.0398; 0.1165; 0.1766; 0.4198; 0.1645; 0.0828]

cil = 0.0218

crB10 = 0.0176

表 6-23　　　　三级指标 B11 矩阵

指标	C49	C50
C49	1	1
C50	1	1

lambda = 2

$$\begin{pmatrix} 1 & 1 \\ 1 & 1 \end{pmatrix}$$

wB11 = [0.5000; 0.5000]

cil = 0

2 阶矩阵总是一致阵，不用检验

至此，所有指标权重均已得出，各判断矩阵 CR 都小于 0.10，通过了一致性检验。

通过表6-24可以看出，数字营销传播企业对创新问题极为重视，这是其“软实力”构建的主体部分。而根据笔者的调查结果，在数字营销传播企业的创新体系当中，知识创新以及与之高度相关的创新能力所占权重超过58%。

表6-24 基于“软实力”视角的当代广告组织竞争力指标体系权重

一级指标	权重	二级指标	权重	三级指标	权重
A1 企业文化	0.117	B1 企业价值观	0.875	C1 企业精神	0.338
				C2 服务理念	0.169
				C3 凝聚力	0.288
				C4 企业愿景及使命	0.205
		B2 文化内现	0.125	C5 企业口号	0.750
				C6 礼仪规范	0.250
A2 企业管理	0.212	B3 管理制度	0.250	C7 发展规划	0.098
				C8 经营规范	0.059
				C9 运营流程	0.177
				C10 组织结构	0.177
				C11 风险控制	0.489
		B4 人力资源	0.750	C12 薪酬体系	0.240
				C13 招聘体系	0.257
				C14 晋升体系	0.193
				C15 个人能力开发	0.146
				C16 综合能力	0.120
				C17 员工学历	0.044

续表

一级指标	权重	二级指标	权重	三级指标	权重
A3 创新体系	0. 300	B5 知识创新	0. 260	C18 知识获取	0. 099
				C19 知识创造	0. 256
				C20 知识传递	0. 194
				C21 知识转化	0. 332
				C22 知识溢出	0. 119
		B6 创新能力	0. 328	C23 技术水平	0. 119
				C24 研发人员比重	0. 043
				C25 研发费用比重	0. 043
				C26 专利与知识产权	0. 112
				C27 新产品(服务)产值率	0. 196
				C28 创新频率	0. 196
				C29 组织创新	0. 060
				C30 营销创新	0. 172
				C31 管理创新	0. 060
		B7 差异化能力	0. 413	C32 差异化水平	0. 750
				C33 跨界整合能力	0. 250
A4 企业形象	0. 237	B8 外在形象	0. 333	C34 企业场景	0. 088
				C35 人员风貌	0. 243
				C36 产品(服务)形象	0. 669
		B9 企业声誉	0. 667	C37 企业地位	0. 288
				C38 企业知名度	0. 078
				C39 企业美誉度	0. 233
				C40 企业信用评级	0. 157
				C41 企业获奖评级	0. 078
				C42 企业号召力	0. 167

续表

一级指标	权重	二级指标	权重	三级指标	权重
A5 公共关系	0.134	B10 组织间 关系	0.500	C43 政府及半官方组织关系	0.040
				C44 供应商关系	0.117
				C45 媒体关系	0.177
				C46 客户关系	0.420
				C47 其他战略性关系	0.165
				C48 外部宣传力度	0.083
		B11 社会责任	0.500	C49 经济责任	0.500
				C50 道德责任	0.500

6.2.3 对指标体系的分析及指标体系的不足之处

1. 对面访结果和指标体系的分析

笔者将数字营销传播企业的"软实力"划分为企业文化、企业管理、创新体系、企业形象、公共关系五个方面。企业绩效基于全员行动，而全员的行动指南则源于企业理念，或者说，由实际最高领导者的企业家精神主导。在经济学与管理学当中一般认为，熊彼特提出的企业家是"从事'创造性破坏'的创新者"的观点，① 阐明了现代化意义上的企业家精神实质及特征。德鲁克继承并发扬了熊彼特的观点，他提出创新是企业家精神的核心，进而把企业家的领导能力与管理等同起来，认为企业家在经济上的冒险行为是企业管理的重点内容。② 芝加哥经济学派的

① ［美］约瑟夫·熊彼特. 资本主义、社会主义与民主［M］. 吴良健，译. 北京：商务印书馆，2004：144.

② ［美］彼得·德鲁克. 创新与企业家精神［M］. 蔡文燕，译. 北京：机械工业出版社，2007.

创始人奈特则把企业家精神与风险或不确定性直接联系在一起。① 因此，受访者归结的创新、求变、冒险、好奇、试错，显然是与传统的企业家精神一脉相承的。用一位受访者的话来说，“企业家的精神，严格来讲就是企业家的一些特质，在数字营销里面，只是知识体系和方向不同”。② 不过，数字营销传播领域的企业家与企业家精神，仍然在特质、方向和程度上与以往有别，它勾勒出工业经济时代和知识经济时代的一整条过渡边界：在边界处，大规模的网络化、数字化和信息化被作为工具和逻辑广泛引入，经济结构的调整显现出跳跃式特征。在全球经济格局的急剧变化下，几乎所有的企业都必须以更灵活的方式、更高的频率生产出各种更贴近消费需求的新型产品或服务，这首先要求广告企业的高层管理者建立全新的知识体系，形成接近于互联网行业的企业家精神。

但是，知识和货币资本在虚拟世界中的传导速度是如此之快，使得至少在中国的经济较发达地区，每个行业内的平层竞争者几乎同时拥有相似的能力。因此，受访者反复提及“跨界思维”一词。“跨界思维”是近年来才开始扩散的一个概念，虽然模糊不清，但数字营销传播行业已将它视作天然属性并在实践中探索更多可能。笔者认为其表现主要有：(1)要求科学成为营销传播中的符号，以及技术的认知和使用成为业内的普遍现象，进而在某种程度上丰富营销传播的内容，形式上产生互动。这不仅给公司的内部分工下达了重新编设的指令，而且对后备力量的职业素养提出了更高的要求：通识而非文理分家，深入探求各学科之间的普遍联系，并将关联之物认作有机体系统的子集，从而达成本体跨界与超本体跨界。(2)不时审视外部环境，从多方参与者的角度来理解和整理数字营销的利益脉络，以数字传播手段改造或直接切入本行业上

① [美]弗兰克·H. 奈特．风险、不确定性和利润[M]．王宇，等译．北京：中国人民大学出版社，2005.

② 万木春，胡振宇．数字营销再造——“互联网+”与“+互联网”浪潮中的企业营销新思维(服务篇)[M]．北京：机械工业出版社，2016：149.

下游、其他相关产业，乃至客户行业的价值链。(3)与互联网思维形成共生体，业务和运营模式向互联网公司靠拢：采用分布式办公方式；以外包实现去中心化；同竞争者合作、同合作者竞争，公司形态由紧密约束变为松散耦合；多个业务功能模块同时运行，而非以往那样按顺序依次完成；谋求创意自动化和营销自动化。“跨界思维”既是知识创新的必然要求，而“跨界”是否成功，在很大程度上将取决于知识创新是否有效。

在调研中，当受访者被问及企业的核心竞争能力时，大多数受访者会把核心竞争能力与差异化能力完全等同，而企业核心能力未必具有差异化特征，差异化能力也未必是企业的核心能力。他们一般会概括出2~5点重要内容，并认为这些能力体现了自己企业的专业化水平，进而决定了在竞争矩阵当中不同的生态位置和市场地位。① 相对于第一代、第二代的广告公司，数字营销传播企业同时采用了波特的三种一般性竞争战略，因此在产品(服务)提供上更丰富，客户(及最终用户)的获取成本更低、价值更高。一些数字营销传播企业在采用用户一体化战略时，往往以商业模式创新能力为出发点，选择包括供应商、客户及最终用户在内的合伙或联盟的方式，例如与客户一起开发含括数字沟通功能的新产品和新品牌、合作建立新销售渠道、资本融通等等。当这种一体化发展到一定阶段，客户会被较高的转换成本锁定。与此同时，一些技术型的数字营销企业致力于增强数据的技术开发及应用能力，不断补充客户运营数据和消费者个人数据，根据客户实施系统定制和产品迭代。这种通过信息/知识的系统一体化战略的实现会让

① 笔者把这些能力归纳为：数据应用能力、数据技术开发能力、综合业务能力、数字内容生产能力、成员年轻化、数字创意能力及创意机制、数字媒介使用能力、专注和追求极致、执行力、商业模式创新能力、自适应能力、战斗精神、多方位审视能力、洞察力、数字营销经验、产业链贯通能力、策略策划能力、快速反应能力、规模优势。其中，数据技术开发能力、数字媒介使用能力、产业链贯通能力是“硬实力”与“软实力”的综合呈现，规模优势是硬实力的体现。有的“能力”实际上并非“能力”，而是一种存在状态，但后续的分析中为求完整，没有进行区分。

客户的进化越来越独特，技术型数字营销传播公司的反控能力也就愈发强大。

为了把受访者提及的核心竞争能力融入基于知识创新的“软实力”框架，以便归类和理清之间的内在关系，笔者借用了麦肯锡咨询公司的 7S 框架，如图 6-3 所示。①

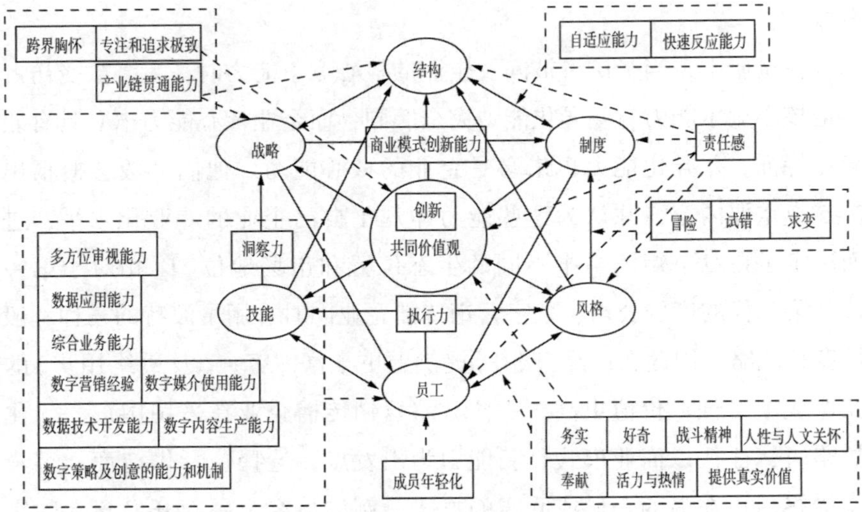

图 6-3　基于知识创新的数字营销企业“软实力”7S 框架

在知识经济的社会里，知识是经济增长的主要源泉和动力。信息技术是知识经济的基础，只有信息共享并与人的认知能力——智能相结合，才能高效率地产生新的知识，因而知识生产率(知识创新能力)是知识带动经济发展的关键因素。主要作为无形产品和服务提供者的数字

① 麦肯锡咨询公司提出，企业在发展过程中必须全面考虑七大组织要素：结构(Structure)、制度(Systems)、风格(Style)、员工(Staff)、技能(Skills)、战略(Strategy)、共同价值观(Shared Values)。资料来源：麦肯锡咨询公司官网．7S Framework. [EB/OL]. [2017-07-14]. http://www.mckinsey.com/business-functions/strategy-and-corporate-finance/Our-insights/enduring-ideas-the-7-s-framework#0.

营销传播企业，其注意力也往往集中于无形的知识、技术和资本。这些竞争能力经过多次传递和相互影响，先内化为综合性的创新，再向外层渐次展开。过去，传统营销传播企业尤其是跨国4A集团，不但在七大组织要素上单独领先，并且在总体集合上占据优势。而现在，国内数字营销传播企业至少能够有10种的竞争能力与跨国集团一较长短。

营销传播公司始自媒介购买，成于创意和策划，受益于文化产业，壮大于以资本为纽带的资源整合，发力于产业价值链的延伸。自营销传播成为独立行业以来，从业者如饥似渴地汲取其他相对成熟行业的知识与技术，拼尽全力发展自身的理论和方法体系。然而，至少在20世纪80年代之前，营销传播的知识内容仍然在社会科学领域徘徊，知识的生产依赖于人类智能、个人经验和对小范围现象的阐释，知识的传递多是隐性知识的共同化，外化的频率较低，联结化、内化的程度更低。

不过，任何知识的溢出都是不可遏制的，国外公司最迟在20世纪五六十年代就建立了基本的知识工具和知识管理机制，随着行业规模的扩大和无法控制的人员流动，知识开始加速积累和扩散。但是，当发达国家的经济到达了稳定且平均的低速发展阶段，这种知识的扩散终究撞上了市场饱和的“瓶壁”，导致波浪变成涟漪，而这些涟漪在无法寻得知识产权保护的尴尬下逐渐丧失动能。即便是新兴市场的开发和媒介操作水平的提高，也仍然是对既有知识的修葺和利用，而且组织智力资本并未明显大于以人为中心的智力资产叠加。在市场资产上，公司的客户维护过分依赖于个人联系，服务品质取决于个人的知识和技能；在架构资产上，流程和沟通机制极易被复制模仿。因此，隐性知识的丰裕程度，往往决定了营销传播公司的竞争力，而这种竞争力又是极不稳定的。并且，隐性知识越丰裕，智力资本框架就越倾斜。

一些数字营销传播企业显然意识到了完全依靠以创意为代表的隐性知识的弊端：“互联网商业规模的扩张不是靠‘加人’进入劳动

密集阶段。”①要摆脱“创意无法规模复制”，就必须将某些隐性知识显性化，建立各种数据资产，并将技术和创新手段以知识产权的形式巩固下来，筑造聚焦且差异化的市场进入壁垒。实际上，在一个资本充足、信息发达的商业社会里，知识壁垒也是“软实力”最坚硬的保护壳。相对于传统的营销传播公司，数字营销传播公司对互联网思维、互联网商业模式和互联网技术有着天然的崇拜。由前后端数据库生成的算法、软件、系统、平台等，不但能使知识产权和商业专利的申报在现行机制下得以尽快通过，而且“实质性地”表明了自己的“互联网公司”身份。不少受访者根本不认为自己从属于营销行业，这既是一种行业定位区隔，也是一种实际运营的指导性认识。

在知识的传导上，数字营销传播公司也呈现出一些与以往不同的特征。首先，在隐性知识到隐性知识的共同化过程中，知识分享方式从师徒相传的一对一变为学习型小团队的多对多，单向的线性交流变为网状的并联交流，大大缩短了新人成长所需的时间。一些公司还通过制度化的换岗轮训，加深了年轻员工对公司业务内容和流程的了解，个体知识面更为广泛。在某些特殊时期，这种做法也会降低人力成本。

其次，在隐性知识到显性知识的外化过程中，经由社会化媒体的广泛使用，自我经验及反思、公司内的上下对话、公司内的平层对话、甲乙方对话、其他社会群体间对话，进而形成了多维立体结构。较之以往的知识外化，数字营销传播知识外化的速度、数量、密度都以几何级数增长。当然，这些对话及传播平台是任何个人和企业在新媒体环境下都可采用的，但传统营销传播公司的技术对话频率和对数字营销的思维深度显然弱于数字营销传播公司。而且，虽然“互联网+”和“+互联网”的目的相同，但出发的逻辑起点不同——数字营销传播的从业人员是从互联网方向展开对话，以此涵盖品牌、创意、设计、渠道等内容，传统营

---

① 万木春，胡振宇．数字营销再造——“互联网+”与“+互联网”浪潮中的企业营销新思维(服务篇)[M]．北京：机械工业出版社，2016：36.

销传播公司则相反。

再次，在显性知识到显性知识的联结化过程中，数字营销传播公司在知识系统的模块化和防御性上，是否拥有实实在在的技术系统和知识产权会成为一条清晰的分界线。这种知识系统稍经改造便可广泛复制适用，它更准确地指出了应用对象的独特性，但在使用过程中却是“去独特”的。理论上，不同数字营销传播公司的知识体系在显性化后客户都可将其相互比较；极端的假设是，只要资金充裕，客户能够同时选择多套系统来衡量优劣，但传统公司做不到这一点。另外，资本、交通、媒介的易得和便捷，也使得数字营销传播公司能够以很高的频率，在更广的范围进行知识的传播、市场的培育、人才的吸纳。

最后，在显性知识到隐性知识的内化过程中，笔者认为只存在速度和数量的差异。但在数字营销传播公司内部，一方面通过大量的业务培训讲座使显性知识内化，另一方面要求内化后的隐性知识必须从属于相对狭窄的显性知识系统。这样做的好处是，由实践得来的隐性知识是可以接受多方检验的，而且其检验标准具有唯一性。

2. 指标体系的不足之处

本书基于中国首次针对数字营销传播行业开展的大型个人深访项目，由于研究范围和研究路径前人少有涉及，因此在方法和内容上都存在一定的缺陷。

(1)受访企业样本是从多份较具权威行业媒体公布的排行榜中，经综合考量挑选而得出。但由于时间和接触度所限，本书选用的典型调查法未必能在“公认”的基础上完整收集典型企业。

(2)笔者希望能够以描述性研究切入发展至解释性研究。但无论在传统广告领域还是数字营销传播领域，以往几十年里中国并没有类似的研究项目可以提供借鉴，因而在维度与指标的确立上不够全面合理。例如，部分指标之间出现了交叉重叠，很难做到“不重不漏”，而这也是现实情况的反映；指标本身的定义也存在争议。

(3)接受采访的公司虽在大类别上均属于数字营销传播行业，但实际存在着不同业务方向和组织形态。哪怕仅有公司营业规模的差别，归在一起去做横向比较也确属牵强。也正因如此，本书提出的模型都只是粗陋的原始框架，必须经过进一步的检验。另外，从受访者角度提取的“软实力”指标，与通过文献及德尔菲法提取的“软实力”指标有着一定的范围差异。

(4)数字营销传播的产业范围非常广阔，产业链绵长，横向联系复杂多变，而本书只涉及数字营销传播服务提供者。这是一种孤立的、单一的角度，无法全面反映整体系统的运行。为此，笔者还需拓展研究领域、切换研究角度、增加研究对象、修正指标体系，尝试在知识经济时代和知识创新的大前提下，将客户方、代理方、媒介方的“软实力”构建转化为统一模型。

第7章　当代中国广告企业的知识管理与知识创新案例

正如本书前文所指出的，任何一个行业/产业都构成了独一无二的生态系统，对其进行宏观研究，必然要从微观层面开始逐渐向上打通，否则将流于形式、大而无当、隔靴搔痒，无法提供现实的指导意义。因此，本章将对当代中国广告企业的知识管理与知识创新案例进行收集与分析，尽可能对目前的知识生产力运行状态作归纳总结，并规划一种“软实力”提升的可能路径。在本部分中，笔者将上述各种知识管理和知识创新模型简化为对内、对外两个方面，相关的理论与工具已隐含在案例之内。本章所涉及的案例均来源于国内外公开报道及各个企业的官方网站，如非特殊必要或学术规范性需要，其后不再作出引用说明（本部分涉及多幅图片，仅供学术研究使用，未注明的图片版权一般归企业所有）。

7.1　内部的知识管理与知识创新活动

营销传播公司的知识管理活动，一方面是为了提升企业内部对营销/广告知识的理解与掌握，逐步提升企业的专业性与竞争力；另一方面是为了通过知识不断的对外传播，扩大企业在行业领域的知名度与影响力，为企业的可持续发展主动创造外部条件。当代营销传播企业的内部知识管理与知识创新活动主要是针对员工、组织信息系统、合伙人及股东展开的，知识在企业内部基本上按照SECI模型来生成、交流、转化，其内容既包括通过文字、公式、图形等表述或已通过语言、行为表述并体现于客观存在的载体介质上的显性知识，也包括技能和认知两方面的隐性知识。外部知识传播活动主要是针对社会公众(一般性相关利益者)、媒体、同业公司、合作者(客户)和政府展开。其内容既包括传统的品牌构建模型、市场分析等，也包括近几年来迅速增多的各种数字营销知识。数字营销知识包含的市场与消费者认知、数据、技术、工具、平台、媒介、手段已经成为行业知识构成的主体部分。在进行知识管理和知识传播时，营销传播公司对内、对外采用的形式和方法不尽一致，但有些则是通用重叠的。知识的创新往往会在互动中产生。

7.1.1　为促进知识创新而实施的员工知识管理

无论何等规模的营销传播公司，都在公司内部会产生知识的共同化过程。员工在各种场合将自己的想法、意念直接传达或移转给其同仁，从隐性知识的角度分享其个人的知识，促进知识传播。在表出化的过程中，有自上而下的与基层专业人员通过形式知识的沟通对话，也有平层之间的各种半正式活动，员工能够在轻松的氛围下进行知识交流(见图 7-1、图 7-2)。

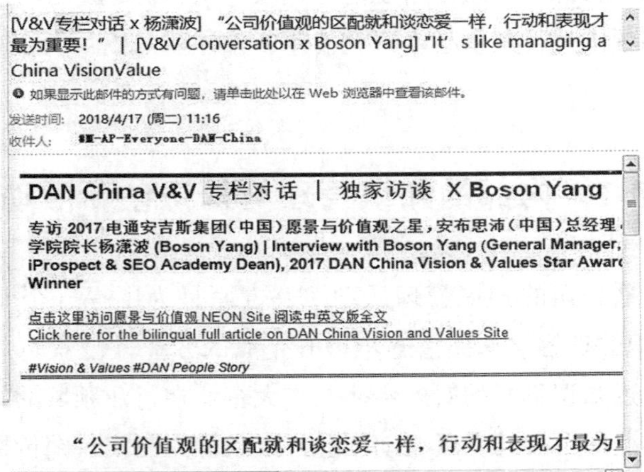

图 7-1　电通安吉斯集团(中国)的内部邮件截图(由上到下的表出化)

图 7-2　电通安吉斯集团(中国)的内部邮件截图(平层的表出化)

在内部知识的联结化上，具有一定规模的营销传播公司主要采用以下几种方式：

(1)自上而下式的内部培训体系，不同部门的人员(以部门主管为主)或集团讲师在公司内进行交流分享，以会议、培训、实验室的“场”来传播自有知识体系和最新的行业知识，如数据策略、传播动态等(见图 7-3~图 7-8)。

图 7-3　电通安吉斯集团(中国)的内部邮件截图(自上而下的内部讲师培训)

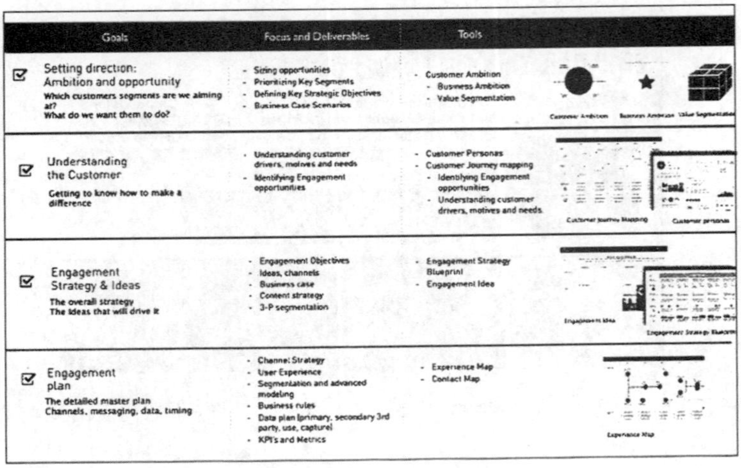

图 7-4　奥美互动的顾客互动规划工具

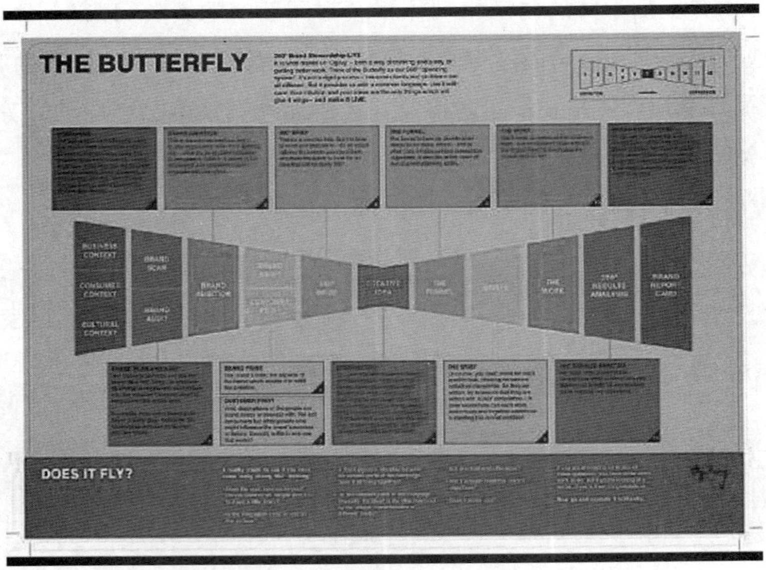

图 7-5　奥美的“蝴蝶方阵”

图 7-6　博报堂的“生活者”概念

图 7-7　群邑集团的内部培训师团队

图 7-8　群邑集团的数字化体验空间“mLab”

很多知名的广告公司办有以“大学”“研究院”命名的内部研究机构。例如日本第二大的广告公司博报堂在 2005 年 4 月创立了“博报堂大学”，每年开设 200 多个课程，包括为年轻员工开设的博报堂基础知识课程、市场营销管理学院、全球化学院、博报堂创新课程、岗位专项课程及其他教学措施，在员工的知识培训及职业生涯规划等方面发挥了重要作用(见图 7-9)。

图 7-9　“博报堂大学”

作为一年两次的全球业务回顾及展望，阳狮媒体非常重视内部员工交流分享会这一与全体员工的互动机会，由首席执行官 Steve King 领衔，全球的阳狮媒体高管或通过视频，或通过现场交流的方式，与员工们相聚在一起。所有阳狮媒体的同仁都可以充分了解集团的现状，把握集团未来发展的脉络，并对集团的优秀案例进行学习消化(见图 7-10)。

图 7-10　阳狮媒体每年两次的 MediaCast

(2)集团邀请外部专业人员到企业内进行专业知识培训，以弥补内部视野受限的劣势，如邀请同行业其他公司、行业相关领域的专业研究人员或大学教授等前来传授知识(见图 7-11~图 7-13)。

(3)公司(集团)统一购买业界知识资源、素材，或是发放自行编辑、出版的专业书籍，以供员工学习。一些公司开设了系统性课程，课程结束后甚至有终期考试(见图 7-14、图 7-15)。

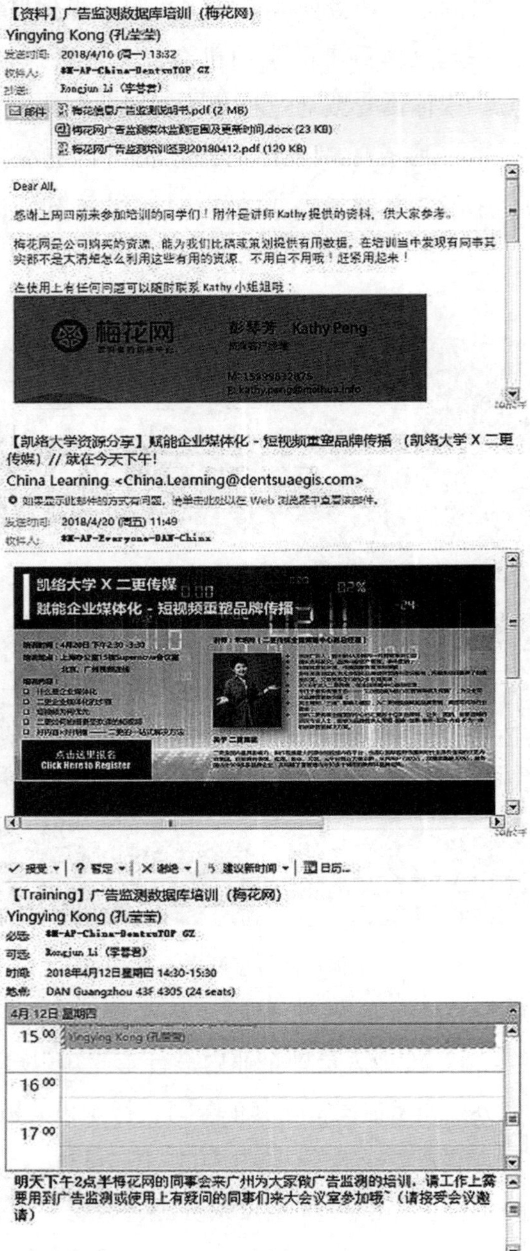

图 7-11　电通安吉斯集团(中国)的内部邮件截图(外部讲师培训)

图 7-12 上海阳狮产品介绍

图 7-13 阳狮集团下属公司乐必扬(Digitas)的互动分享会

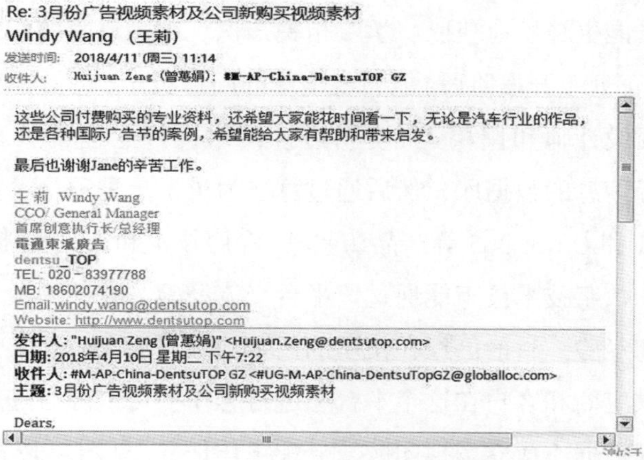

Re: 3月份广告视频素材及公司新购买视频素材

Windy Wang （王莉）

发送时间: 2018/4/11 (周三) 11:14

收件人: Huijuan Zeng (曾蕙娟); #M-AP-China-DentsuTOP GZ

这些公司付费购买的专业资料，还希望大家能花时间看一下，无论是汽车行业的作品，还是各种国际广告节的案例，希望能给大家有帮助和带来启发。

最后也谢谢Jane的辛苦工作。

王莉 Windy Wang
CCO/ General Manager
首席创意执行长/总经理
電通東派廣告
dentsu_TOP
TEL: 020－83977788
MB: 18602074190
Email:windy.wang@dentsutop.com
Website: http://www.dentsutop.com

发件人: "Huijuan Zeng (曾蕙娟)" <Huijuan.Zeng@dentsutop.com>
日期: 2018年4月10日 星期二 下午7:22
收件人: #M-AP-China-DentsuTOP GZ <#UG-M-AP-China-DentsuTopGZ@globalloc.com>
主题: 3月份广告视频素材及公司新购买视频素材

Dears,

图 7-14 电通安吉斯集团(中国)的内部邮件截图(知识资料采购)

(4)集团下不同分公司之间采用邮件、视频会议、资源共享等形式，进行培训交流、知识交换、案例共享等；以及公司内各事业部门之间采用邮件、会议形式的资源、案例、报告、调查共享等(见图 7-16)。

图 7-15　阳狮媒体的“Channel Planning”和“Digital Reach Planning Tool”培训课程

有实力的集团化企业还会建设覆盖整个集团的知识流通平台，让集团不同业务板块的知识得到汇总并跨公司、跨地区、无时滞地达到同步状态。而且，数字技术的应用会使知识的传递更加智能化，所有有调用权限的人员能更轻松地获取、学习相关知识。阳狮集团的“Marcel”知识平台(目前正处于开发阶段)能够将全球的阳狮员工(包括客户经理、编码员、平面设计师和撰稿人)囊括进该网络，打造包含员工资历、能力、技术等信息的数据库，然后通过算法为员工分配项目。员工可以通过 Azure AI 和 Office 365 等产品访问其“深层技术和人工智能”功能；广告创意人和数字技术员工能通过该平台交流经验，在共享项目上获得互补的技能和经验。目前已经在使用的内部协作平台 LionBox 允许阳狮集团员工、供应商和客户在这个平台上进行合作，可以随时随地存储企业数据、访问数据、成立虚拟团队、分配工作任务(见图 7-17)。

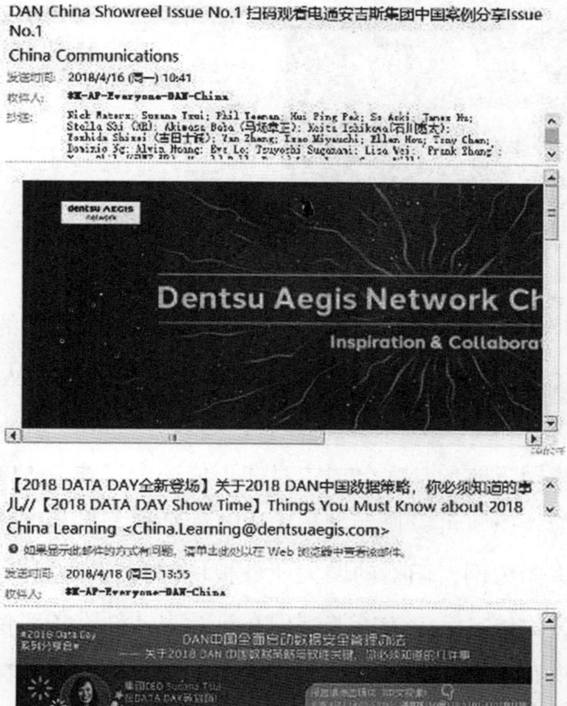

图 7-16　电通安吉斯集团(中国)的内部邮件截图
(集团子公司之间及公司各部门之间的互相培训)

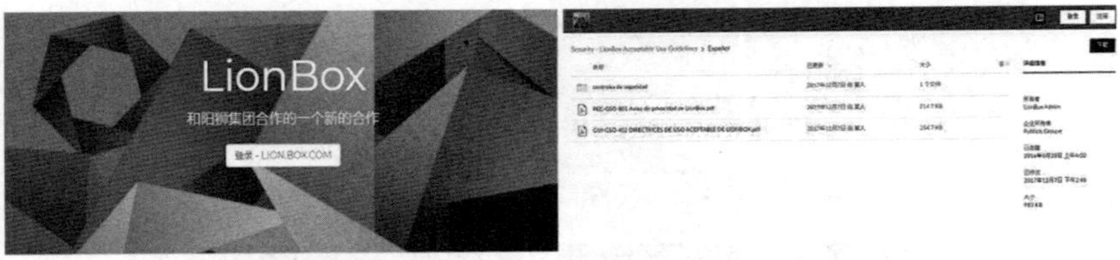

图 7-17　阳狮集团的内部知识协作平台 LionBox

(5)人才流动、轮岗、内部竞赛、跨界合作。广告业的职业环境非常开放，人才流动率、循环率较高，很多时候一位员工从 A 公司跳槽到 B 公司，又从 B 公司跳槽到 C 公司，之后又可能回到 A 公司。大型的营销传播集团下属的众多公司本身能形成一个广告业人才生态圈，人员定期在内部轮岗，可以接触到集团内其他公司及其他工作的信息和知识。以阳狮集团为例，阳狮的四大业务板块都有人事总监，员工通过建微信群相互交流信息。人力资源部门在进行人才甄选的时候，如果有阳狮集团系统内其他企业的工作经历，就可通过信息系统及内部人脉关系进行招聘调查，这提升了人才甄选决策的准确性。

集团人力资源中心的主要工作有招聘信息、人才培训、薪资管理等，其中，重要的知识共享工作是职业培训。有一些培训内容是共通的，阳狮在全球范围内寻找最佳培训供应商进行相关培训资源的共享，培训内容主要包括创意传播、媒体、管理、数字化营销等不同板块，培训结束后采取竞赛方式评选最佳经营团队。这种融合模拟实战的方式让管理人员脱离自己的日常岗位，融入突发性团队合作中，既学习了经营管理技能，又增进了感情交流、塑造了团队文化。有的公司将竞赛以节目方式进行包装和对外传播，既扩大了影响，也形成了经济收益。

除在竞赛、内部招标时自由结合项目组进行工作外，一些灵活的企业还实施了跨界合作。如来自实力媒体的、由数据分析科学家和策略制定专家共同构成的攻关小组，一直致力于研究利用公司的机器学习技术和定制的算法，以开发出能自动化制定数字媒体投放的产品。博报堂的

"AD+VENTURE"公开招募计划是一项旨在通过新创造振兴整个团队的计划，该计划不限于现有的业务领域，也广泛招募来自每个子公司的新业务创意。自2010年开始至今，已有651个商业项目进入市场、15个项目商业化。这种跨界合作形式有时会扩展到企业外部。例如，2014年星传媒体与科技初创公司"中国加速"缔结合作伙伴关系，在中国本土启动旨在连接科技初创公司与星传媒体中国客户业务需求的创新合作项目，使星传媒体能够根据客户的商业需求直接接触合适的精选科技初创公司。星传媒体携手"中国加速"举办了一系列活动，如"SMG路演日""SMG骇客节"等，"中国加速"借此机会向星传媒体的客户充分展示其产品(见图7-18、图7-19)。

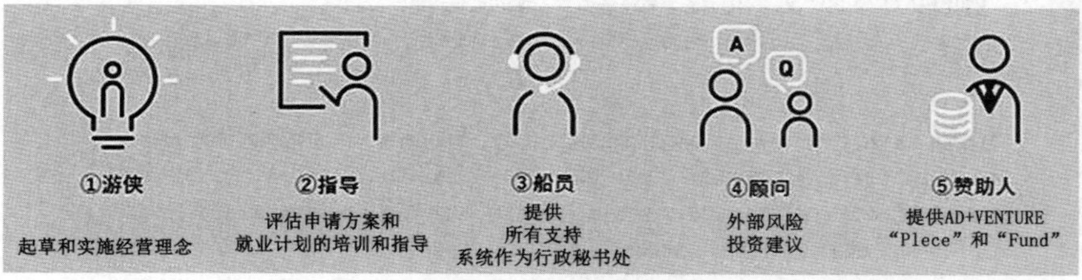

图7-18　博报堂的"AD+VENTURE"公开招募计划

图7-19　星传媒体与"中国加速"的跨界合作

7.1.2　为获得合伙人及股东支持的知识传播

合伙人及股东是营销传播公司运营资金的主要来源，公司的发展离不开他们的理解与支持。合伙人及股东对营销传播知识了解的程度越深，就越能明白管理层在公司业务方面所作出的重大决定。这些知识的传递也是通过共同化、表出化和联结化完成的。

合伙人会议和股东大会是合伙人及股东了解并掌握公司运营状态的基础性会议。在会议上，公司的管理层通过讲解经营方针、技术应用、价值实现流程等向其传播知识，知识在此时开始出现溢出效应。同时，营销传播公司也借助自己撰写的书籍、发布的行业报告、公司核心人物发表的文章、公司的官方公众号等，以电子和纸质形式向合伙人及股东传递知识。对于一些缺乏营销传播知识储备的人来说，这些方法和途径都能够补充其在营销传播领域的知识缺失，有助于公司管理层与重要投资人后续沟通。以上方式也适用于普通员工(见图 7-20～图 7-22)。

【观点】利欧数字网络：数字驱动的整合营销生态

作者：SocialBeta　2016-09-28　阅读（183）

标签：

互联网和数字媒体的崛起，媒体传播环境的日益复杂，致使广告主对于代理商的需求不断改变。与此同时，代理商也应顺应互联网＋大环境的发展趋势，积极寻求改变。利欧数字网络（LEO Digital Network）提出了"数字驱动的整合营销生态"，与大家探讨未来代理商的可能性。利欧数字网络旗下公司包括漫酷广告·聚胜万合、氩氪集团、琥珀传播、万圣伟业、微创时代、碧橙网络和益家互动。

作者：郑晓东，利欧数字总裁；刘阳，利欧数字网络副总裁

内容统筹：利欧数字 Music Chen

华扬数字：2018中国数字营销行动报告

2018年04月3日　研究报告 网络营销

2018年3月30日，华扬数字营销研究院（下简称HDMR）联合清华大学国家形象传播研究中心共同发布《以思创行－2018中国数字营销行动报告》。报告梳理了当前数字营销的整体发展态势，分为数字营销环境、消费者洞察、营销机会与挑战、行动指南四大部分，对2018年的数字营销行动提出了系列对策。

该报告从2013年开始每年发布，至今已是第6年。

- 2013年，HDMR关注"互联网思维"；
- 2014年，提出洞察数字营销的"移动""社交""数据""内容"与"整合"五大维度；
- 2015年，解析数字营销的6大方向性转变；
- 2016年，分享"建立品牌社会化生存方式""借用O2O资源展开跨界营销"等40条营销守则；
- 2017年，挖掘消费者的5种典型心态，透过营销热点直击背后的内涵与规则。

回首2017年，数字技术带来的新鲜应用和新鲜模式引导人们不断探索，消费升级跨越地域和阶层局限，广泛发生在各个消费群体与生活圈层中。营销层面，IP元年、VR元年、小程序元年、短视频元年等概念让人眼花缭乱。

图 7-20　向合伙人/股东推送的专业性文章和研究报告

图 7-21　公众号“新意互动”中的“新意研究院”

图 7-22　“群邑智库”公众号

在向合伙人及股东传播知识的过程中，营销传播公司注重将零散的知识联结化，形成系统的报告，同时也注重将企业内部的隐性知识向显性知识转化，降低知识接收方的误解概率。但由于合伙人及股东的地位比较特殊，所以知识传播缺乏内隐化过程。除非这些人直接参与公司的运营管理，否则，对知识的理解仍会处于初级水平。

在技术、社会网络、从业历史、企业实力上比较有优势的营销传播公司，尤其是跨国企业，擅长使用富含知识的模型、工具、平台来进行企业自身的营销传播活动，这种方式既适用于内部知识管理与知识创新，也适用于外部知识传播与系统化的协同创新。

以阳狮集团为例，其旗下的睿域营销（SapientRazorfish）推出了 PUBLICIS Ⓡ COSMOS，提出借助人工智能的力量帮助品牌创造新的客户体验并改变数字化运营，PUBLICIS Ⓡ COSMOS 是由 AI 和 ML 算法提供支持的新一代大数据认知营销智能程序。它通过在线和离线数据、结构化和非结构化信息来学习，消费者通过全渠道与品牌进行互动。与此同时，它还能够在所有营销渠道中推动、预测和激活客户旅程、实时兴趣、跨设备习惯、情感并规定及时、相关的品牌体验。同时，睿域营销还推出了 NUI（原生用户智能平台），它协调跨越任何设备、平台或品牌接触点进行智能对话所需的技术、信息和交互。阳狮集团实力媒体提出的“ROI+”传播模型帮助企业利用人工智能重新制定媒介投放策略。①其开发的社交媒体分析应用工具 Socialtools 可实时监控 Facebook、Twitter、YouTube 和 Instagram 上的数千个品牌页面，自动生成 120 个活动图表，报告 123 个国家、104 个类别、4 万多个品牌的社交表现趋势、规范和基准。实力媒体下属的英杰华（Aviva）则通过机器学习自动化实现复杂而耗时的数字媒体规划与投放，以其实时广告投放为例，实力媒体的攻关团队从领先的需求方平台收集了一系列广告 cookie 数据，并将其与广告商的相应销售数据进行比对。在运用了实力媒体的机器学习算法之后，该团队能精准找出数字媒体平台上的某些互动项目，明确其在销售转化中发挥的作用。除此之外，阳狮集团还提出了 Precision 算法、

① 其中包括 8 个步骤：①新的组织结构；②利用新技能和更好的方式吸引新人才；③重新定义技术平台；④自动供应链；⑤由消费者真正的需求驱动的新的定价、薪酬和奖励结构；⑥关于品牌数据的链接（财务、分销和产品开发）；⑦开放新市场和分销渠道；⑧合流。

“认知营销平台”“3T”“数字平台模型”“自有媒体优先”等工具、策略、概念、模型。阳狮集团的所有子公司目前已集中发展数字营销知识体系，并希望能够借助全球性的数字营销知识创造来履行其企业理念——“领导变革”(见图 7-23~图 7-26)。

图 7-23 阳狮集团整体架构

图 7-24　实力媒体社交媒体分析应用工具 Socialtools

图 7-25　实力传播为营销人员编纂的“自有媒体优先”实践手册

图 7-26　阳狮集团的数字平台 Publicis. Sapient

一些大型的营销传播集团为使内部的知识创新尽快转化为经济收益，并吸纳外部的知识创新成果，会实施具有机制保障的项目孵化计划。例如，阳狮集团在2016年启动了PUBLICIS90全球创业孵化计划，在全球范围内向初创项目提供高达50万欧元的创业资金支持。包括星传媒体集团管理层在内的众多业内资深人士，为选出的创业项目提供至少为期一年的无偿咨询和辅导，包括且不仅限于市场营销、传播、管理及技术等。此项目不但对社会各界开放，且星传媒体的在职员工也可以参与并可享受集团内部的特别孵化支持(见图7-27)。

图7-27　阳狮集团的项目孵化计划

7.2　对外的知识管理与知识创新活动

营销传播公司对外进行知识传播的对象主要是社会公众(一般性相关利益者)、媒体、同业公司、合作者(客户)和政府等，其目的是随着传播对象的不同而变化的。例如，对社会公众的知识传播(尤其是现阶段对于数字营销知识的传播)既有利于培育消费者群体和扩大市场范围，通过实现营销知识的价值进而实现营销的价值，也有利于培养和吸纳企业后备人力资源。而对于合作者(客户)的传播则显然是为了获取经济收益。除以上提及的传播方式外，营销传播公司还会利用以下一些形式：

（1）相互参访和进行座谈会、宣讲会。参访往往带有较强的目的性，参访人员事先经过严格筛选，在参访会中，参观者可以在参观过程中接收到一定的知识，邀约者也会对参观者感兴趣的内容进行详细解释，在一来一往的交流中达到知识传播的效果。这种知识传播方式的范围虽然有限，但具有较好的效果。一些知名的营销传播企业在进入大专院校作讲座的同时也会顺带招聘实习生和正式员工（见图 7-28、图 7-29）。

北京大学新闻与传播学院赴北京奥美广告公司参访学习活动成功举办

【报送单位】 北京大学团委 | 2016-05-23

5月13日上午，北京大学新闻与传播学院赴北京奥美广告公司参访学习活动成功举办。本次活动由学院团委书记安晶丹带队，部分学院学生代表参加了本次活动。

首先，奥美广告公司大中华区董事长助理向同学们介绍了公司的发展概况，并带领他们参观了公司会议室、活动室和公司设计的各种陈列品。作为全球最大的传播集团之一，奥美广告公司不仅为众多世界知名品牌提供全方位传播服务，更致力于为每一位职工提供一个移动化、可沟通、鼓励创意的办公环境。公司人性化的工作理念得到了参访团师生的广泛好评。

随后，参访团与奥美广告公司的人力资源中心总监以及入职奥美广告公司新兵计划一年的四位优秀职员进行了座谈。座谈会上，职员们一一耐心回答了同学们关于公司员工基本素质、公司员工发展平台、实际工作难点与成果、公司未来转型规划等方面的问题。他们认为，奥美广告公司一贯秉持“尊重创意、尊重个人、尊重知识”的原则，希望同学们在大学期间也要努力追求夯实基础与锐意创新的协调统一，成为对世界和人生有独特感悟的完备型人才。最后，参访团的师生们参观了奥美广告公司的奖杯陈展中心。

图 7-28　北大学生赴北京奥美参观访问

（2）组织比赛及比赛培训会。现在国内营销传播公司组织比赛的情况并不少见，既可提升公司的知名度与美誉度，还可获得成本相对较低的知识成果。这些公司可以通过对作品的要求、对作品核心思想的框定或是比赛、培训会等形式来达到传递营销知识的效果。培训者在培训会

图 7-29 2015 年电通安吉斯集团“小鬼计划”宣讲会(黑龙江大学)

上对参赛者进行大量的知识输出，参赛者出于对比赛成绩的渴求，基本上是毫不拒绝地接收这些知识(见图 7-30)。

作品集
是创意人执着发声的方式
是创作者实力的绝佳诠释
在毕业季
更能助你提前锁定最强OFFER!

中国第一大数字传播集团电通安吉斯
集结旗下创意大牛
教你打造最优作品集
赢在职场第一步
开启创意成长路

大赛简介

电通安吉斯集团2016年创意作品集大赛旨在选拔优秀的视觉设计、新媒体艺术、计算机科学、互动媒体设计等各类2017届应届毕业的校园创意人才，与电通安吉斯集团共同“创新品牌成功之道”。

本次大赛以“作品集”为主题，将通过一系列电通安吉斯集团旗下创意大牛的互动指导，帮助创意学子打造一份优秀的作品集，拿到理想中的最强OFFER！

图 7-30 电通安吉斯集团 2016 年创意作品集大赛

(3)宣传视频与网络课程。随着网络技术的发展和互联网的快速普及，营销传播公司将自身企业的形象和知识捆绑在一起进行可视化包装，以宣传视频和网络课程的形式向社会公众推广，其中有培育市场的作用，也起到了塑造企业形象、传播营销知识、招揽潜在客户的作用。但与国外的慕课类似，这些视频课程缺乏传统课堂中互相感染、及时互动的气氛，能坚持完成课程学习的学员人数极少，教学质量不高，缺乏数字化教学资源库和管理平台的数据交换共享，教学内容简单，既没有分类、分层的教学目标分析，也没有针对多种学员对象的需求，难以适应高等教育众多学科和不同类别课程的具体要求（见图7-31～图7-34）。

图7-31　日本奥美董事长的“数字营销进入智能时代”网络视频
（腾讯视频截图）

图7-32　奥美企业宣传片
（腾讯视频截图）

图 7-33　阳狮媒体联合企鹅智酷推出的“全球未来消费洞察”系列线上课程

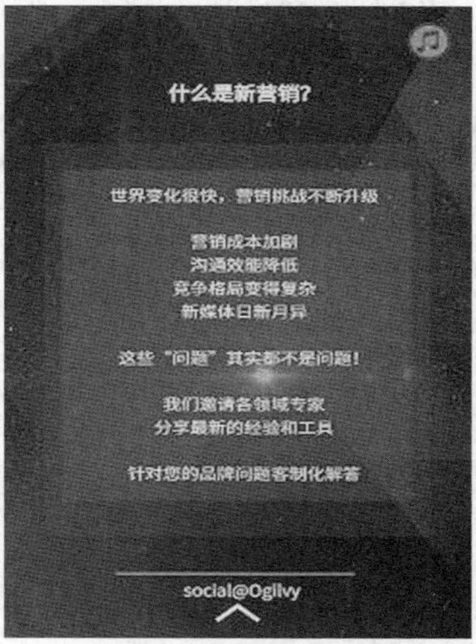

图 7-34　中国奥美的“奥美营销总监：数字营销与管理”付费网络课堂

(4)公司官网及其他自媒体平台。有实力的营销传播公司首先会在官网的设计制作方面下很大功夫，在介绍自身能力和业务范围的同时也会传播营销知识。社交媒体近年来的爆发同样为广告公司提供了新的知识传播途径，它们可以通过自媒体平台发布内容，使公众简单快捷地获取营销知识(特别是数字营销知识)。自媒体平台流量众多、传播力度高、传播范围广，不失为一种新兴的知识传播方式。但通过这些方式发布的知识内容目前仍不够丰富，而且是以单向传播为主(见图 7-35～图 7-37)。

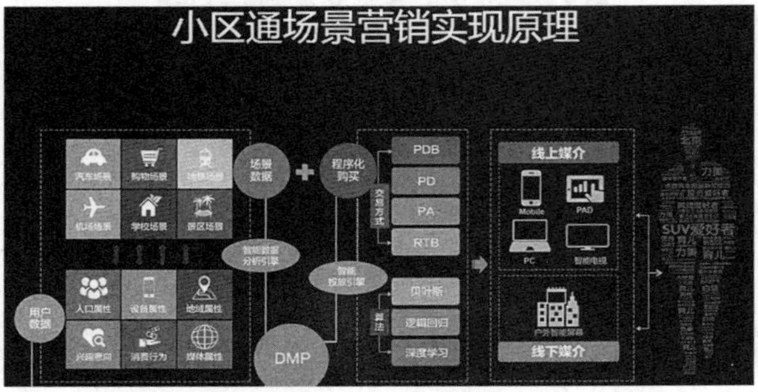

图 7-35　力美科技官网对其产品“小区通”的介绍

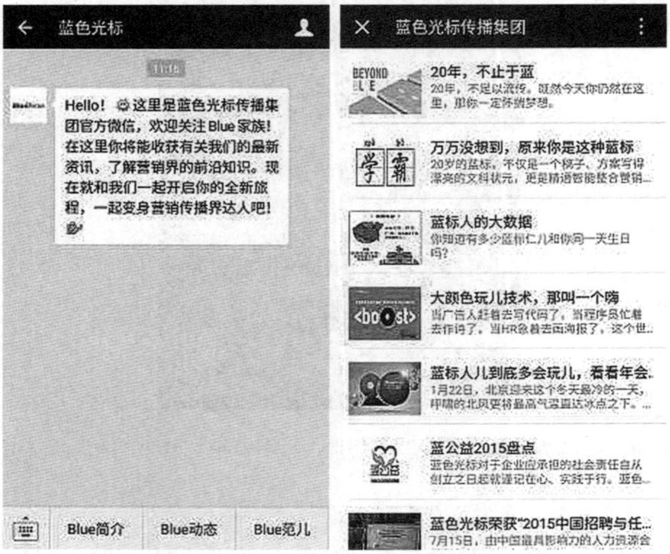

图 7-36　蓝色光标的微信公众号

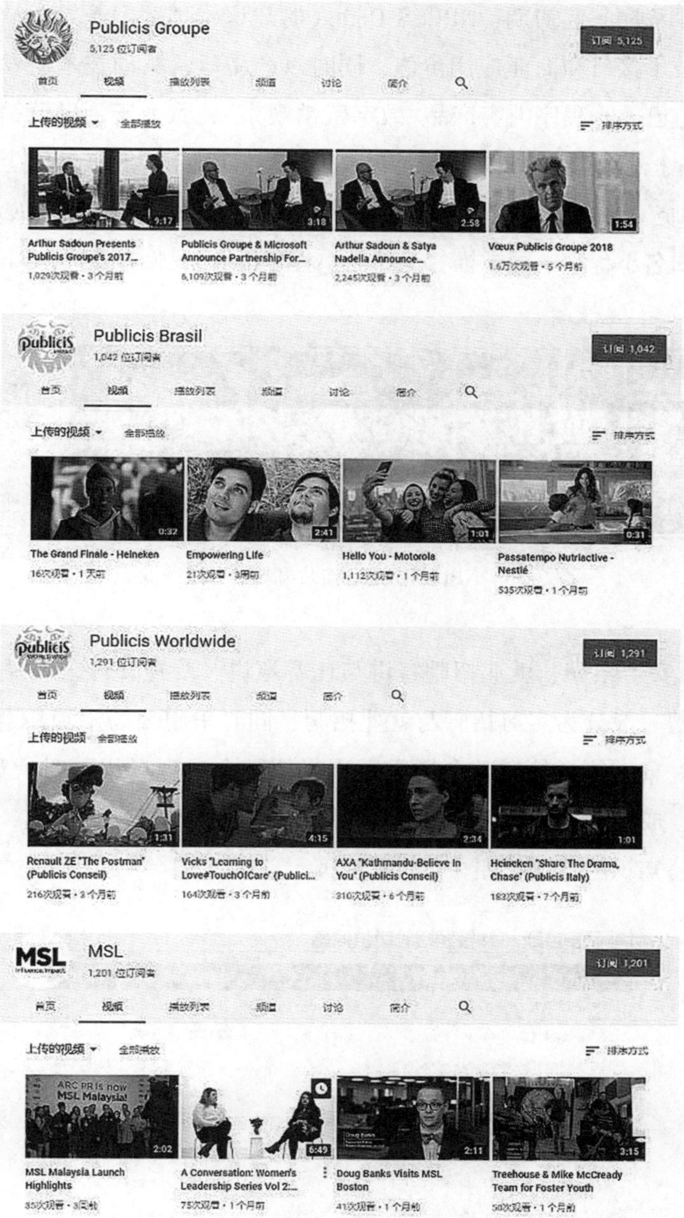

图 7-37 阳狮集团及旗下公司在 Youtube 上的自建频道

在小程序兴起初期，NPLUS Digital 的知识管理部门开始尝试研发小程序的技术接口和商业应用价值，同时以产品运营驱动技术研发的方式创立了自己的小程序内容产品“数字营销观察”，致力于帮助营销人更省时高效地把握最新趋势，激活创意灵感。“数字营销观察”开发上线后提交了“知晓”小程序商店，提交完成一天后就与轻芒小程序、Readhub 小程序等知名小程序一同被推荐至精品小程序板块(见图7-38)。

图 7-38　NPLUS Digital 的“知晓”小程序商店

(5)实习招聘、就业招聘宣讲与比赛巡讲、受邀讲座。营销传播公司的招聘一般分为实习招聘与就业招聘，同时采用现场招聘和网络招聘的形式，日常所指的招聘会通常是现场招聘会。现场招聘时人员集中、数量大、成本低，所以营销传播公司会尽可能地选择这种形式，这个过程有传播知识的作用(见图 7-39)。

电通安吉斯2018校园招聘职位信息

职位名称	职位性质	工作地点	发布日期
[上海]电通安吉斯集团 PR实习生	实习招聘	上海	2018-04-25
[上海]安吉斯媒体集团 client service intern	实习招聘	上海	2018-03-14
[上海]安吉斯媒体集团 client service intern	实习招聘	上海	2018-03-18
众异市场营销策划（上海）有限公司 人事行政实习生	实习招聘	上海	2017-09-27
众异市场营销策划（上海）有限公司 HR & Admin intern	实习招聘	上海	2017-10-11
众异市场营销策划（上海）有限公司 HR & Admin intern 人事行政实习生	实习招聘	上海	2018-01-08
安索帕（上海）广告传播有限公司 AE Intern	实习招聘	上海	2017-10-24
安索帕（上海）广告传播有限公司 IT Intern	实习招聘	北京	2018-01-23
安索帕（上海）广告传播有限公司 HR Intern	实习招聘	上海	2017-08-02
安索帕（上海）广告传播有限公司 数据分析实习生	实习招聘	上海	2017-10-16

图 7-39　2018 年电通安吉斯的校园招聘信息

近年来，中国高校的毕业生数量每年都有数百万之多(2019 年教育部发布数据称当年高校毕业生预计为 860 万人)，其中有相当大一部分会进入与广告密切相关的行业，同时，广告专业也已成为新闻传播学科中学生人数最多的专业。大广赛、学院奖、金犊奖、ONESHOW 等广告赛事因应形势，在全国开展了巡回讲座，邀请业界专家传播营销知识。在一些广告业发展比较好的城市，业界人士也会不定期地进入高等院校开办讲座(见图 7-40、图 7-41)。

图 7-40　第 16 届学院奖全国高校巡讲

明思力商业讲堂 | Office Visit & Career Talk

原创：明思力中国　**明思力商业导向型传播咨询顾问**　2017-12-01

图 7-41　“明思力商业讲堂”

(6)与广告专业进行课程共建、与相关单位成立研究机构。一些条件成熟的广告院系能与知名营销传播公司达成协议，邀请业界专家独立承担或与高校教师共同承担专业课程的讲授工作。但由于经费、时间、机制、安全等因素的制约，这种能够在最大限度上使知识传播和知识创新协同化的方式无法制度化、常规化。同时，有实力的数字营销企业会与教学科研院所、客户、媒体等共同成立以“研究院”命名的机构，完成知识的表出化、联结化和内在化，这是一个双向的知识生产闭合系统（见图 7-42～图 7-45）。

图 7-42　暨南大学广告系学生在舜飞科技学习程序化广告课程

图 7-43　拉卡拉与蓝色光标共同建立研究机构

图 7-44　南京大学与奥美合作成立创意研究院

图 7-45　2017 香港奥美广告创意实训营

(7)参加各项行业赛事和行业会议。随着近年来国家经济崛起、交通极大便利和数字营销的快速发展(并且随之产生了很大的竞争压力)，知名营销传播公司非常乐于且主动寻找能够在各项行业赛事和行业会议上进行演讲的机会。在 20 分钟左右的时间里，演讲人一般会比较完整地阐述公司的竞争优势、业务能力和知识体系，演讲的逻辑思路往往是由知识体系所决定的(见图 7-46、图 7-47)。

(8)自主举办会议并通过权威媒体报道、日常报道。营销传播公司为了扩大行业影响、吸引客户注意等目的，会不定期举办以知识传播为主导的产品发布会、报告发布会、营销分享会、成果分享会、新书媒体

图 7-46　搜狗精准广告产品部总经理廖锐在 2018 金鼠标国际数字营销节上的演讲
（本图片的版权归视觉中国所有）

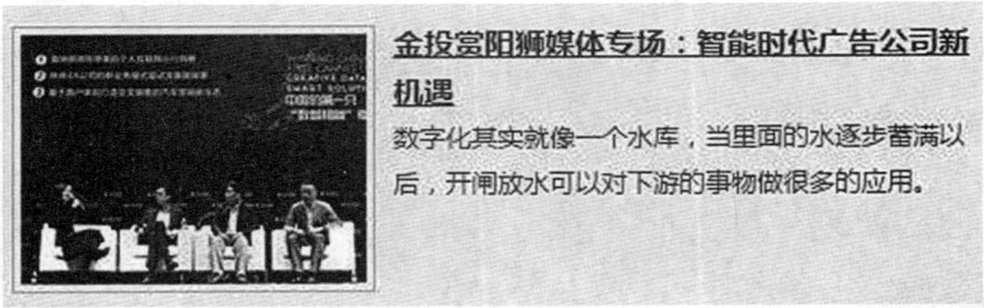

图 7-47　阳狮集团每年在金投赏国际创意节上举办专场活动

分享会等。媒体为丰富其内容，也会主动伸出橄榄枝，在日常状态下向营销传播公司负责人员询问一些信息，公司接受并解答的过程，就是向媒体传播知识的过程，这些知识进而由媒体传至全社会（见图 7-48 ~ 图 7-57）。

图 7-48　省广集团携手小米营销举办“大屏大时代”智能大屏营销分享会

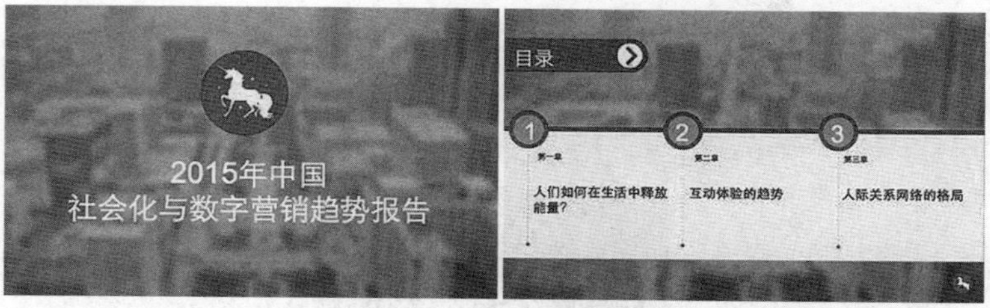

图 7-49　阳狮集团旗下乐必扬发布的《2015 年中国社会化与数字营销趋势报告》

图 7-50　阳狮媒体 2016 年度程序化购买解决方案和新产品发布会

图 7-51　2013—2017 年博报堂生活者综研(上海)出版的报告

图 7-52　麦肯锡咨询公司发布的《2018 年时尚报告》

图 7-53　日本电通公司发布的《2015 中国赴日游客肖像》

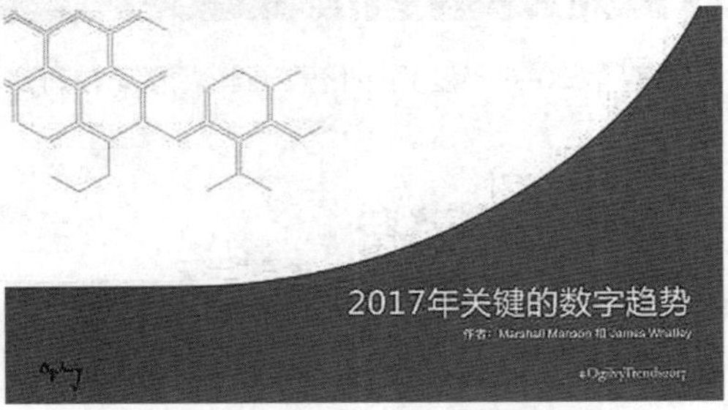

图 7-54　中国奥美发布的 2017 年数字趋势报告

图 7-55　群邑集团发布的《2015 媒介趋势报告》以及 2017 年联合 RTBAsia、Miaozhen Systems、AdMaster 发布的《无效流量应对方法论及战术建议白皮书》

图 7-56　尼尔森携手百度云共同举办主题研讨会

图 7-57　相关广告公司出版的书籍

(9)与客户的知识交流。同客户一起共建研究机构是一种非常态化的知识交流形式。在日常工作交往中，各项工作汇报携带着大量的显性知识，这是甲乙双方知识交流的主体。现在，当客户来到营销传播公司连接WiFi时，手机将自动收到营销传播公司的最新信息，营销传播公司也可以利用内部场景，采用AR/VR技术将相关知识传递给客户。

中国一直将“吃饭”和“工作”紧密地结合在一起。从互动性上考虑，关系的达成需要高交往性，而“饭局”恰恰满足了这一需求。在“饭局”上人们聊及的话题无所不包，氛围相对轻松，思维比较活跃，隐性知识传递频繁，一些营销创新和技术创新的想法会突然出现。

一些大型的营销传播集团企业会邀请客户参与共同调研及其他项目的合作，在这一过程中寻找和形成与客户共有共享的新知识。如阳狮锐奇与国内神经学领域的咨询公司布雷恩英咨询(Brain Intelligence)联手开展了“The Pool”第三泳道中国调研计划，启用神经学研究进行跨媒体广告效果评估，采用眼动追踪数据和脑电波数据分析被测消费者，吸引了行业领先的视频网站如优酷、土豆、爱奇艺等和欧莱雅、可口可乐、利洁时、通用磨坊、蒙牛、玛氏、箭牌、美赞臣、上海家化等广告主的参与。该公司还继续与第三方互联网监测公司精硕科技(Admaster)合作，对参与调研品牌在7个合作视频网站的网络视频广告实际投放进行了跟踪监测。实力传播与尼尔森于2015年下半年联合开展了一项关于中国DMP现状了解的定性调研，由尼尔森公司对实力传播的客户采访完成，定性了解其对DMP的熟悉程度和未来期望(见图7-58)。

(10)与政府的知识交流。一些有实力的广告企业在与政府的项目承包过程中，结合国外及国内的运作经验，帮助政府建设内容平台、数字平台和媒体及公众关系，为政府雇员传授公关传播方面的知识与建议。部分有突出特长的企业还在“一带一路”建设中协助政府完成经济开发任务，或是提供日常的舆情监测服务。在此过程中，广告行业的知识，尤其是数字营销知识被广泛传播，直接或间接地促进了政务效率和政策有效性的提升(见图7-59)。

图 7-58　阳狮锐奇、布雷恩英咨询、精硕科技与众多视频网站及快消品客户的知识创新合作

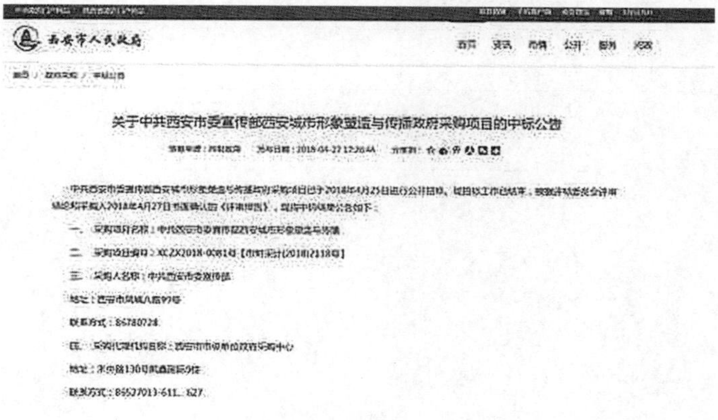

图 7-59　政府的城市形象塑造项目招标公告

清华—奥美公共形象战略研究室于 2005 年 5 月成立，其使命是为政府部门提供公共形象、城市与地区品牌相关的专业咨询与项目服务。这些项目专门为帮助政府官员应对各种挑战和机会而设计，比如吸引国

外投资、旅游、危机管理、如何成为一名新闻发言人以及实现社会责任战略。奥美与政府机关(中国青少年社会服务中心)还合作建立了“中青奥美工作站”，通过结合政府的人才网络库，对青年人才进行有关营销传播的培训，并进行人才筛选和招募，同时该组织还会代理一些营销项目(见图7-60)。

图 7-60　中青奥美科技发展(北京)有限公司

第8章　结　　语

本书从我国广告产业当前的宏观背景开始，以知识管理和知识创新为主线，论述了中国广告行业在近20年来的生产力和生产关系变迁，提出了更适合现代广告业发展的知识生产力体系。其次，从广告业生产力历史演变的角度分析了该行业知识体系的本源及中国广告行业知识体系的特点，对当代中国的广告知识体系进行了重新分类，以期为未来的学科建设方向提供新的思维框架。再次，结合大量的知识管理理论，阐述了广告行业当中的“知识螺旋”与知识创新生成过程，继而分析了目前中国广告企业组织（主要是以数字营销公司为代表的第三代广告公司）知识创新的步骤、方法、结果，以及在组织层面、行业层面发生的创新集合。最后，本书以质化和量化研究相结合的方式，构建了以知识创新带动广告组织“软实力”增长进而强化企业核心竞争能力的评价指标体系。以下按章节顺序对本书的主要发现和观点作出总结。

8.1　本研究的主要结论

1. 国内对于广告产业的研究方向、研究路径等存在较大断层

从现有文献来看，目前国外、国内对于广告产业的宏观和微观研究比较常见，但在中观层面，即广告组织的经营管理研究并不多见甚至出现断层，这种断层现象上则影响对整个产业的认知，下则影响业务实

践。其缺乏原因大致有三：一是在产业的宏观分析中大量沿用西方产业经济学的SCP范式，但这个范式自身存在静止、僵化的毛病。与之类似，一些西方产业经济理论忽视了第三产业的一些特殊属性，而国内在使用这些理论时未能考虑生产力的巨大变化、服务行业的特殊性以及中国的社会经济发展状况。若照搬沿用这些框架解答知识社会中的现实问题则会"水土不服"，不照搬沿用则没有现成的框架可以套用，因而难以作出完整的系统分析。二是由于广告产业在国内生产总值当中的贡献并不高，国内的管理学者对此领域并不感兴趣，而广告学科内的学者大多缺乏管理学科背景，既缺少经营管理研究的理论工具，也无法运用更先进的管理学理论；业界人士虽然有丰富的从业经验，但学术研究时间极少，未能转化为行业内的系统性管理成果。三是国内的宏观研究过于依赖主观逻辑的推演或是二手数据分析，缺乏长期跟踪的量化分析和一手数据。这实际上是由于在中观的企业层面缺少研究和统计支撑造成的。此外，可能是由于对广告产业创新源泉的认识不足，广告产业的知识创新问题未能引起学者的广泛注意，21世纪之前对国内广告业的"创新"关注，基本归属于创意、形式、内容、营销、媒介等广告学固有的研究领域。究其原因，则是业内很少人对创新理论进行较为全面深入的研究，也未能将知识生产力作为主线，以此来认识各个层面和各个角度的创新在整体的产业生态中如何出现、如何联结、如何生效。因此，在广告行业谈及创新时，往往会特别强调某一种创新的形式(这经常与传播者的利益有很大关系)，甚至在"创意"和"创新"之间画上等号；在广告学界谈及创新时，简单地把"知识生产"等同于学术界自身的"文献生产"。当然，不可否认的是，以知识创新为分析框架也还处在探索过程，其应用范围和应用效果尚待检验，它并不能代替也无意全部统合其他经过实践检验的现有理论。

另外，国内对于广告行业的研究很少涉及生产力问题，而生产力问题恰恰是贯通于宏观、中观和微观的一条逻辑主线。忽略了这条主线，就非常容易出现重技巧传递而轻基础建设、重应用研究而轻理论研究、重现象描述而轻量化分析、重伸展末节而轻加固主干等问题。

2. 广告业的生产力体系已发生重大变化

笔者在本书的第三章当中采用先提出判断、再进行论证的方式，从广告史的历史分期切入，对当代广告业的生产力体系作出了新的构建。

在以往的中外广告发展阶段划分中，存在以下缺陷：①如果以媒介发展为重要的划分参考标准，则只能说明广告的发展来自于外部的推动力，不能说明媒介即为外部推动力中的原动力。②有的划分过分看重广告行业自身的演变，将这种演变当做独有的事件。③以“重大事件”为划分标准很难令人信服，这种方式本身是不符合唯物史观的。因此无论媒介形态也好、作业形态也好、规模也好，这都只是生产力发展到一定阶段之后的表征，生产力的明显质变才是衡量历史分期的最有效标准。除对生产力、社会化分工和社会形态、商业形态进行通盘考察外，我们还需要考察当时的生产方式，即加入生产关系的考察。

根据马克思历史唯物主义的分析方法，劳动者、劳动资料、劳动对象、管理、资本、知识(含科学技术和信息等)六大生产力要素以及分工协作，作为最基本的不可或缺环节直接参与了当代广告业的生产全过程。其中，知识是生产力的核心要素并提升了其他生产力要素的效率，劳动资料是实体性因素，劳动对象有实体与非实体之分，资本、管理和知识属于非实体性因素。分工协作也是直接生产力，但与要素生产力处于不同维度，即协作维度的生产力，与六种要素生产力发生互动演化，共同作为内生性变量构成了当代广告业的生产力体系。除劳动者以外的生产力要素都将依赖于劳动者、附属于劳动者、经由劳动者来完成生产循环。这种生产力体系适合于分析现代的广告业，也适合于分析现代的其他知识型产业。

3. 归结了当代广告业生产力体系的特征、条件、运行机制等

当代广告业的生产力以知识为基础。在知识经济时代，知识生产力

极大地克服了传统生产力中“物我两分”的矛盾，将“人”的主观能动性和潜力进一步释放出来，广告业比以往任何时候都更看重“人力资本”和“智力资本”，更加突出人的主体地位。同时，这种生产力是取用不竭、循环再生的，知识自身便能够通过传播交流进行有效配置且边际效应递增。

当代广告业的生产力在市场化、全球化的环境中运行。广告业的知识生产力发展以及一切的知识创新活动，必然会在市场经济的前提下通过供求机制、竞争机制、价格机制而实现，其中非常重要且是当务之急的是，要形成比较完备的、能够有效保护广告知识产权的法律机制。知识产权制度的完善程度直接影响和决定着当代广告业生产力发展的深度和广度。

当代广告业知识生产力在运行环节上具有鲜明特性：知识生产是知识生产力运行的起点，当代中国广告业的知识生产可分为原创性知识生产、复制性知识生产和定制性知识生产。在当今的市场环境下，这三种知识生产对于劳动产品最终的价值实现是同等重要的。知识传播是广告业知识生产的中间环节，它对价值链各环节、利益相关者和社会的影响力大小基本取决于知识传播的深度和广度，而知识传播的深度和广度则取决于知识载体以及传播知识的媒介的种类、多少和熟练程度；广告行业的生产产品大多为知识产品，其生产目的和传播目的是为了生产性消费或生活性消费，消费主体在实际消费时的条件和需求既有相同亦有不同。

4. 从哲学和管理学的认识论、实践论角度分析了当代中国的广告知识体系

总体上，“天人合一”“主客一体”“知行合一”的主要传统使中国人高度重视自身与他人、与群体、与社会、与自然的互动关系，“家国”概念强烈，在对为何追寻知识的回答时形成了退可“诗书传家”、进可“文章报国”的理念。这种理念和互动关系是集体的、有机的，重视主

观知识、直觉才智以及交流情境，强于归纳概括、疏于抽离纯粹概念，这种对待世界和知识的基本态度与西方的传统截然不同。尽管西方的实证主义在知行结合上与中国的知识传统有很多相似，但在西方的科学和商业管理实践中知识观仍受二元论所支配。不过在一个“扁平化”的世界中，西方未必就是西方，东方未必就是东方。中国哲学的知识传统与西方哲学的知识传统在多种场域中会相遇，它们能够互相补充并化育出新的产物。

如果具体到广告学的知识体系，笔者认为，在营销传播理论研发后尤其是在数字营销传播成为主流趋势的今天，不仅“广告”的作用、定义、途径、方法都发生了巨大变化，而且整个知识体系也在重新构建。虽然知识体系重构在任何学科当中都是持续不断发生的，但在整合营销传播及数字营销的背景下，广告学的知识体系重构堪称“划时代”，假如用激进一些的表达便是“广告已死”。因此，当代广告学的知识核心应该是“如何在数字时代有效完成整合的数字营销传播活动”，其他的知识——无论是自系统的知识还是他系统的知识，都将围绕这个核心而展开。

另外，虽然我们在广告学已取得独立的学科地位上有着一致性认识，但对于广告知识体系内部的构成情况及各构成部分之间的相互关系还存在一定争议。随着时代的发展，这种争议或者说分歧也许会不断加剧。对于应用型的学科而言，社会的外部影响力永远大于自身对外部社会造成的影响力，学科知识体系时刻会处于变动之中。变动是常态，固化的或者泾渭分明的知识体系则往往象征着学科走向消亡。广告学本身即是极为复杂的、互相涉及互相干扰的综合体，对其进行过于细致的知识分类既无必要也无可能。因此，当代广告业的知识体系似可参考笔者提出的广告业生产力体系进行如下归类：其一，能够直接提升广告业生产力及生产效率的知识大类。这其中既包括前述学者所言的“广告自系统理论”“广告活动本体研究”等，也包括“广告运作实务”“广告传播研究”等。如果要再进一步指出分属的话，这个知识大类当中主要是广告技术、广告心理学、广告设计、广告受众研究、广告本体研究、广告媒介研究、广告效果研究、广告策略、广告经营、广告主的广告管理、营销整合等，其共同特点是这些知识绝大多数在广告主体(广告主、广告公司、媒体)内和广告主体之间流转，可以被直接利用进行广告生产和广告主体的管理工作，能够直接产生经济收益或避免经济损失。其二，间接提升广告业生产力及生产效率的知识大类。此类知识绝大多数是外部环境/社会与广告主体之间的交流，往往显示出外部的强制性、规范性和条件制约，不一定能直接利用进行广告生产和广告主体的管理工作，不能够直接产生经济收益，但可避免经济损失。其中大致包括广告法律法规、政府的广告管理、广告哲学、广告经济学、广告社会学、广告文化学、广告美学、广告史、广告伦理以及其他的跨学科基础知识，这种分类法的关键在于是否能产生直接经济收益。当然，广告学的知识体系是错综复杂的，过于简单化也会出现一些问题。而无论何种分类体系，其重点都是要寻找到一种适当的分类范式和分类的理论工具，否则就会陷入无法自圆其说的泥淖。

5. 当代中国广告产业/广告企业在中观、微观层面的知识生产

笔者在本书的第五部分分析了当前中国广告行业的知识运行状况，其中包括广告行业知识转换的四种模式、广告行业中的“知识螺旋”、知识创造的促进条件等。另外，知识创造理论在当代中国广告行业知识生产环境下的局限性进行了分析。技术与市场——或者说隐于其后的技术知识与市场知识成为当前广告市场进化的主导性力量，二者共同塑造了当代的广告知识，同时也颠覆了以往的广告业权力结构，并改变了其内部的经济结构和运行机制。不过，基于技术的内容知识与创意知识仍然发挥着举足轻重的作用，它们适应着技术，也反过来改造技术、刺激新技术的出现。这些都是“以人为本”的，因为“人”位于现代广告业权力结构的另一端，与技术形成了互相制衡的两极。

目前，中国广告行业的知识创新大多是一种以技术突破为龙头的组

织内知识创新，这种知识创新进而带动形成了组织内的创新集合与组织间的协同创新。组织内部对于创新系统完整性和创新元多元协作的要求，也是广告业新型生产力体系的明显特征之一。这个内部的创新系统至少包括技术创新、制度/管理（组织与人力资源）创新、项目/营销创新、资本运营创新等。以技术为龙头的广告公司知识创新在企业内部是一种循环影响的过程，这首先体现在人力资源和组织文化管理上，其次反映在营销创新和运营创新上。在企业组织的整体层面，笔者利用了"知识发酵"理论和知识集成方法，分析了微观环境中的知识创新工具及流程。

6. 知识创新、软实力、核心竞争能力之间的关系检验

在本书的第六部分，笔者以定量与定性相结合的方法，阐述了当代中国广告产业的知识创新、软实力、核心竞争能力三者之间的关系，初步建立了基于"软实力"视角的当代广告组织竞争力测评体系，并对这个体系的优点和不足之处进行了分析。中国数字营销传播企业对创新问题极为重视，这是其"软实力"构建的主体部分。在数字营销传播企业的创新体系当中，知识创新以及与之高度相关的创新能力所占权重超过58%。

8.2　本研究的补充探讨和不足之处

本书的研究范围和层次比较庞大、复杂，而且涉及领域较新，因此需在此部分中进行补充说明。另外，由于笔者的学识、精力、时间有限，经历欠缺，所以本书也有很多的不足之处。

8.2.1　补充探讨

在持续数年的研究过程中，笔者一方面为当代中国广告产业的蓬勃发展感到欣喜，另一方面则对现存的某些亟待解决的问题抱有遗憾。从

知识创新的研究角度而言，大致有如下一些看法和建议：

1. 关于广告行业的知识产权

在知识社会中知识产权是市场上的重点交易物之一，实施知识产权战略、加强知识产权保护也是近几届全国党代会大会报告及中央政府工作报告中一直强调的兴国重点问题。就广告产业而言，如果知识生产者的利益不被保护、贡献不被承认，则会严重地损伤知识生产者的生产积极性，使得低水平的剽窃事件不断出现，创新停滞不前，整个产业将深陷在低生产力的漩涡中无法自拔。而知识产权制度的建立和有效运转，不但能极大地刺激知识的生产和创造，且能有助于知识的广泛传播和使用；它不仅扩大了各利益相关方的知识需求，避免重复生产、缩短研发周期，还提升广告业整体的知识水平，为知识的生产创造良好的人文环境。在微观层面上，知识产权保护规则的建立，也可以增加企业的无形资产，为员工的智力贡献奠定补偿基础。

在以往的社会环境中，由于知识产权确立周期长、手续繁琐、确定难度高，而且广告的业界知识大多以隐性知识为主，因此广告产业的知识产权从数量和质量上来看都很难成为真正的“产权”，这不仅未能对行业知识的开创者提供保护，也不利于净化行业氛围、提升产业总体水平。在现阶段，整合营销传播的内在逻辑和现实需要使得代理公司向产业链的上下游移动，其职责和任务有了大范围的扩张，对设计、包装、标识等知识产权确定已经可以借助网络化的申报系统快速完成，代理方在此时需要了解知识产权的相关知识和办理流程而非一味抱怨他人的抄袭做法。更重要的是，在数字营销时代，“算法”以及各种设备的运行环境(如 AR/VR 的建模)从其属性上讲更近似于“软件”，完全具备知识产权法规的保护条件。2017 年，我国已经在专利审查指南中对“算法”的知识产权认定作出了修改，其内容基本上与美国的专利法接轨。如果“算法”的过程与具体应用的硬件相结合(如无人机的避障算法加上其硬件和使用场景)，只要权利要求的表达比较妥当，其知识产权将会被原则上加以认定，“算法”形成的程序代码或软件也可以计算机版权登记。虽然这些知识产权的认定需要专业代理人进行操作并且收费较高，但它至少为企业的显性知识提供了必要保护，增强了企业的核心竞争能力。从宏观层面看，也有利于形成适当的进入门槛，促进产业的优胜劣汰。特别是当一些数字营销公司走出国门进行全球化竞争时，这些知识产权将会发挥出巨大的作用。综合以上考量，笔者认为在未来的一段时间内，业界必将会把知识产权认定当做一项重要工作，相应地，知识产权纠纷也会在广告行业内更多地出现。相信在十年之后，整个行业可能会因此产生明显分化。

2. 关于广告行业的知识体系

目前来看，中国广告行业的知识体系实际上存在着不同的分野(笔者试图通过本书在某种程度上淡化这种区别)。

一种是东方与西方的知识观分野。中国自20世纪90年代开始，广告行业就出现了本土、日、欧美系公司并起的情况，这些公司内部的文化和知识体系存在一定的差异。如前所述，欧美系广告公司继承了西方重视理性实证主义的知识观，本土公司则有着华夏文化的知识传统，日本的知识观近似于中国，但在细微之处亦有不同。虽然广告业务的实战性在表面上抹去了一些知识观的区别，但由知识观引出的内在方法论不会因此而消失，所以在很多时候，业内会在各种方法论之间产生争议。笔者则认为，脱离了实际问题解决方案的方法论纯粹化比较是没有意义的，也就是说，对文化和知识体系孰优孰劣的单纯论证是没有意义的，在一个全球化、扁平化、“地球村”的时代，知识的价值实现程度才是检验广告组织知识观正确与否的最重要的标准。在这种情况下，各种文化和知识观的合理成分必须被广告组织完整吸收，因此也不应对他种知识观不屑一顾或是五体膜拜，不应对已有的文化和知识观弃之如履或是自高自大。

还有一种是业界与学界的知识观分野。简单来说，业界的知识观在以往是职业化、强调“即插即用”，重视隐性知识；学界的知识观则是专业化、强调“厚积薄发”，重视系统化的显性知识（当然这种区分也不尽然，例如有的跨国公司就是显隐并重的，有的学校也能通过实习实践安排使学生获得一定的职业化隐性知识）。随着数字营销时代的到来，这种分野的界限目前也逐渐弥合。部分经济发达地区的院校已经能够在一定程度上同业界进行直接的项目合作（如中国传媒大学、北京大学、中国人民大学、上海大学、暨南大学、深圳大学等），这本身就是一种知识的“变现”，有利于通过协同创新造就新型业态。但它同时对学界的整体知识素养提出了挑战，对学生的知识结构提出了重塑要求，对广告专业的招收来源和培养目标给出了重设方向。具体来说，就是要求理工科课程的明显增加和跨学科综合能力的提升。可以预见，当此需求能够基本满足时，业界与学界的知识观分野不仅不再分离，而且在校学生的创新创业能力也会被极大激发，独立工作室将成为未来广告行业的重要组成部分，广告的产业生态因此而发生较大变化。

3. 关于知识运用和知识创新的伦理

知识一旦被滥用，或者所谓的“创新”走向社会伦理的反面，其使用的效果会比不使用更恶。在这里，笔者主要是指当前数字营销传播当中通过技术手段对信息进行肆意使用的恶性“知识”（如某些利用 SEO/SEM 技术的误导性竞价排名、消费者个人数据泄露和非法买卖等）。这些所谓的“知识”几乎具备了知识的所有属性特征，但却对消费者、企业、社会造成了生命或财产损失，严重影响了行业形象、行业信誉，阻碍了广告产业自身及相关产业的健康发展。

其一是假借以“大数据”为主体的知识创新之名，利用知识的不对等欺瞒客户，在竞价比稿中将“大数据”的作用过分夸大，甚至以技术降低成本为由以明显低价抢占客户。而拿到业务后不具备数据的收集、分析、使用能力，再以降低服务质量或用不正当手段实现既定目标。

其二是利用技术手段和信息的不对等，进行 KPI（Key Performance

Indicator，关键绩效指标）造假，如品牌刷榜数据、社交媒体粉丝数量、转发和点赞数量造假等。这一方面有可能是代理方单方的问题，另一方面也有可能是客户代表的授意。而无论是出自何种目的，在客观上都是对知识的背弃。这直接导致了相关利益方对知识的不信任，进而产生“劣币驱逐良币”的效果，从而破坏产业的生态和升级进程。

其三是利用技术手段和信息的不对等，以提供便利为由，强制甚至非法获取消费者个人信息，从而导致非法的隐私数据交易频繁。这些都对消费者权利造成了极大侵蚀。

其四是歪曲“知识”的本身含义，将庸俗营销的“经验”借助互联网媒体大肆传播，认为凡是能产生短期轰动效应的技术、工具、手段都具有正当性，都是营销创新的正常组成部分。

其五是漠视枉顾知识产权，抄袭成风，以短期经济效益为唯一目的，完全放弃法理与伦理考量。

其六是以丰富自身的知识体系为目的（主要是数据库），将客户的需求放在次要地位，在为客户创造价值上大打折扣。

其七是以自身的知识排挤竞争对手的知识，以各种手段、在各种场合贬低竞争对手的能力。这也是目前缺乏一个公开、透明的知识评价平台所造成的。

无论是“他律”还是“自律”，就知识创新而言，从制度层面到执行层面实际上都存在着一整套可借鉴的方法。在近期由国家主导的治理净化之下，以上问题有的得到了改善，有的则仍然未见好转。而且，这些未见好转的问题是深层次的也是更为关键的。如果这些问题不能被尽快解决，包括知识创新在内的所有创新，只会沦为纸面上的名词。伦理本身就是具有长期性的（尤其是自律的形成），这就意味着要从外部通过制度供给和执行力提升来加速其变化进程。以知识创新的核心要素信息数据为例，目前至少可以采取以下措施：①扩大监管范围，将在中国开展业务的所有向中国公民和组织提供产品及服务的企业，纳入监管范围内，并实现对“个人数据”更大范围的保护；②提高对数据非法买卖、故意泄露的处罚力度；③收集、保管、使用消费者和客户数据的企业应设立专门负责数据安全管理的人员，一旦出现数据泄露事件，必须在限定时间内向政府监管部门汇报具体情况及评估泄露影响，同时在适当时间内通知相关用户。

4. 广告产业的知识创新系统未能完整建立

任何能形成一定气候的创新发展，都是一项关系到国家、社会、行业协会组织、企业、个人的全系统工程。从现阶段来看，广告产业的知识创新系统还未完整建立，与广告行业有关的创新活动基本停留在企业组织层面。除了与知识产权相联系的一些弊端之外，还存在创新动力不足、知识成果较少、知识转化速度较慢、产业的知识链环节未能打通、行业协会组织作用不显、知识联盟横向联系松散、知识创新活动非常态化等问题。

如果与西方进行比较就可以看到，无论是组织层面还是产业层面，知识创新以及知识真正发挥其生产力作用都需要一个较为长期的过程。它下则与行业中的每个个体相联系，上则直通化归于国家创新体系之中。因此，本书虽然曾就其中的一些疑难提出了技术性的解决途径，但更多的问题还需置入产业的全系统当中来寻求解决办法，需要广告行业相关各方的通力合作。

8.2.2　本研究的不足之处

第一，将知识创新当做当代中国广告产业演化的主线，这在以前是从未有过的。因此即使逻辑上和理论上成立，也会不可避免地产生研究范式、研究方法、研究技术等方面的缺陷。笔者虽然认识到技术创新、制度创新与知识创新之间存在着必然联系，但认为知识创新与技术—制度创新是在不同的维度，加之篇幅所限，所以书中主要叙述了外部技术变化引发的组织内部知识创新，没有述及组织内部知识创新的溢出对外部技术会产生怎样的影响；主要分析了组织内部知识创新与制度创新之间的关联，没有详尽分析外部制度对组织内部知识创新的影响。而在创新的“三螺旋”结构中，这些分析都是不可或缺的，这也是学界未来应该继续深入研究的方向。

第二，由于笔者学识有限，可能对国内外广告产业研究的再研究不够准确。其一反映在使用了经济学的宏微观分层方式，如果以其他学科的视角来看则为一孔之见。其二是学术界没有统一的分类方法，因而对微观层面的研究方向无法给出十分准确的归纳。如果使用笔者提出的知识分类方式，则在行文逻辑上不太顺畅。

第三，在当代广告业生产力体系的建构部分，分工协作是不是一种直接的生产力，这在政治经济学领域还有一定的争论。虽然笔者认同将其划入生产力体系范围，但对广告业中的分工协作没有进行更深入的分析。另外，对新生产力体系下的生产关系也着墨不多。

第四，知识的本体论和认知论区别是分析中外广告知识体系的重要哲学方法，但笔者未能全部展开，此部分还需进一步强化。

第五，对广告学科的认识还比较浅薄，未能充分梳理欧美、日本以及国内的广告学知识。因此，笔者提出的“二分法”未必精确。另外，这种“二分法”虽然具有学术研究的意义，但未必能直接反映在教育及教学改革上，其目的主要是用来印证当代广告业生产力体系的合理性。

第六，“知识创造理论”只是知识管理理论当中的主流学派之一，不能代替其他的重要理论。虽然笔者指出了其内在缺陷及运用于广告产业的不适性，也尝试利用其他理论对当代中国广告产业的知识创新进行分析，但在理论展开时不够完整，仍然存在大量需要解释和进一步研究的环节。

第七，本书的定量分析还不完善，其缺点已在前文中指出。而且由于问卷数据还处于保密期，因此无法展现描述性统计结果。另外，笔者主要使用了中国知网(CNKI)进行了文献查询，使用维普咨询和其他检索平台的次数不多，导致研究资料不全面、不充分。

第八，本书在开篇曾提出了一些设问，虽然文中对这些问题进行了解答，但未专门收拢作答，因而存在观点、看法不够集中的情况。

第九，本书第 7 章对当前国内广告企业的知识管理案例进行了呈现，作者主要是考虑到文本的实用性和读者的速读需求，因而将其单列一章。但就文章结构和理论性要求来看，应该尽量将这些案例融入之前的各个章节，而非集中堆砌。

参 考 文 献

一、外文著作

[1] Arzaghi M., J. Henderson . Networking off Madison Avenue[R]. Brown university, 2006.

[2] Bain, J. S. Barriers to New Competition, Cambridge, MA: Harvard University Press , 1956.

[3] Barnard, C. I . The Functions of the Executive, Harvard University Press, MA: Cambridg, 1938.

[4] Chris Argyris. Overcoming Organizational Defenses: Facilitating Organizational Learning, NJ: Prentice Hall Press, 1990.

[5] Dretske, F . Knowledge and the Flow of Information. Cambridge. MA: MIT Press, 1981.

[6] Drucker, P. F . Post-Capitalist Society [M]. Oxford: Butterworth Heinemann, 1993.

[7] Evans, P. and T. Wurster . Blown to Bits: How the New Economics of Information Transforms Strategy. MA: Harvard Business School Press, Boston, 2000.

[8] Hamel, G., Heene, A., eds . Competence: based Competition[M]. New York: John Wiley & Sons Ltd, 1994.

[9] Joseph Nye . Soft Powers: The Means to Success in World Politics[M].

New York: Public Affairs, 2004.

[10] Julien Cayla . "A passage to India": An ethnographic study of the advertising agency's role in mediating the cultural learning and adaptation of multinational corporations[D]. University of Colorado at Boulder, 2003.

[11] Machlup, F . Semantic Quirks in Studies of information[M]// F. Machlup and U. Mansfield. The Study of Information. New York: John Wiley & Sons, 1983.

[12] Nelson, R. R. and S. G. Winter . An Evolutionary Theory of Economic Change[M]. MA: Cambridge: Harvard University Press, 1982.

[13] Penrose, E. T . The Theory of the Growth of the Firm[M]. Oxford: Basil Blackwell, 1959.

[14] Peters, T. J., and R. H. Waterman, Jr . In Search of Excellence[M]. New York, Harper & Row, 1982.

[15] Schein, E. H . Organizational Culture and Leadership[M]. CA: San Francisco: Jossey-Bass, 1985.

[16] Souder, W. and J. Sherman . Managing New Technology Development. New York: McGraw-Hill, 1994.

[17] Tidd, J., ed. From Knowledge Management to Strategic Competence: Measuring Technological, Market and Organizational Innovation. London: Imperial College Press, 2000.

二、外文期刊及学位论文类

[1] Alan J. Bush and Victoria D. Bush. Potential Challenges the Internet Brings to the Agency-Advertiser Relationship[J]. Journal of Advertising Research, 2002, 40(4).

[2] Andreas Grein, Robert Ducoffe . Strategic responses to market globalization among advertising agencies[J]. International Journal of

Advertising, 1998(17).

[3] David Krueger . Ethics and Values in Advertising: Two Case Studies[J] Business and Society Review, 1998, 99(1).

[4] Dorothy Leonard-Barton. Core Capabilities and Core Rigidities: A Paradox in Managing New Product Development [J]. Strategic Management Journal, (13).

[5] Drucker, P. F. The New Productivity Challenge[J]. Harvard Business Review, 1991, November-December.

[6] Elizabeth Taylor Quilliam, Miralee, Richard T. Cole, and Mikyoung Kim. The Impetus for (and Limited Power of) Business Self-Regulation: The Example of Advergames[J]. The Journal of Consumer Affairs, 2011, 45(2),.

[7] Herbert J. Rotfeld. Power and Limitations of Media Clearance Practices and Advertising Self-Regulation [J]. Journal of Public Policy & Marketing, 1992, 11(1).

[8] Kaldor, Nicolal. The economic aspects of advertising[J]. Review of Economic Studies, 1950(18).

[9] Katrishen, F. A., and N. A. Scordis. Economies of Scale in Services: A Study of Multinational Insurers[J]. Journal of International Business Studies, 1998, 29(2).

[10] Maria Cecilia Coutinho de Arruda & Marcelo Leme de Arruda . Ethical Standards in Advertising: A Worldwide Perspective, [J]. Journal of Business Ethics, 1999, 19(2).

[11] Minette E. Drumwright and Patrick E. Murphy. How Advertising Practitioners View Ethics: Moral Muteness, Moral Myopia, and Moral Imagination[J]. Journal of Advertising, 2004, 33(2).

[12] Nachum, L. and J. D. Rolle. Home country and firm-specific ownership advantages: a study of US, UK and French advertising agencies[J].

International Business Review, 1999, 8(5/6).

[13]Prahalad, C. K. & Harmel, G. The Core Competence of the Corporation, Harvard Business Review, 1990, May-June.

[14]Santos, F. M. and Eisenhardt, K. M. Organizational boundaries and theories of organization[J]. Organization Science, 2005(16).

[15]Victor J. Tremblay & Stephen Polasky. Advertising with subjective horizontal and vertical product differentiation[J]. Review of Industrial Organization, 2002, May.

[16] Damir Tokic . R&D, advertising and the market value of Internet firms[D]. The University of Texas-Pan American, 2002.

[17]Diane Rutkow Persky . The ethical orientation of advertising executives: The relationship among ethical climate, sex role identity, and selected demographic and job variables[D]. New York University, 2010.

[18] Hwang Jang-Sun . What is the Web-based interactive advertising (WIA) to consumers? Consumer's interpretation and interaction with WIA[D]. The University of Tennessee, 2003.

[19]Jodi Lisa Smith . Navigating through the pitch landscape: An examination of clients, consultants, and advertising agencies during the pitch proces[D]. The University of Texas at Austin, 2009.

[20] Ko Hanjun . Internet uses and gratifications: A structural equation model of global interactive advertisin[D]. University of Florida, 2002.

[21] Lee Ju-Yeon . Advertising in interactive television: How audiences´ interactions with ads affect perceptions of programs and brands[D]. Michigan State University, 2003.

[22]Monica B. Fine . The role of advertising and information asymmetry on firm performance[D]. Florida Atlantic University, 2012.

[23] Morris A. Kalliny . The impact of cultural and religious values on television and newspaper advertising content and appeal: A cross-

cultural study of the United States and the Arab world[D]. The University of Texas-Pan American, 2005.

[24] Sally Ann Harris . Advertising and sustainable competitive advantage in the small firm[D]. Michigan State University, 2000.

[25] Yosuke Tsuji . Brand awareness of virtual advertising in sport[D]. Texas A&M University, 2007.

[26] Veroline Cauberghe . Determinants of the impact of new advertising formats of interactive digital television advertiser and consumer perspectives[D]. Universiteit Antwerpen (Belgium), 2008.

三、外文译著类

[1][美]阿尔夫·托夫勒．第三次浪潮[M]．黄明坚，译．北京：中信出版社，2006.

[2][美]阿尔夫·托夫勒．权力的转移[M]．吴迎春，傅凌，译．北京：中信出版社，2006.

[3][英]阿肖克·贾夏帕拉．知识管理——一种集成方法[M]．安小米，等译．北京：中国人民大学出版社，2013.

[4][美]艾尔·巴比．社会研究方法[M]．邱泽奇，译．北京：华夏出版社，2005.

[5][美]彼得·德鲁克．知识管理[M]．杨开峰，译．北京：中国人民大学出版社，1999.

[6][美]彼得·德鲁克．21世纪的管理挑战[M]．刘毓玲，译．北京：生活·读书·新知三联书店，2003.

[7][美]彼得·德鲁克．创新与企业家精神[M]．蔡文燕，译．北京：机械工业出版社，2007.

[8][美]彼得·德鲁克．功能社会[M]．曾琳，译．北京：机械工业出版社，2009.

[9][美]彼得·德鲁克．巨变时代的管理[M]．朱雁斌，译．北京：机

械工业出版社，2009.

[10][美]彼得·德鲁克．后资本主义社会[M]．傅振焜，译．北京：东方出版社，2009.

[11][美]彼得·德鲁克．下一个社会的管理[M]．蔡文燕，译．北京：机械工业出版社，2009.

[12][美]伯纳德·巴伯．科学与社会秩序[M]．顾昕，等译．北京：生活·读书·新知三联书店，1991.

[13][爱]伯纳德特·安德鲁索、戴维·雅各布森．产业经济学与组织[M]．王立平，尹莉，等译．北京：经济科学出版社，2009.

[14][美]达尔·尼夫主编．知识经济[M]．樊春良，冷民，译．珠海：珠海出版社，1998.

[15][美]戴布拉·艾米顿．知识经济的创新战略：智慧觉醒[M]．金周英，等译．北京：新华出版社，1998.

[16][美]丹尼尔·贝尔．后工业社会的来临[M]．高铦，等译．北京：新华出版社，1997.

[17][英]多纳德·海、德理克·莫瑞斯．产业经济学与组织[M]．钟鸿钧，王勇，等译．北京：经济科学出版社，2001.

[18][美]菲利普·科特勒，凯文·莱恩·凯勒．营销管理[M]．梅清豪，译．上海：上海人民出版社，2006.

[19][美]弗兰克·H. 奈特．风险、不确定性和利润[M]．王宇，等译．北京：中国人民大学出版社，2005.

[20][美]亨利·埃茨科维兹．三螺旋：大学·产业·政府三元一体的创新战略[M]．周春彦，译．北京：东方出版社，2005.

[21][美]J. 托马斯·拉塞尔，W. 罗纳德·莱恩．克莱普纳广告教程[M]．王宇田，王颖，钟莉，译．北京：中国人民大学出版社，2005.

[22][美]刘易斯·卡布罗．产业组织导论[M]．胡汉辉，赵震翔，译．北京：人民邮电出版社，2002.

[23][美]路德维希·冯·贝塔兰菲. 一般系统论[M]. 秋同，等译. 北京：社会科学出版社，1987.

[24][德]卡尔·马克思. 资本论(第1卷)[M]. 北京：人民出版社，1975.

[25]马克思恩格斯全集(第23卷)[M]. 北京：人民出版社，1979.

[26]马克思恩格斯全集(第46卷上册)[M]. 北京：人民出版社，1979.

[27]马克思恩格斯全集(第46卷下册)[M]. 北京：人民出版社，1979.

[28][美]曼纽尔·卡斯特. 网络社会的崛起[M]. 夏铸九，等译. 北京：社会科学文献出版社，2001.

[29][加]尼科·斯特尔. 知识社会[M]. 殷小蓉，译. 上海：上海译文出版社，1998.

[30][英]乔·蒂德，[英]约翰·贝赞特. 创新管理[M]. 陈劲，译. 北京：中国人民大学出版社，2012.

[31][法]让·弗朗索瓦·利奥塔. 后现代形态——关于知识的报告[M]. 车槿山，译. 北京：生活·读书·新知三联书店，1997.

[32][美]特伦斯·A. 辛普. 整合营销沟通[M]. 廉晓红，等译. 北京：北京大学出版社，2003.

[33][美]威廉·阿伦斯. 当代广告学[M]. 丁俊杰，等译. 北京：人民邮电出版社，2013.

[34][美]威廉·维尔斯，桑德拉·莫利亚提，约翰·伯奈特. 广告学——原理与实务[M]. 桂世河，王长征，译. 北京：中国人民大学出版社，2009.

[35][德]乌尔里希·森德勒. 工业4.0——即将来袭的第四次工业革命[M]. 邓敏，李现民，译. 北京：机械工业出版社，2014.

[36][日]野中郁次郎，竹内弘高. 创造知识的企业——日美企业持续创新的动力[M]. 李萌，高飞，译. 北京：知识产权出版社，2006.

[37][德]尤尔根·哈贝马斯．作为“意识形态”的技术和科学[M]．李黎，郭官义，译．上海：学林出版社，1999.

[38][美]约翰·奈斯比特．大趋势[M]．梅艳，译．北京：中国社会科学出版社，1984.

[39][美]约翰·希克斯．经济史理论[M]．厉以宁，译．北京：商务印书馆，2010.

[40][美]约瑟夫·奈．美国霸权的困惑[M]．郑志国，等译．北京：世界知识出版社，2002.

[41][美]约瑟夫·熊彼特．经济发展理论[M]．何畏、易家详，等译．北京：商务印书馆，1990.

[42][美]约瑟夫·熊彼特．资本主义、社会主义与民主[M]．吴良健，译．北京：商务印书馆，2004.

[43][日]竹内弘高，野中郁次郎．知识创造的螺旋——知识管理理论与案例研究[M]．李萌，译．北京：知识产权出版社，2006.

四、中文著作类

[1]陈刚，沈虹，马澈，孙美玲．创意传播管理——数字时代的营销革命[M]．北京：机械工业出版社，2015.

[2]陈培爱．中外广告史：站在当代视角的全面回顾[M]．北京：中国物价出版社，2002.

[3]陈培爱．持续生存与和谐发展：中国广告业缺什么——2006年全国广告学术研讨会论文集萃[C]．上海：亚洲国际创意传播集团，2006.

[4]邓正红．企业生存准则[M]．北京：东方出版社，2006.

[5]戈公振．中国报学史[M]．上海：上海三联书店，1955.

[6]何辉．电通如何成为第一[M]．北京：中国市场出版社，2005.

[7]胡鞍钢．知识与发展：21世纪新追赶战略[M]．北京：北京大学出

版社，2001.
[8]胡光夏．国际广告产业研究——国际广告公司的全球化、区域化、本土化[M]．台北：五南图书出版有限公司，2002.
[9]李秀云．中国新闻学术史[M]．北京：新华出版社，2004.
[10]李正风，曾国屏．世界各国创新系统[M]．济南：山东教育出版社，1999.
[11]廖秉宜．自主与创新：中国广告产业发展研究[M]．北京：人民出版社，2009.
[12]刘传红．广告产业组织优化研究[M]．武汉：湖北人民出版社，2012.
[13]刘家林．新编中外广告通史[M]．广州：暨南大学出版社，2000.
[14]刘志彪，安同良．现代产业经济分析［M]．南京：南京大学出版社，2001.
[15]卢山冰．中国广告产业发展研究——一个关于广告业的经济分析框架[M]．西安：陕西人民出版社，2005.
[16]路甬祥．创新与未来——面向知识经济时代的国家创新新体系[M]．北京：北京科学出版社，1998.
[17]吕巍．知识优势[M]．北京：机械工业出版社，2002.
[18]马庆国，楼阳生，等．区域软实力的理论与实践[M]．北京：中国社会科学出版社，2007.
[19]彭曙曦，吴予敏．深圳广告26年：1979—2005[M]．北京：社会科学文献出版社，2006.
[20]史忠良．产业经济学[M]．北京：经济管理出版社，2005.
[21]宋胜洲，郑春梅，高鹤文．产业经济学原理[M]．北京：清华大学出版社，2012.
[22]孙向军．知识生产力与中国跨越式发展[M]．南昌：江西高校出版社，2004.
[23]谭英双．广告经济分析[M]．重庆：西南师范大学出版社，2000.

[24]汤建影．基于员工流动的技术知识转移机理研究[M]．北京：科学出版社，2009.
[25]万木春，胡振宇．数字营销再造——"互联网+"与"+互联网"浪潮中的企业营销新思维(服务篇)[M]．北京：机械工业出版社，2016.
[26]王晓红．广告经济新论[M]．北京：工商出版社，1999.
[27]魏宏森，曾国屏．系统论[M]．北京：清华大学出版社，1995.
[28]魏炬．世界广告巨擘[M]．北京：中国人民大学出版社，2006.
[29]吴予敏．广告学研究专题导引[M]．北京：高等教育出版社，2015.
[30]颜景毅．广告学[M]．郑州：郑州大学出版社，2005.
[31]颜晓峰．知识创新：实践的诠释[M]．北京：国防大学出版社，2004.
[32]杨海军．中外广告史[M]．武汉：武汉大学出版社，2006.
[33]叶险明．"知识经济"批判[M]．北京：人民出版社，2007.
[34]张纪康．广告经济学实用教程[M]．上海：上海远东出版社，1999.
[35]张金海．20世纪广告理论研究[M]．武汉：武汉大学出版社，2002.
[36]张树庭．广告教育定位与品牌塑造[M]．北京：中国传媒大学出版社，2005.

五、中文期刊类

[1]John C. Schweitzer. 美国广告教育的发展研究[J]．广告大观(理论版)，2006(3).
[2]白杨．知识生产力构成要素浅析[J]．情报杂志，2001(2).
[3]陈昌曙．产业研究论纲[J]．自然辩证法研究，1994(11).
[4]陈朝宗．生产力结构的历史演变与社会的历史发展 [J]．生产力研

究，2003(5).

[5]陈刚．走向集团化——中国广告业趋势研究[J]．现代广告，2003(6).

[6]陈刚．中国广告产业重新定位的四个维度[J]．广告大观(理论版)，2006(12).

[7]陈刚．结构性焦虑与转型期焦虑的交织——对当代广告公司现状的一种解读[J]．广告大观(综合版)，2007(6).

[8]陈刚．广告需求的变化与广告服务的转型[J]．广告大观(综合版)，2007(7).

[9]陈刚，孙美玲．结构、制度、要素——对中国广告产业的发展的解析[J]．广告研究，2011(8).

[10]陈剑锋．基于知识的产业集群能力研究[J]．财经研究，2003，29(2).

[11]陈金亮，王涛．组织资本推动下的知识运行：作用机理与情境分析[J]．管理评论，2013，25(8).

[12]陈力丹．试论传播学方法论的三个学派[J]．新闻与传播研究，2005，12(2).

[13]陈晓静，芮明杰．隐性知识创新影响因素的实证研究[J]．统计与决策，2007(21).

[14]陈月明．美国高校广告教育[J]．宁波大学学报(教育科学版)，2006，28(2).

[15]程钧谟，段福兴，王道高，周涛．论知识型企业员工的知识创新能力[J]．山东理工大学学报(社会科学版)，2004，20(3).

[16]程士安．数字化时代广告业的“蓝海”究竟在哪里？——寻找现代广告业的战略发展之路[J]．广告大观(综合版)，2011(4).

[17]成中英．中国哲学中的认识论(上)[J]．安徽师范大学学报(人文社会科学版)，2001，29(1).

[18]成中英．中国哲学中的认识论(下)[J]．安徽师范大学学报(人文

社会科学版)，2001，29(2).
[19]崔书颖. 技术与市场：塑造现代广告的知识权力结构[J]. 当代传播，2013(1).
[20]戴俊，朱小梅，盛昭瀚. 知识转化的机理研究[J]. 科研管理，2004，25(6).
[21]丁柏铨，庞绍堂. 试论广告的历史演进[J]. 江海学刊，1994(6).
[22]丁俊杰，王昕，何京，刘新. 中国广告业的路径判断与选择[J]. 现代传播，2008(4).
[23]丁政，张光宇. 企业软实力结构模型的构建与解析[J]. 科学学与科学技术管理，2007(7).
[24]杜宝苍，李朝明. 高新技术企业协同知识创新绩效影响因素实证研究[J]. 科技管理研究，2013(12).
[25]段启智. 论马克思主义生产力理论的两个维度：要素生产力和协作生产力[J]. 当代经济研究，2013(12).
[26]高长元，杜鹏. 高技术虚拟产业集群成员企业合作竞争与知识创新的关系研究[J]. 管理学报，2010，7(2).
[27]葛扬，管陵，汤逊. 产学研合作的知识创新模式与机制研究[J]. 经济纵横，2013(8).
[28]耿新，彭留英. 企业知识的分类、分布与转化机制研究——系统化视角下对SECI模型的一个扩展[J]. 管理科学，2004(8).
[29]宫菊花. 从生产力视角看知识经济[J]. 山东社会科学，1999(4).
[30]郭德，梁娟红. 基于ANP的企业软实力评价体系研究[J]. 科学学与科学技术管理，2008(7).
[31]郭杰忠. 生产力概念的制定及其对历史唯物主义的意义[J]. 江西社会科学，2005(9).
[32]郭瑾. 民国时期的广告研究及其当代意义[J]. 广告大观(理论版)，2006(6).
[33]郭伟，王灿，叶子兰. 高新区知识创新能力影响因素的实证研

究[J]. 武汉理工大学学报(信息与管理工程版), 2010(3).
[34]韩蓉, 林润辉. 基于混沌动力学的知识创新演化规律分析[J]. 科学学研究, 2013, 31(12).
[35]和金生. 知识管理与知识发酵[J]. 科学学与科学技术管理, 2002(3).
[36]和金生, 熊德勇, 刘洪伟. 基于知识发酵的知识创新[J]. 科学学与科学技术管理, 2005(2).
[37]胡广伟. 组织信息边界超越模型研究及案例分析[J]. 中国科技资源导刊, 2010, 42(6).
[38]黄国群, 徐金发, 姜涛, 郗河. 企业软实力的内涵、形成过程及作用机理研究[J]. 软科学, 2008(2).
[39]黄孟芳. 广告理论百年回眸[J]. 西北大学学报(哲学社会科学版), 2002, 32(2).
[40]黄牧怡. 关于"软实力"的哲学思考[J]. 唯实, 2004(12).
[41]黄升民, 陈素白. 2006年的挑战与应战: 广告专业核心资源和商业模式的重构[J]. 国际广告, 2006(12).
[42]黄亚玲. 关于生产力研究的几个基本问题[J]. 求实, 2006(8).
[43]贾晓霞, 周溪召. 合作创新企业间知识转移障碍因素识别与对策研究[J]. 科学管理研究, 2007, 25(1).
[44]蒋翠清, 杨善林, 梁昌勇, 丁勇. 发达国家企业知识创新网络连接机制及其启示[J]. 中国软科学, 2006(8).
[45]姜文, 汪应洛. 基于耗散结构理论的知识创新研究[J]. 科技进步与对策, 2006(8).
[46]焦方义, 杨其滨. 知识经济时代先进生产力发展的价值转化观[J]. 生产力研究, 2003(6).
[47]焦坤. 传统生产力的解构与重构[J]. 思想理论教育导刊, 2004(3).
[48]金岳霖, 钱耕森. 中国哲学[J]. 哲学研究, 1985(9).

[49]巨乃岐．现代生产力结构探析[J]．天中学刊，2006(1)．
[50]康永超．论知识生产关系[J]．自然辩证法研究，2006，22(7)．
[51]康永超．当代知识生产力的发展及其对唯物史观的影响[J]．中南大学学报(社会科学版)，2007，13(4)．
[52]李翠娟，宣国良．知识供应链：企业合作知识创新的新方式[J]．科研管理，2006，27(3)．
[53]李春艳，黄丽丽．基于组织认同的企业软实力模型构建[J]．学术交流，2010(8)．
[54]李倩，程刚，王夫芹．基于隐性知识共享的企业知识创新模型研究[J]．情报理论与实践，2014(6)．
[55]李维安，何卫东．试论知识型企业的制度创新[J]．南开学报，1999(4)．
[56]李效东．知识经济、知识社会与人的发展——历史唯物主义的视角[J]．河北大学学报(哲学社会科学版)，2004(4)．
[57]李朝明，陈夏生．企业协同知识创新模型研究[J]．武汉理工大学学报(信息与管理工程版)，2009，31(1)．
[58]李朝明，黄利萍．动态能力、协同知识创新和企业持续竞争力的关系研究[J]．科技进步与对策，2010，27(21)．
[59]李正风，曾国屏．创新系统理论中知识流分析的两个视角[J]．科学学与科学技术管理，2002(4)．
[60]李作学，丁堃，齐艳霞．论企业隐性知识的作用和挖掘途径[J]．科学学研究，2003，21(12)．
[61]梁云昌．论知识经济时代的生产力要素[J]．学术论坛，2006(4)．
[62]廖秉宜．中国广告产业的战略转型与产业核心竞争力的提升[J]．广告研究，2009(2)．
[63]廖秉宜．中国广告产业市场结构、行为及绩效分析[J]．国际新闻界，2010(9)．
[64]廖秉宜．我国广告创意产业发展的路径创新[J]．开放导报，2011

(3).

[65]廖才茂. 经济全球化与中国的知识生产力战略[J]. 上海财经大学学报，2000(6).

[66]廖才茂. 试论知识生产力及其生成条件[J]. 当代财经，2000(9).

[67]廖成林，袁艺. 基于社会认知理论的企业内知识分享行为研究[J]. 科技进步与对策，2009(3).

[68]林山，黄培伦，蓝海林. 组织创新：基于知识与知识创新的研究[J]. 科学学与科学技术管理，2005(3).

[69]林向义，张庆普，罗洪云. 知识创新联盟合作伙伴选择研究[J]. 中国管理科学，2008(16).

[70]刘传红. 广告产业的内涵及研究意义[J]. 商业研究，2008(4).

[71]刘国新，万君康. 市场结构对技术创新的影响分析[J]. 管理工程学报，1997(6).

[72]刘泓. 广告学“学科规训”及其知识谱系[J]. 新闻大学，2006(2).

[73]刘红勤. 论企业知识转化的实现策略[J]. 情报科学，2004，22(5).

[74]刘洪伟，和金生，马丽丽. 知识发酵——知识管理的仿生学理论初探[J]. 科学学研究，2003，21(5).

[75]刘劲杨. 知识创新、技术创新与制度创新概念的再界定[J]. 科学学与科学技术管理，2002(5).

[76]刘仁彪. 企业知识生产力发展的管理变革[J]. 当代财经，2000(11).

[77]刘翼生，吴金希. 论基于知识的企业核心竞争力与知识链管理[J]. 清华大学学报(哲学社会科学版)，2002(1).

[78]刘永强，赵曙明. 跨国公司组织文化与人力资源管理协同研究：知识创新视角[J]. 中国工业经济，2005(6).

[79]龙飞，戴昌钧. 组织知识创新管理基础的结构方程分析与实证[J]. 科学学研究，2010，28(12).

[80]陆克斌，郭伟．产业集群技术创新与知识市场的协同关系研究[J]．科研管理，2010(5)．
[81]鲁品越．知识经济时代与生产力理论的重构[J]．教学与研究，2000(9)．
[82]罗高峰．基于价值认同视角的企业软实力作用机制研究[J]．管理世界，2010(3)．
[83]罗肇鸿．世界经济全球化一体化与制度创新[J]．世界经济，1995(10)．
[84]罗志超．美国高校广告教育发展研究[J]．广告大观(理论版)，2014(8)．
[85]吕国忱．知识转化的哲学意蕴[J]．辽宁大学学报，2001，29(6)．
[86]吕国先．关于世界广告历史分期问题的思考[J]．新闻界，2007(5)．
[87]吕尚彬，兰霞．关于广告学专业人才基本知识与素质及能力结构的思考[J]．华中农业大学学报(社会科学版)，2002(2)．
[88]马静玉．对在技术创新与市场结构关系上几个问题的再明晰[J]．技术经济，1996(2)．
[89]毛寿龙．制度创新与政府功能[J]．浙江学刊，1995(5)．
[90]蒙培元．生的哲学——中国哲学的基本特征[J]．北京大学学报(哲学社会科学版)，2010，47(6)．
[91]孟晓晨，李捷萍．中国区域知识创新能力与区域发展差异研究[J]．地理学与国土研究，2002，18(4)．
[92]宁钟，闽雄军．基于战略联盟的组织学习与知识创新研究[J]．研究与发展管理，2005，17(6)．
[93]农华西．论知识资本化的生产力条件[J]．学术论坛，2006(5)．
[94]乔均，程红．美国广告教育的历史变迁及现状分析[J]．中国广告，2007(12)．
[95]秦德智，秦超，蒋成程．企业文化软实力与核心竞争力研究[J]．

科技进步与对策，2013(7).
[96]饶扬德．基于 SECI 的区域知识创造中心构建[J]．科技进步与对策，2007，24(1).
[97]芮明杰，李鑫，任红波．高技术企业知识创新模式研究——对野中郁次郎知识创造模型的修正与扩展[J]．外国经济与管理，2004(5).
[98]盛国辉，袁中华．西方产业经济学的发展轨迹与我国产业经济学体系的构建[J]．经济问题探索，2004(1).
[99]盛黎明，刘强．交互记忆系统、组织即兴、组织记忆与创新绩效的关系研究[J]．管理现代化，2013(4).
[100]史丽萍，刘强，吴康俊，腾云．FDI 技术溢出、知识创新与企业竞争优势的关系研究——基于企业吸收能力、内部控制机制的调节作用[J]．研究与发展管理，2014，26(5).
[101]司云波，和金生．知识经纪人与组织知识创新：基于知识发酵视角[J]．情报杂志，2009，28(11).
[102]宋刚，张楠．创新 2.0：知识社会环境下的创新民主化[J]．中国软科学，2009(10).
[103]苏世彬．企业知识创新策略选择研究[J]．中国管理科学，2013(21).
[104]孙海刚．企业软实力及其评价体系探析[J]．石家庄经济学院学报，2009(10).
[105]孙伟平．论信息时代人的新异化[J]．哲学研究，2010(7).
[106]孙向军．知识生产力：历史演变与特征[J]．教学与研究，2004(12).
[107]孙元峰．生产力的层次及其相互关系[J]．前沿，2008(5).
[108]孙锐，李海刚．基于知识创新的知识团队研究[J]．科研管理，2006，27(6).
[109]唐玉生．论知识消费[J]．江汉论坛，1999(8).

[110]万君康，王开明．论技术创新的动力机制与期望理论[J]．科研管理，1997，18(2)．
[111]万木春，星亮，胡振宇．中国数字营销传播企业“软实力”测评——以数字营销传播服务提供商为研究范畴[J]．现代传播，2017(3)．
[112]王宝儒．试论知识经济时代的生产力特征和社会意义[J]．生产力研究，2003(3)．
[113]王沪宁．作为国家实力的文化：软权力[J]．复旦学报(社会科学版)，1993(3)．
[114]王良，杨乃定，姜继娇．知识联盟与知识型企业的知识创新战略[J]．软科学，2005，19(3)．
[115]汪向阳，汪碧瀛．论当代知识生产力的新发展[J]．西北大学学报(哲学社会科学版)，2001，31(3)．
[116]王晓红，金子祺，姜华．创新团队成员知识创新行为的系统动力学研究[J]．研究与发展管理，2014，26(2)．
[117]王忠武．制度创新论纲[J]．文史哲，1995(4)．
[118]魏江．企业核心能力的内涵与本质[J]．管理工程学报，1999(1)．
[119]吴冰，刘仲英．供应链协同的知识创新价值链模型[J]．软科学，2007(8)．
[120]吴建南，郑烨，张攀，顾华伟．基于共词网络分析的国内创新驱动研究热点与趋势[J]．中国科技论坛，2014(6)．
[121]吴洁，刘思峰，施琴芬．基于知识供应链的知识创新与转移模型研究[J]．科技进步与对策，2006(12)．
[122]吴洁，刘思峰，施琴芬．基于产业集群的知识创新体系与知识转移研究[J]．企业经济，2007(3)．
[123]肖玲诺，史建锋，孙玉忠，于瀚．产学研知识创新联盟知识链运作的风险控制机制[J]．中国科技论坛，2013(3)．
[124]熊德勇，和金生．SECI 过程与知识发酵模型[J]．研究与发展管

理，2004，16(2).
[125]许庆瑞，陈劲，郭斌．组合技术创新的理论模式与实证研究[J].科研管理，1997，18(3).
[126]许葳．试论知识生产的构成要素与特点[J]．南方经济，2005(12).
[127]徐卫华．试论我国广告产业的衰退：原因及对策[J]．中南民族大学学报，2008(2).
[128]薛继东，李海．团队创新影响因素研究述评[J]．外国经济与管理，2009，31(2).
[129]薛敏芝．知识传播与广告教育的多重架构——西方广告社会组织及其作用的考察[J]．广告大观(理论版)，2010(3).
[130]薛求知，李亚新．子公司在跨国公司知识创新及流动体系中的角色[J]．研究与发展管理，2007(6).
[131]杨国荣．何为中国哲学——关于如何理解中国哲学的若干思考[J]．文史哲，2009(1).
[132]杨海军．论广告学的学科体系[Z]．2002中国广告年鉴，2003.
[133]杨海军，杨栋杰．试论世界广告的历史演进与历史坐标[J]．广告大观(理论版)，2010(2).
[134]杨瑞龙．我国制度变迁方式转换的三阶段论——兼论地方政府的制度创新行为[J]．经济研究，1998(1).
[135]姚曦，蒋亦斌．世界广告史的历史分期与分期依据[J]．广告大观(理论版)，2006(2).
[136]叶建亮．知识溢出与产业集群[J]．经济科学，2001(3).
[137]叶金福，李正锋．产业集群内知识创新能力影响因素的实证分析[J]．科学学研究，2006(8).
[138]叶险明．关于"知识经济"的历史观诠释问题——兼论马克思考察生产力问题的两种视角及其相互关系[J]．哲学研究，2003(9).
[139]叶险明．生产关系与知识所有权[J]．马克思主义研究，2006(1).

[140]于琛琛，杨乃定，贾晓霞．企业知识创新管理研究[J]．软科学，2004，18(1)．
[141]于朝晖，史学嘉．提升企业“软实力”——战略公关模型构建与解析[J]．上海管理科学，2008(6)．
[142]余泽娜．论知识经济背景下的知识生产力及其价值定位[J]．兰州学刊，2004(6)．
[143]袁志刚．论知识的生产和消费[J]．经济研究，1999(6)．
[144]曾国屏，李正风．国家创新体系：技术创新、知识创新和制度创新的互动[J]．自然辩证法研究，1998，14(11)．
[145]曾萍．知识创新、动态能力与组织绩效的关系研究[J]．科学学研究，2009，27(8)．
[146]曾琼，卢梦琪．中国广告学知识生产的成长轨迹及其现实状况——基于期刊论文的文献计量学分析[J]．广告大观(理论版)，2016(10)．
[147]曾琼，张金海．中国广告学知识生产研究方法检视——基于新闻传播学 CSSCI 期刊论文的实证分析[J]．现代传播，2015(10)．
[148]曾琼，张金海．广告认知演进的逻辑轨迹与广告学知识体系的系统建构(纲要)[J]．广告大观(理论版)，2014(8)．
[149]张岱年．中国哲学中“天人合一”思想的剖析[J]．北京大学学报(哲学社会科学版)，1985(1)．
[150]张凤，何传启．知识创新的原理和路径[J]．中国科学院院刊，2005，20(5)．
[151]张红兵，和金生．基于“融知发酵”的产业集群知识创新探析[J]．科学管理研究，2007，25(4)．
[152]张红兵，和金生，张素平．组织知识转化机制的研究[J]．中国科技论坛，2008(8)．
[153]张华．核心刚性、核心能力与企业知识创新[J]．科学管理研究，2002(10)．

[154]张金成，陶峻．知识密集型服务企业的知识创新体系[J]．中国流通经济，2005(4).
[155]张金海．区域广告业的未来发展[J]．广告大观(综合版)，2008(12).
[156]张金海．广告的现实生存与未来发展[J]．武汉大学学报(人文社会科学版)，2009(4).
[157]张金海，陈玥．未曾超越的超越：中国广告研究的整体回顾——基于期刊论文的实证分析[J]．现代传播，2012(11).
[158]张金海，等．中国广告产业将走向何方？——中国广告产业现状与发展模式研究报告[J]．现代广告，2006(7).
[159]张金海，廖秉宜．广告代理制的历史检视与重新解读[J]．广告研究，2007(2).
[160]张金海，廖秉宜．中国广告产业发展的危机及产业创新的对策[J]．新闻与传播评论，2008(1).
[161]张金海，刘芳．广告产业发展模式的创新和发展路径的选择[J]．广告大观，2008(3).
[162]张金海，周丽玲．我国广告理论研究现状[J]．中国广告，2004(9).
[163]张玲，马鸿佳，鞠晓伟．知识创新对集群竞争优势影响的实证研究[J]．图书情报工作，2011，55(10).
[164]张少杰，汤中彬．基于波特五力模型的四维动态企业知识创新模式研究[J]．情报杂志，2007(8).
[165]张素平，吴志岩．吸收能力的研究评述——基于知识创新的动态理论视角[J]．中国科技论坛，2012(11).
[166]赵涛，艾宏图．产业集群环境下的知识创新体系研究[J]．科学管理研究，2004(2).
[167]赵育冀．浅谈广告学科体系及研究方法[J]．北京商学院学报，1987年增刊.

[168]周茂君．世界广告历史分期刍议[J]．武汉大学学报(哲学社会科学版)，2005(1)．
[169]周佩莹，袁国栋，肖洋．竞争优势与协同知识创新的经济学研究[J]．软科学，2006，20(2)．
[170]周业安．关于当前中国新制度经济学研究的反思[J]．经济研究，2001(7)．
[171]朱玲琳．提升企业软实力的思考[J]．中国集体经济，2007(12)．
[172]祝帅．“广告学”的知识构建及其生成[J]．广告大观(理论版)，2010(3)．

六、学位论文类

[1]陈则孚．知识资本研究[D]．北京：中共中央党校博士学位论文，2001．
[2]范领进．知识价值理论研究[D]．长春：吉林大学博士学位论文，2004．
[3]姜万勇．企业软实力建设与评价研究[D]．天津：天津大学博士学位论文，2013．
[4]李杰．企业软实力及其评价体系研究[D]．北京：北京交通大学硕士学位论文，2010．
[5]刘德田．基于利益相关者视角的企业软实力及其构成要素研究[D]．重庆：重庆工商大学硕士学位论文，2014．
[6]刘启春．知识生产力的哲学思考[D]．武汉：华中师范大学博士学位论文，2012．
[7]卢山冰．中国广告产业发展研究——一个关于广告业的经济分析框架[D]．西安：西北大学博士学位论文，2005．
[8]吕国忱．知识转化论[D]．哈尔滨：黑龙江大学博士学位论文，2002．
[9]石纪伟．知识生产力——马克思主义生产力理论的新发展[D]．长

沙：中南大学硕士学位论文，2009.

[10]王蕾．基于软实力视角的技术创新型企业竞争力评价研究[D]．杨凌：西北农林科技大学硕士学位论文，2010.

[11]杨迪．“知识经济”背景下生产力的哲学思考[D]．北京：首都师范大学硕士学位论文，2011.

[12]张菡姣．企业软实力评价指标体系研究[D]．北京：中国地质大学(北京)硕士学位论文，2012.

[13]张华茂．知识实践论[D]．长春：吉林大学博士学位论文，2004.

附　　录

附录1：国内营销传播企业领导者访谈名单

（以访问时间为序；部分受访者工作或职位已有变动。此表仅包含高层管理者）

公司名称	受访者	受访者职衔	访问时间
牵牛科技	袁　俊	总裁	2015年6月30日
中国广告网	毕玉强	董事长	2015年7月1日
珍岛集团	赵旭隆	总裁	2015年7月4日
新意互动	李英海	副总裁	2015年7月19日
广东省广	徐　宁	省广国家品牌研究院常务副院长	2015年7月20日
钛铂新媒体	龚铂洋	首席执行官	2015年7月23日
互动通	邓广梼	总裁	2015年7月30日
阿里妈妈	珍　如	首席营销官	2015年7月30日
力美科技	别　星	营销副总裁	2015年7月31日
宣亚国际	陈志杰	高级副总裁	2015年8月13日
智捷天成	方立军	总经理	2015年8月15日
时趣互动	张　锐	首席执行官	2015年8月17日

续表

公司名称	受访者	受访者职衔	访问时间
VML	李　浪	上海分公司执行创意总监/合伙人	2015年8月26日
Verawom	郑联达	商务总监/创始人	2015年8月27日
映盛中国	谭运猛	首席执行官	2015年8月28日
新网迈	陈　潜	执行副总裁	2015年9月6日
安索帕中国	黄敏尉	总经理	2015年9月7日
悠易互通	周文彪	首席执行官	2015年9月21日
品友互动	黄晓南 谢　鹏	首席执行官、首席运营官	2015年9月22日
Netconcepts	渠　成	首席执行官	2015年9月23日
琥珀传播	刘　阳	首席执行官	2015年10月18日
蓝色光标	陈　迎	广州分公司首席创意官	2015年11月2日
氩氪互动	张　璐	首席执行官	2015年11月17日
利欧数字	郑晓东	总裁	2015年11月19日
欧安派	胡斌蔚	副总裁	2015年11月20日
奥美世纪	王宏鹏	华北区董事总经理	2015年11月21日
互动派	王耀明	董事长	2015年12月4日
集奥聚合	段培力	首席营销官	2016年8月4日
微播易	徐志斌	副总裁	2016年8月13日
点入移动	王　新	总裁	2016年8月14日
精硕科技	陈传洽	首席营销官	2016年9月5日
CCE	赵聪翀	首席执行官	2016年12月10日
阿里妈妈	张成成	市场部市场总监	2017年1月15日
瑞意恒动	沈栋梁	董事长兼首席执行官	2017年5月8日
PandaMobo	李　蕾	总经理	2017年5月10日

附录2：国内数字营销传播行业“软实力”结构化问卷

“××××××××××××”调查问卷

您好，非常感谢您能接受我们的访问！这是一份简单的调查问卷。您的问卷回答不会在《中国数字营销传播青年先锋访谈录》中与您的身份信息相关联，特此向您作出保证。问卷回答大约需要十分钟的时间。

××大学 DMC 研究团队

×××、×××

填写说明：

请直接在选项编号上或空白处打钩。如选项内容都不符合，请在后附的横线上或空白处补充。凡未特殊注明，皆为单项选择题。

Q1. 您认为数字营销传播的方法和工具主要来源有(可多选)：

	A. 传统营销领域	B. 传统广告领域	C. 科学技术领域	D. 非营销、非广告、非传播的其他学科领域	E. 以上均不同意，应该是(请在空白处填写)
Q1.1 方法					
Q1.2 工具					

Q2. 对于数字营销知识的分享，您的态度是：

A. 无保留地与所有人分享

B. 无保留地与组织内部人员分享

C. 有保留地与组织内部人员分享

D. 有保留地与组织内部及外部人员分享

E. 不愿意与他人分享

F. 其他________

Q3. 客户对于新的数字营销传播知识的反应速度是：

A. 远远领先于我公司　　B. 稍快于我公司

C. 与我公司基本持平　　D. 稍慢于我公司

E. 远远落后于我公司　　F. 没有比较过，无法回答

Q4. 您的公司是否有相关人员对数字营销传播的知识产权问题进行处理？

A. 公司内部有专人负责　　B. 公司有外聘人员负责

C. 无人负责　　D. 其他________

Q5. 在知识产权保护的效果方面，贵公司的情况是：

	A. 非常差	B. 比较差	C. 一般	D. 比较好	E. 非常好
Q5.1 对自身知识产权的保护情况					
Q5.2 对他人知识产权的保护情况					

Q6. 您认为在数字营销传播时代，从业人员的流动速度比传统的营销公司或广告公司：

A. 慢很多　　B. 慢一点

C. 基本持平　　　　D. 快一点

E. 快很多　　　　F. 没有比较过，无法回答

Q7. 如果为中国数字营销传播行业的道德水平打分的话，满分 100 分，您的评分是：

A. 30 分以下　　　　B. 31~59 分

C. 60~79 分　　　　D. 70~79 分

E. 80~89 分　　　　F. 90~99 分

G. 100 分

Q8. 您认为中国数字营销传播业存在违反道德规范事件的主要责任方是(可多选)：

A. 个别人　　　　B. 公司本身

C. 客户要求　　　　D. 行业环境

E. 社会环境　　　　F. 其他________

Q9. 您认为中国数字营销传播行业内的公司对道德规范的重视程度：

A. 非常不重视　　　　B. 比较不重视

C. 一般　　　　D. 比较重视

E. 非常重视

Q10. 贵公司是否遭遇过被客户要求做一些不符合行业规范、违反道德规范的事情?

A. 是

B. 否(选 B 请跳至 Q12)

C. 不记得(选 C 请跳至 Q12)

Q11. 一般会如何处理此类事情?

A. 按照客户要求就范

B. 与客户协商，降低一定风险后执行

C. 与客户协商，确保不触犯任何底线后执行

D. 放弃该客户

E. 其他____________

Q12. 如果对贵公司员工的道德水平打分，满分100分，您的评分是：

A. 30分以下　　B. 31~59分

C. 60~79分　　D. 70~79分

E. 80~89分　　F. 90~99分

G. 100分

Q13. 请回答以下数字营销传播存在问题的严重程度：

	A. 不存在	B. 一点点	C. 一般	D. 比较严重	E. 非常严重
Q13.1 个人隐私权侵犯					
Q13.2 消费者受垃圾信息侵扰					
Q13.3 消费者决策受过度信息干扰					
Q13.4 黄色\暴力信息泛滥					
Q13.5 数据安全问题					
Q13.6 产品(或品牌)遭竞争者诋毁					
Q13.7 营销诈骗					
Q13.8 其他______					

Q14. 您认为，提高行业道德水平最有效的手段是(可多选)：

A. 依靠从业者自律　　B. 榜样力量影响

C. 社会道德教育　　D. 制定行业法律规范

E. 其他____________

B1. 您的年龄是：

A. 24 岁及以下　　B. 25~29 岁

C. 30~34 岁　　D. 35~39 岁

E. 40~44 岁　　F. 45 岁及以上

B2. 您的受教育程度是：

A. 高中(中专)及以下　　B. 高职(大专)

C. 大学本科　　D. 硕士

E. 博士

B3. 您的学科背景是(可多选)：

A. 哲学	B. 经济学	C. 法学	D. 教育学
E. 文学	F. 历史学	G. 理学	H. 工学
L. 农学	M. 医学	N. 管理学	O. 艺术学

B4. 您在数字营销传播行业的从业时间是：

A. 1 年及以下　　B. 2~5 年

C. 6~10 年　　D. 11~15 年

E. 15 年以上

问卷到此结束，谢谢您的耐心配合！

附录 3：国外创新研究的发展概要

（根据相关资料不完全整理）

时间	阶段	代表人物	相关领域代表作品	主要理论或贡献
1857	奠定期	马克思	《政治经济学批判》 《资本论》	制度范式鼻祖；首次提出产权理论
1899		凡勃伦	《有闲阶级论》 《企业理论》	制度经济学鼻祖
1912		熊彼特	《经济发展理论》 《经济周期》 《资本主义、社会主义与民主》	开创了创新理论研究
1924		康芒斯	《资本主义的法律基础》 《制度经济学：它在政治经济学中的地位》	制度经济学威斯康星学派奠基者
1937	分流期	科斯	《企业的性质》 《社会成本问题》 《企业、市场与法律》 《论生产的制度结构》	科斯定理 产权理论
1944		哈耶克	《通往奴役之路》 《知识在社会中的运用》 《个人主义与经济秩序》 《自由秩序原理》 《法、立法与自由》	
1945		舒尔茨	《不稳定经济中的农业》 《改造传统农业》 《经济成长和农业》	首先提出人力资本理论
1950		阿尔钦	《不确定性、进化与经济理论》 《生产、信息成本和经济组织》	现代产权经济学创始人

续表

时间	阶段	代表人物	相关领域代表作品	主要理论或贡献
1951	分流期	阿罗	《社会选择与个人价值》	阿罗悖论、一般均衡理论
1956		索洛	《对增长理论的一个贡献》 《技术变化与总生产函数》	增长理论
1957		缪尔达尔	《经济理论与不发达地区》 《富裕国家与贫穷国家》 《亚洲的戏剧：一些国家贫困问题研究》	循环积累因果原理，发展经济学先驱之一
1957		贝克尔	《歧视经济学》 《人力资本》 《人类行为的经济分析》	运用经济理论分析人类行为的先驱者
1957		格里列希斯	《玉米杂交：一项技术变革的经济学研究》	“S”形增长曲线
1958		加尔布雷思	《丰裕社会》 《新工业国》 《经济学与公共目标》	权力转移论、生产者主权论、二元体系论
1960		索尔特	《生产率和技术变迁》	
1962		罗杰斯	《创新的扩散》	创新扩散模型
1962		布坎南	《公共的计算》 《自由、市场与国家》	公共选择理论
1963		海尔布伦纳	《经济社会的形成》 《企业文明的衰落》 《资本主义的本质与逻辑》	
1966		施穆克勒	《创新和经济增长》	施莫克勒技术变迁模型
1967		德姆塞茨	《产权理论探讨》 《竞争的经济、法律和政治制度》	产权理论

续表

时间	阶段	代表人物	相关领域代表作品	主要理论或贡献
1969	分流期	迈尔斯	《成功的工业创新》(与马奎斯(D. G. Marquis)合著)	20世纪60年代组织并发起技术变革研究
1969		张五常	《佃农理论》 《经济解释》	将制度分析方法引入中国经济问题研究
1971		诺斯	《制度变迁与美国经济增长》(与兰斯·戴维斯合著) 《西方世界的兴起：新经济史》(与罗伯特·托马斯合著) 《制度、制度变迁与经济绩效》	制度变迁理论
1971		戴维	《内战前中西部的收割机械化》 《路径依赖和惯例、组织、机构的演化》 《经济思想中的演化与路径依赖》	“起始点”理论 路径依赖研究
1971		罗森伯格	《技术变革的经济学：选读》 《技术和美国的经济增长》 《在黑箱中：技术和经济》 《探索黑箱：技术、经济、历史》	
1973		弗里曼	《工业创新中的成功与失败研究》 《失业和技术创新：长波和经济发展研究》 《工业创新经济学》 《技术政策与经济绩效：日本的经验》	引入国家创新系统概念
1975		厄特巴克	《过程和产品创新的动态模型》(与艾伯纳西合著) 《制造业的创新和产业演化》 《掌握创新动力》	“厄特巴尔-艾伯纳西”动态创新模型
1975		卡曼 施瓦茨	《市场结构与创新》	市场结构论

续表

时间	阶段	代表人物	相关领域代表作品	主要理论或贡献
1975	分流期	威廉姆森	《市场与等级制》 《治理机制》	契约多样性关系治理选择理论；新制度经济学
1982		纳尔逊 温特	《经济变迁的深化理论》	演进经济学
1984		拉坦	《论诱致性制度变迁理论》(与速水佑次郎合著)	诱致性制度变迁理论
1985		曼斯菲尔德	《新的工业技术是如何快速推广的》	新技术模仿研究
1985		德鲁克	《管理的实践》 《管理：任务、责任、实践》 《创新与企业家精神》 《21 世纪的挑战》	现代管理之父，知识经济、知识社会的最早提出者
1986		罗默	《收益递增与长期增长》 《科学，经济增长与公共政策》	内生经济增长的知识溢出模型，四要素增长理论
1988		青木昌彦	《日本的经济制度分析——信息激励谈判》 《经济制度的发展与多元性》 《比较制度分析》	“比较制度分析学派”代表，提出“内部人控制”概念
1989		巴泽尔	《产权的经济分析》 《国家理论》	产权理论
1989		阿瑟	《历史事件中的竞争性技术、增加收益和锁定》 《经济中的收益递增和路径依赖》 《技术的本质：它是什么及如何发展》	路径依赖研究

续表

时间	阶段	代表人物	相关领域代表作品	主要理论或贡献
1992	分流期	希普尔	《用引导用户的方法来开发新产品的概念》 《视角：创新的用户工具箱》 《作为服务创新者的用户：以银行服务为例》	用户创新理论
1994		杨小凯	《分工和经济组织：一个新兴古典微观经济学分析框架》(与黄有光合著) 《专业化、信息和增长》 《发展经济学：超边际分析与边际分析》	引入“后发劣势”概念
1995		野中郁次郎	《创造知识的企业：日美企业持续创新的动力》(与竹内弘高合著) 《知识创造的螺旋》 《创新的本质》(与胜见明合著)	知识管理理论
2003		切萨布鲁夫	《开放式创新》	开放式创新理论
2009		菲尔普斯	《经济正义和创新精神》 《大繁荣：大众创新如何带来国家繁荣》	经济增长黄金律；大众创新

附录4：国内创新研究的发展概要

（根据相关资料不完全整理）

时间	代表人物	主要相关著作	主要研究领域或贡献
1979	厉以宁	《论加尔布雷思的制度经济学说》 《非均衡的中国经济》 《转型发展理论》	中国经济发展的非均衡理论
1987	傅家骥	《技术经济学》 《技术创新学》	技术创新管理
1988	吴敬琏	《中国经济改革的整体设计》 《发展中国高新技术产业：制度重于技术》 《中国未来30年》 《改革共识与中国未来》	创建了中国的比较制度分析学科
1988	胡鞍钢	《生存与发展》 《中国国家能力报告》 《知识与发展：中国新的追赶策略》 《中国的长远未来与知识发展战略》	制度创新、国家创新系统、知识创新
1992	杨瑞龙	《股份制与当代中国企业改革》 《面对制度之规》 《从技术创新透视外部网络化对企业治理结构的影响》 《追踪新制度经济学的最新发展动态》	制度经济学
1993	林毅夫	《制度、技术和中国农业发展》 《再论制度、技术与中国农业发展》	发展经济学、农业经济学、制度经济学
1993	柳卸林	《技术创新经济学》 《中国区域创新能力报告》（系列，2001—2008）	技术创新经济学、产业技术创新系统、区域创新能力

续表

时间	代表人物	主要相关著作	主要研究领域或贡献
1995	魏江	《企业创新能力的概念、结构、度量与评价》 《企业核心能力的内涵与本质》 《创新系统演进和集群创新系统构建》 《企业内部知识共享模式研究》	技术创新、知识创新、核心竞争力
1996	张维迎	《博弈论与信息经济学》 《产权、激励与公司治理》 《竞争力与公司成长》	产业组织和企业理论
1996	毛寿龙	《中国政府功能的经济分析》 《西方政府的治道变革》 《有限政府的经济分析》	制度创新
1997	周其仁	《体制转型、结构变化和城市就业》 《信息成本与制度变革》 《挑灯看剑》	新制度经济学、发展经济学
1997	樊纲	《市场机制与经济效率》 《论竞争力——关于科技进步与经济效益关系的思考》 《“循序渐进”还是“平行推进”？——论体制转轨最优路径的理论与政策》	过渡经济学、灰市场理论
1997	赵曙明	《跨国公司在华面临的挑战：文化差异与跨文化管理》 《经济增长方式转型与人力资本投资》 《人力资源管理理论研究现状分析》	人力资源管理、跨文化管理
1997	谢伟	《“破坏性创新”与组织响应》 《技术学习过程的新模式》 《标准竞争的特点和信息产业》	技术创新、产业研究
1997	郭斌	《企业组合创新研究》 《界面管理：企业创新管理的新趋向》 《企业核心能力生命周期论》	技术创新、知识创新、组合创新、核心竞争力

续表

时间	代表人物	主要相关著作	主要研究领域或贡献
1998	冯之浚	《知识经济与中国的发展》 《国家创新系统的理论与政策》	国家创新系统
2000	许庆瑞	《技术、发展与技术创新管理》 《企业经营管理基本规律》	全面创新管理
2000	高建	《科技起飞和中国企业技术创新能力的成长》 《企业技术创新绩效指标：现状、问题和新概念模型》 《产学研合作模式的制度创新：综合创新体》	技术创新、制度创新
2000	马士华	《供应链管理》 《供应链企业间的信任机制研究》 《供应链运作管理的框架模型》	供应链管理
2000	余光胜	《一种全新的企业理论——企业知识理论》 《企业竞争优势根源的理论演进》 《技术创新中默会知识转移问题研究》	知识创新、核心竞争力
2001	王缉慈	《创新的空间：企业集群与区域发展》 《超越集群：中国产业集群的理论探索》	工业地理学、产业集群、知识创新
2001	席酉民	《和谐管理思想与当代和谐管理理论》 《和谐管理理论基础：和谐的诠释》 《面向复杂性：和谐管理理论的概念、原则及框架》	和谐管理、跨国集团管理
2001	李维安	《中日公司治理的比较研究》 《跨国公司在华独资倾向成因分析：基于股权结构战略的视角》 《中国民营经济制度创新与发展问题研究》	公司治理、企业集团治理

续表

时间	代表人物	主要相关著作	主要研究领域或贡献
2002	茅于轼	《制度经济学在中国的应用》 《制度经济学与人类进化》	择优分配原理
2002	汪丁丁	《制度分析基础——一个面向宽带网时代的讲义》 《在市场里交谈》 《制度分析基础讲义》	制度经济学、发展经济学
2002	盛昭瀚	《演化经济学》 《自主创新、技术学习与产业竞争力的提高：以台湾IC业为例》 《“新熊彼特”式产业演化模型及其应用研究》	演化经济学
2002	吴贵生	《区域创新体系与区域经济的互动发展》 《服务创新的四维度模型》 《信息技术对组织的影响研究综述》	技术创新管理、服务创新管理
2004	陈国权	《论政府公正悖论与社会责任》 《社会转型与有限政府》 《地方政府创新研究的热点问题与理论前瞻》	制度创新、地方政府创新
2004	芮明杰	《高技术企业知识创新模式研究——对野中郁次郎知识创造模型的修正与扩展》 《公司核心竞争力形成过程中的组织学习方式研究》	产业经济学、公司理论、智力资本管理
2006	陈劲	《中国企业技术和市场协同创新机制初探》 《开放创新体系与企业技术创新资源配置》 《企业技术创新绩效评价指标体系研究》 《创新地平线》	技术创新审计、技术创新管理、合作创新、产业创新

附录5：国内广告产业研究的重要文献(1998—2014)

数据来源：CNKI；成表时间：2014年10月4日0点；以姓名拼音为序。

代表人物	被引频次处于前列的著作或论文	广告产业制创新度研究相关主要论文(仅列两项)	单篇论文最高被引频次
陈刚	机制之变：中国公益广告发展的问题与对策分析	结构、制度、要素——对中国广告产业的发展的解析 中国广告产业重新定位的四个维度	30
丁俊杰	现代广告通论：对广告运作原理的重新审视	观察与思考：中国广告观——与发展趋势之探讨 中国广告业的路径判断与选择	44
黄孟芳	传播学理论百年回眸	西部广告产业发展面临的八个问题 陕西广告产业发展模式选择研究	15
黄升民	中国广电媒介集团化研究	分聚之间的危情与转机——略论新世纪以来中国广告产业的内在驱力 “大数据”背景下营销体系的解构与重构	88
李德成	广告业前沿问题法律策略与案例	网络虚假广告管理与规制问题研究 户外广告清理整顿工作的法律思考与策略	11
李名亮	现实与隐忧：微博意见领袖的话语权力	以国家的名义：广告产业发展战略的新境界——“实施国家广告战略”的内涵、保障与路径 网络广告运作机制创新路径——基于“社会管理创新”理念	16

续表

代表人物	被引频次处于前列的著作或论文	广告产业制创新度研究相关主要论文(仅列两项)	单篇论文最高被引频次
李明伟	论搜索引擎竞价排名的广告属性及其法律规范	当前广告监管的窘况分析 网络广告的法律概念与认定	29
廖秉宜	自主与创新：中国广告产业发展研究	广告代理制的历史检视与重新解读 中国广告产业集群化发展的战略选择与制度审视	19
刘传红	广告产业组织优化研究	广告产业研究的几个基本问题 广告产业过度进入的原因和对策	32
卢山冰	公共关系理论发展百年综述	中国广告产业发展研究——一个关于广告的经济分析框架 西部广告产业实现可持续发展的战略构想	35
史学军	制度变迁与中国改革	沉淀成本、承揽制度与全球广告市场结构 产业特征、组织创新与本土代理的挑战	20
孙美玲	结构、制度、要素——对中国广告产业的发展的解析	1978年—1995年多重逻辑下中国广告产业的制度变迁 中国广告产业制度的研究综述	22
邬盛根	我国公益广告的纯粹性研究	中国广告产业制度变迁的逻辑与空间 中国广告产业升级与国家利益表达	9
许正林	欧洲传播思想史	上海文化产业集聚区发展现状及前景分析 国际化背景下的中国广告业发展对策分析	69

续表

代表人物	被引频次处于前列的著作或论文	广告产业制创新度研究相关主要论文(仅列两项)	单篇论文最高被引频次
姚曦	中国广告产业的殖民化倾向与广告公司的自主发展	发展广告学——广告学研究视域的扩张 创新行为与广告公司人力资本管理	9
应飞虎	权利倾斜性配置研究	对虚假广告治理的法律分析 软文广告的形式、危害和治理	100
曾兰平	中国广告产业制度问题检讨	广告“零代理”的经济学分析 新时期我国广告产业制度安排解析	10
张金海	20世纪广告传播理论研究	国家经济发展战略与中国广告产业发展 广告产业发展模式的创新和发展路径的选择	52
周茂君	广告管理学	关于我国广告管理体制改革的思考 建立我国独立广告审查制度刍议	32

附录6：基于"软实力"视角的当代广告/营销传播组织竞争力指标权重专家调查表

尊敬的专家：

您好！本问卷的目的是建立评价指标体系各指标的权重，以获得相应的判断信息。感谢您为当代广告组织竞争力及其评价体系研究提供宝贵意见和建议！

具体的填写方法是：请您对所列出的每一层次纵横两列指标进行重要程度的两两比较。以下面的第一个正式表格为例，需要您首先将行指标A1分别与列指标A2、A3、A4、A5进行重要程度判断；其次将行指标A2分别与列指标A3、A4、A5，行指标A3分别与列指标A4、A5进行重要程度判断；最后将行指标A4与列指标A5进行重要程度判断。如当第一行一级指标"A1 企业文化"与第二列一级指标"A2 企业管理"相比较时，您认为"A1 企业文化"和"A2 企业管理"对于企业"软实力"是"同样重要"的，则在两指标交叉格内的空白处填上数值"1"，如果是"略微重要"则填上数值"3"，如果是"比较重要"则填上数值"5"，如果是"非常重要"则填上数值"7"，如果是"绝对重要"则填上数值"9"。如果两个指标相比，前者比后者的重要性介于相邻两者之间，则可用数值"2、4、6、8"表示；如果您认为后者比前者重要，则用以上相应数值的倒数来表示。下面请您进行逐一判断。

一、一级指标对于当代广告组织"软实力"重要性的比较表

指标	A1 企业文化	A2 企业管理	A3 创新体系	A4 企业形象	A5 公共关系
A1 企业文化	1				

续表

指标	A1 企业文化	A2 企业管理	A3 创新体系	A4 企业形象	A5 公共关系
A2 企业管理		1			
A3 创新体系			1		
A4 企业形象				1	
A5 公共关系					1

二、二级指标对于企业各要素重要程度的指标比较表

1. 二级指标对于企业文化重要程度的指标比较表

指标	B1 企业价值观	B2 文化内现
B1 企业价值观	1	
B2 文化内现		1

2. 二级指标对于企业管理重要程度的指标比较表

指标	B3 管理制度	B4 人力资源
B3 管理制度	1	
B4 人力资源		1

3. 二级指标对于创新体系重要程度的指标比较表

指标	B5 知识创新	B6 创新能力	B7 差异化能力
B5 知识创新	1		
B6 创新能力		1	
B7 差异化能力			1

4. 二级指标对于企业形象重要程度的指标比较表

指标	B8 外在形象	B9 企业声誉
B8 外在形象	1	
B9 企业声誉		1

5. 二级指标对于公共关系重要程度的指标比较表

指标	B10 组织间关系	B11 社会责任
B10 组织间关系	1	
B11 社会责任		1

三、三级指标对于企业各要素重要程度的指标比较表

1. 三级指标对于企业价值观重要程度的指标比较表

指标	C1 企业精神	C2 服务理念	C3 凝聚力	C4 企业愿景及使命
C1 企业精神	1			
C2 服务理念		1		
C3 凝聚力			1	
C4 企业愿景及使命				1

2. 三级指标对于文化内现重要程度的指标比较表

指标	C5 企业口号	C6 礼仪规范
C5 企业口号	1	
C6 礼仪规范		1

3. 三级指标对于管理制度重要程度的指标比较表

指标	C7 发展规划	C8 经营规范	C9 运营流程	C10 组织结构	C11 风险控制
C7 发展规划	1				
C8 经营规范		1			
C9 运营流程			1		
C10 组织结构				1	
C11 风险控制					1

4. 三级指标对于人力资源重要程度的指标比较表

指标	C12 薪酬体系	C13 招聘体系	C14 晋升体系	C15 个人能力开发	C16 综合能力	C17 员工学历
C12 薪酬体系	1					
C13 招聘体系		1				
C14 晋升体系			1			
C15 个人能力开发				1		
C16 综合能力					1	
C17 员工学历						1

5. 三级指标对于知识创新重要程度的指标比较表

指标	C18 知识获取	C19 知识创造	C20 知识传递	C21 知识转化	C22 知识溢出
C18 知识获取	1				
C19 知识创造		1			
C20 知识传递			1		
C21 知识转化				1	
C22 知识溢出					1

6. 三级指标对于创新能力重要程度的指标比较表

指标	C23技术水平	C24研发人员比重	C25研发费用比重	C26专利与知识产权	C27新产品(服务)产值率	C28创新频率	C29组织创新	C30营销创新	C31管理创新
C23技术水平	1								
C24研发人员比重		1							
C25研发费用比重			1						
C26专利与知识产权				1					
C27 新产品(服务)产值率					1				
C28创新频率						1			
C29组织创新							1		
C30营销创新								1	
C31管理创新									1

7. 三级指标对于差异化能力重要程度的指标比较表

指标	C32差异化水平	C33跨界整合能力
C32差异化水平	1	
C33跨界整合能力		1

8. 三级指标对于外在形象重要程度的指标比较表

指标	C34 企业场景	C35 人员风貌	C36 产品(服务)形象
C34 企业场景	1		
C35 人员风貌		1	
C36 产品(服务)形象			1

9. 三级指标对于企业声誉重要程度的指标比较表

指标	C37 企业地位	C38 企业知名度	C39 企业美誉度	C40 企业信用评级	C41 企业获奖评级	C42 企业号召力
C37 企业地位	1					
C38 企业知名度		1				
C39 企业美誉度			1			
C40 企业信用评级				1		
C41 企业获奖评级					1	
C42 企业号召力						1

10. 三级指标对于组织间关系重要程度的指标比较表

指标	C43 政府及半官方组织关系	C44 供应商关系	C45 媒体关系	C46 客户关系	C47 其他战略性关系	C48 外部宣传力度
C43 政府及半官方组织关系	1					
C44 供应商关系		1				
C45 媒体关系			1			
C46 客户关系				1		
C47 其他战略性关系					1	
C48 外部宣传力度						1

11. 三级指标对于社会责任重要程度的指标比较表

指标	C49 经济责任	C50 道德责任
C49 经济责任	1	
C50 道德责任		1

问卷到此结束，非常感谢您的大力支持！

后　记

我家离华南快速公路很近，从窗户向外望去，除了过春节的那几天，公路上无论白天黑夜总是车流如织，喧嚷自然避免不了，但我很喜欢看到这种繁荣昌盛的景象。隔离带上还有几排高大的南方树木，木棉交隔着棕榈。虽然在后期写作时常有数十小时不眠不休的状况，但只要听见清晨树杈上叽叽喳喳响成一片，身心的倦怠也就能消散些许，不过往往会有几声长叹。

作为社会中的普通一员，能够于和平丰裕的年代，在适合自己的工作岗位上做一些自得其乐且对他人有用的事情，我觉得幸运、知足、感恩，而且人已过不惑之年，大致也知道该做什么不该做什么、能做什么不能做什么。既如此，在剩下的岁月里尽量把该做的事精雕细琢一番，想来也是顺理成章。这本陋作便可归于此类。

本书基本上是博士学位论文的再次修订。博士学位论文前前后后写了五年左右的时间，开题报告洋洋洒洒数万字但方向错误，大致方向确定后框架又存在严重逻辑问题，逻辑解决后又遇到方法和材料缺失，故而回过头去老老实实做足前期准备工作。多亏导师吴予敏教授和杨先顺教授的宽容与点拨，一俟思路清晰准备完善，写作期间再无凝滞。文章完成后，两位导师又拨冗逐字逐句指导修改，其严谨的治学态度令我钦佩不已。但限于自身能力，很多地方仍未达到导师及盲审专家的严格要求，不完善之责任完全在我，也盼读者见谅。

承蒙吴予敏教授恩许纳入门下已历六年，分隔广深两地见面虽不多，但我仍能通过书信从研究、教学、为人处世等方面受到极大的助益。吴教授睿智从容、宽厚博学，与当世人文社会学科顶尖人物过从甚密，是中国传播学界的泰山北斗自不必言，但时人皆曰如此，如无缘庭内效走，终不知吾师学理之高妙、育人之得法。例如，在研究方向上，嘱我要紧抓应用型行业的现实需要，直面矛盾所在、力求回答现实，步步紧逼、反复追问、凸显问题，不可钻入故纸堆，“任何问题之所以成立并显得其中的‘真实性’价值，并非只是一个术语或者一个核心概念引导的结果，而是在于问题本身所针对的关键所在”；在研究内容上，要实实在在做研究，实实在在思考问题，“剥皮去水分出干货”，将自己最有心得、最丰富、最有感觉的东西集中写出来，不可说假话，也不可说废话；在研究方法上，“不仅在书本上愿意下功夫，更要深入实际，获取源头活水，对于产业动向敏锐把握”，“要走访关键企业，对产业领军人物做些访谈，对产业案例进行专门研究”，“方法不能仅仅定义在定性或定量这些具体使用工具上。方法不只是工具，还有很深的理论意义。知道有什么方法，还需要知道怎么用这些方法”。现在想来，这些金玉之言不但对我的写作产生了极大影响，而且也使我立志将其传承下去，尽自己的人生职责，让更多的学生得到应有的指引。

杨先顺教授既是我的老师，也是我从业十余年的上级领导，更是一位以身作则的党委书记。他精于文史哲，勤于治业，在国内广告学专业享有很高的声誉，于广告文案上具有极深造诣。我时常与师弟师妹们一起参加由杨老师主持的逻辑学和伦理学读书活动，深受启发。杨老师对同事宽宏大度，对工作极为认真负责，为人不事张扬、低调谦恭、学养极佳，对学生既要求严格又关心呵护，堪称师范。从他的身上，我学会了踏实对待每一项集体的工作，先行后言、少说多干。

数年前我母病故，彼是半生中罕见的全德全才全能者，结局却难显报应，令我心中万念俱灰。幸而岳父、妻子、导师、领导、同事、朋友鼎力扶持，才能重新投入毕业论文的撰写。人生、人世本就如此，倒也无甚可抱怨穷究。唯尽心做好本职工作，善待诸人等，上衔未竟之志，下启璞玉之才，其他也就罢了。自哂曰：人海茫茫迷真我，半百年华一蹉跎；已觉窗外弦月落，翻身另卧续梦柯。当然，说者如是，做起来未必一般洒脱。

此时饮水思源，长达六年的博士生学习时间内，有很多人提供了无私的帮助，每念及此，总有感激之情涌上心头。70多岁的父亲自母亲去世后不肯随我来广州，怕增添我的负担，孤身一人在家乡生活；岳父为了帮忙照顾我的女儿，不得不长期离乡在穗；妻子承担了大部分的生活支出，奔波劳累而日渐沧桑；女儿尚处总角之年，天真可爱活泼外向，每日带给我极大欢乐，而我却不得不经常告诉她奶奶去了很远的地方旅游，并且很久之后才能相见；同门胡振宇女士，其夫妇二人均为在读博士，工作、收入、家庭压力很重，仍然与我一起兢兢业业进行常年调研，几年来在数地之间不断穿梭；金鼠标大赛执行主席方立军先生(以及秘书长张志宏女士)心怀行业发展，在我们联系访问对象时提供了永久性支持；陈云婷、李诗鹤两位同学将访谈录音转为初稿文字，速度快且质量高；母亲逝世前后，星亮老师、朱磊老师主动分担了我的教学任务；我的硕士生导师周茂君先生在这些年来一直关心我的学习、工作和生活，时常提出极具洞察力和前瞻性的观点和建议；张晋升教授在预答辩后将写的两页纸修改意见递给我，以便进一步作文稿的后期处理；支庭荣教授和负责行政工作的多位同事以极大的耐心为我的日常工作和学业提供帮助；本科生同学协助收集了很多的广告企业知识创新案例，开拓了我的视野；受访者毕玉强先生、别星先生、陈传洽先生、陈潜先生、陈迎先生、陈志杰先生、邓广梼先生、段培力先生、龚铂洋先生、胡斌蔚女士、黄敏尉先生、黄晓南女士、李浪先生、李蕾先生、李英海女士、刘阳先生、渠成先生、沈栋梁先生、谭运猛先生、王宏鹏先生、王新先生、王耀明先生、谢鹏先生、徐宁女士、徐扬先生、徐志斌先生、袁俊先生、张成成先生、张璐先生、张锐先生、赵聪翀先生、赵旭隆先生、珍如女士、郑联达先生、郑晓东先生、周文彪先生等业界知名人士，以开放的精神和配合的态度阐明了自己的从业观点，为作者的研究打下了基础；《广告人》出版集团的穆虹女士、韩静女士和张汛先生，以及机械工业出版社华章分社的张竞余先生、武汉大学出版社的胡国民先生，为书籍的出版费心费力；还有数十位企业的中层管理者和一线的工作者，为本书的最终完成给予了大力协助。如果这本书还可算作“成功”的话，“成功”的背后有着上百位甚至数百位(包括参考文献中那些奠定了研究基础的国内外人士)的共同付出。我不是一个人在战斗，也不见得有谁可以独自战斗。

是为后记。

万木春

2021 年 3 月于羊城